U0733088

电子沙盘应用教程

（新道新创业者）（第二版）

DIANZI SHAPAN YINGYONG JIAOCHENG

新准则 新税率

主　编　喻　竹　徐庆林　宋建琦　蔡雪莹
副主编　吴　强　曹　阳　李　洁　王　彤
　　　　蒙小枫　王　楠

★
新形态
教材

·本书另配教学资源

中国教育出版传媒集团
高等教育出版社·北京

内容提要

本书是全国职业院校技能大赛资源教学转化成果。

本书以新道新创业者沙盘系统为载体,模拟企业运营环境,充分运用沙盘这一立体直观的工具,采用任务驱动式的编写方式编制学习内容,引导学生以团队合作的方式运营一个模拟企业,体验企业经营的规则与挑战,承担企业经营的风险与责任。本书共包括五个项目:认知 ERP 沙盘模拟、创建团队、认知学习规则、模拟对抗、分析经营成果。为利教便学,部分学习资源(如微课)以二维码形式提供在相关内容旁,可扫描获取。此外,本书另配有教学课件、沙盘分析工具等教学资源,供教师教学使用。

本书可作为高等职业教育财经商贸大类专业学生用书,也可作为社会相关人员培训用书。

图书在版编目(CIP)数据

电子沙盘应用教程:新道新创业者 / 喻竹等主编. —2 版
. —北京:高等教育出版社,2022.9(2024.7 重印)
ISBN 978 - 7 - 04 - 059006 - 7

Ⅰ.①电…　Ⅱ.①喻…　Ⅲ.①企业管理-计算机管理
系统-高等职业教育-教材　Ⅳ.①F272.7

中国版本图书馆 CIP 数据核字(2022)第 130517 号

策划编辑　毕颖娟　李　晶　**责任编辑**　李　晶　蒋　芬　**封面设计**　张文豪　**责任印制**　高忠富

出版发行	高等教育出版社	**网　　址**	http://www.hep.edu.cn
社　　址	北京市西城区德外大街 4 号		http://www.hep.com.cn
邮政编码	100120	**网上订购**	http://www.hepmall.com.cn
印　　刷	上海华教印务有限公司		http://www.hepmall.com
开　　本	787mm×1092mm　1/16		http://www.hepmall.cn
印　　张	14.75	**版　　次**	2022 年 9 月第 2 版
字　　数	341 千字		2016 年 8 月第 1 版
购书热线	010-58581118	**印　　次**	2024 年 7 月第 3 次印刷
咨询电话	400-810-0598	**定　　价**	32.00 元

本书如有缺页、倒页、脱页等质量问题,请到所购图书销售部门联系调换

第二版前言

本书是全国职业院校技能大赛资源教学转化成果。

本书充分运用沙盘这一立体直观的工具,让学生在实操中体验企业资金运动的全过程,感受从采购到销售周而复始的闭式循环,从而建立起企业完整的供应链思维。本书以新道新创业者沙盘系统为载体,模拟企业运营环境,让学习者身临其境,以团队合作的方式运营一个企业,体验企业经营的规则与挑战,承担企业经营的风险与责任。本书不仅教授学生理解企业业务信息,而且还让学生结合专业进行数据分析,锻炼学生收集信息、分析信息的能力。实践证明,本书仿真性的教学内容、体验式的教学方式、富有挑战性的学习过程深受师生的好评。

本书具有以下特点:

(1) 立德树人,铸魂育人。 本书在素养目标引领下,将社会主义核心价值观教育、创新创业教育、大国工匠精神培养、中华优秀传统文化教育和职业态度教育等渗透到各个项目案例中,让学生在工作技能的形成中自然接受熏陶,多维度立体化地接受思想政治教育,培养社会主义强国建设需要的技术技能型人才。

(2) 岗课赛证,融通育人。 本书根据职业技能等级标准和教育部专业教学标准要求,按照书证融通的设计理念,将全国大学生"新道杯"沙盘模拟企业经营大赛(高职组)、全国职业技能大赛沙盘模拟企业经营赛项(中职组)规程内容有机融入教材,以管理会计中战略管理、预算管理、成本管理、运营管理为核心,以模拟企业经营为依托,以企业管理岗位需求为驱动,按"线上学习、线下经营,做中学、学中悟"的思路来设计教学内容,培养学生管理能力和职业素养,让学生在对新道新创业者沙盘系统的理解上,把握"互联网+学习""互联网+经营"的工具性本质。本书内有"赛题链接"栏目,附有沙盘赛项的竞赛真题内容,让更多学生了解沙盘技能大赛相关知识,并鼓励学生参与大赛。

(3) 课题研究,理论支撑。 本书为中国高等教育学会专项课题《基于类型教育特征的职业院校财经商贸类教材开发的探索与研究》的成果之一。本书以新道新创业者电子沙盘系统为基础,在用友新道科技有限公司的有力支持下,在课题组成员所在院校教学实践及教改成果支撑下得以完成。

　　为利教便学,本书部分学习资源(如微课视频)以二维码形式提供在相关内容旁,可扫码获取。本书另配有教学课件、沙盘分析工具等教学资源,供教师教学使用。

　　本书由喻竹、徐庆林、宋建琦、蔡雪莹主编,参与编写的人员有吴强、曹阳、李洁、王彤、蒙小枫、王楠。本书最终成稿还得益于许多专业人士的悉心指导与积极参与,在此表示深深的谢意。

　　由于作者水平有限,书中难免有疏漏之处,敬请读者批评指正。

编　者

2022 年 9 月

第一版前言

　　《电子沙盘应用教程》(新道新创业者)是指导应用型本科、高等职业院校和中职学校开展企业经营管理综合实训的教学用书。

　　《手工沙盘应用教程》《电子沙盘应用教程》(新道新创业者)《电子沙盘应用教程》(新道新商战)组成本套教材。

　　本套教材特色如下:

　　(1) 重点课题成果。 本套教材为中国职教学会教学工作委员会重点课题"基于 WSR 方法论和沙盘推演工具的高职经管类课程实践教学模式研究"(编号 1 - 33)研究成果。

　　(2) 经营过程全展示。 本套教材充分运用沙盘这一立体直观的工具,讲透从采购到销售这样周而复始的闭式循环,让学生建立起一个完整的企业供应链思维。

　　(3) 培养学生数据分析能力。 本套教材不仅有助于学生在比赛中取得好成绩,而且教会学生读懂沙盘数据,让学生学会结合专业进行数据分析。

　　(4) 配套资源丰富。 本套教材均另配有教学课件、沙盘分析工具(市场分析表、规则快查表)等教学资源。

　　本书是以沙盘和新道新创业者软件为载体,模拟企业经营环境,让学习者身临其境,以团队合作的方式运营一个企业,体验企业经营的规则与挑战,承担企业经营的风险与责任。实践表明,这一课程仿真性的教学内容、体验式的教学方式、充满挑战的学习过程受到师生的好评。

　　本书采取任务驱动式的编写理念,以企业经营过程为主线编制学习内容。本书共包括 5 个项目:认知 ERP 沙盘模拟、创建团队、熟知学习规则、模拟对抗、分析经营成果(8 组数据为例)。另有 3 个附录:在不同专业如何开展 ERP 沙盘教学、规则快查表、学员手册。本书每一项目的"职业能力目标"和"典型工作任务"明确学习要求;"引例"通过风趣的故事告诉学习者管理的哲理;"知识准备与业务操作"向学习者传递做的指导和学习的知识。

　　企业经营综合实训课程适用于经管类专业毕业前的岗前实训,重在让学习者综合运用所学知识,形成综合职业能力。一般训练时间为 5 天。

本书最终成稿还得益于很多专业人士的指点和积极参与,在此表示深深的谢意。

由于时间仓促,加之水平所限,书中难免有疏漏之处,敬请读者批评指正。

编　者

2016 年 8 月

目　录

资源导航

项目一　认知 ERP 沙盘模拟

◆ **知识目标**

　1. 认识 ERP 沙盘模拟与 ERP 沙盘的相关概念。

　2. 认识 ERP 沙盘教具。

◆ **职业技能目标**

　能明确 ERP 沙盘各岗位的职责。

◆ **素养目标**

　1. 培育团队意识和协作精神。

　2. 培养诚信经营、勇于创新的意识。

 **知识导图**

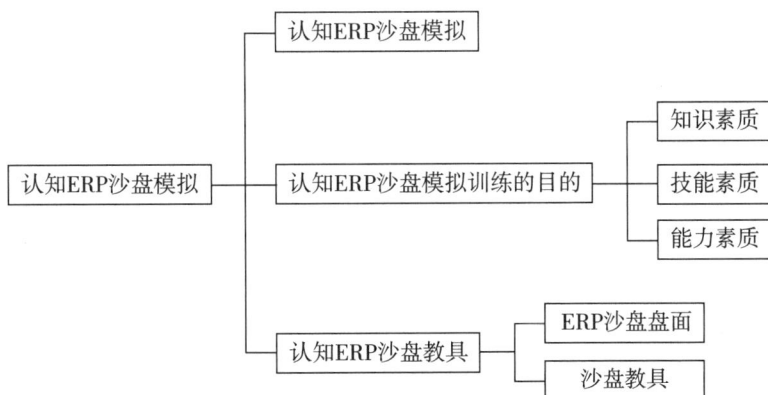

引导案例

A 公司创建已经四年，长期以来一直专注于 P 系列产品的生产与经营。目前企业拥有自有大厂房，其中安装了三条手工生产线和一条半自动生产线，运行状态良好。财务方面，公司总资产 1.07 亿元，其中所有者权益 6 600 万元，负债 4 100 万元，经营风险很低。市场方面，A 公司只在本地市场销售 P1 产品，具有一定知名度，客户也很满意。

但是，面对越来越广阔的市场和越来越激烈的竞争，A 公司略显"发育不良"。具体状况为：企业生产设备落后，产能过低，对效益影响很大；公司资产负债情况对于一个快速发展中的企业来说过于保守，非常不利于企业在快速发展的经济环境和激烈的市场竞争下生存；产品方面，企业的产品结构过于单一，不利于企业发展，长此下去，过于单一的产品结构甚至会对企业造成极大的威胁。看似情况良好的企业，其实隐藏着巨大的生存危机，多年来过于保守的管理层决策对企业的发展构成了很大的制约，表面平静的 A 公司正处于重要的转折点。

鉴于 A 公司目前所处的环境及内部的状况，董事会决定对公司管理层进行大换血，新的管理层将进驻 A 公司，并带领企业走出目前的困境。面对广阔的市场机遇与激烈的市场竞争，A 公司能否把握住机遇，在激烈的竞争中"杀出重围"，未来的几年至关重要。

假如你是新的管理层，你会如何帮助 A 公司摆脱困境呢？

案例思考

该案例涉及企业管理的完整流程，其中包括：物流、资金流和信息流的协同，企业实际运作中各个部门和管理人员的相互配合等。贸然决策有可能给企业带来巨大损失，本着对企业负责、对自己负责的原则，实践中我们可以通过沙盘模拟企业经营状况，借助沙盘推演帮助企业制定经营方针。

任务一　认知 ERP 沙盘模拟

【任务引例】

在军事题材的影视作品中，我们常常看到指挥员们站在一个地形模型前研究作战方案。这种根据地形图、航空相片或实地地形，按一定的比例关系，用泥沙、兵棋和其他材料堆制的模型就是沙盘。

沙盘在我国有着悠久的历史。据《后汉书》记载，汉光武帝征讨陇西的隗嚣时，召名将马援商讨进军战略。马援对陇西一带的地理情况很熟悉，就用米堆成一个与实地地形相似的模型，从战术上作了详尽的分析。汉光武帝看后，非常高兴，认为胜利在望。这就是最早的沙盘作业。沙盘具有立体感强、直观形象、制作简便、经济实用等特点。沙盘的用途广泛，能形象地显示作战地区的地形，表示敌我阵地组成、兵力部署和兵器配置等情况。

军事指挥员常用以研究地形、敌情、作战方案,组织协同动作,实施战术演练,研究战例和总结作战经验等。

【知识准备与业务操作】

企业资源计划(Enterprise Resource Planning,ERP)是集科学的管理理念与先进的信息技术为一体的企业管理系统。它以供应链管理思想为核心,关注企业内外的一切资源和活动,将科学的方法应用于企业管理中,从而提高管理效率,降低企业运营成本,是当今世界最流行的企业管理工具。

ERP 沙盘是针对 ERP 设计的角色体验的实验平台,将企业的主要流程缩小在一张沙盘上,按照制造企业的职能部门进行划分。

每个参与者扮演一个角色,感受模拟企业的内部经营环境与外部竞争环境,让参与者在虚拟环境中亲身经历数年的企业经营管理过程。学生通过沙盘载体参与模拟经营、对抗演练、讲师评析、学生感悟等一系列实验环节,融理论与实践于一体,集角色扮演与岗位体验于一身。这使得受训者在分析市场、制定战略、营销策划、组织生产、财务管理等一系列活动中,参悟科学的管理规律,培养团队精神,全面提升管理能力,同时也对企业资源的管理过程有一个实际的体验。

ERP 沙盘模拟是利用 ERP 沙盘教具(包括实物沙盘盘面、筹码、卡片等工具以及与实物沙盘相配套的企业竞争模拟软件)模拟企业经营的综合性实践过程。ERP 模拟沙盘教具主要包括 8 张沙盘盘面,它们代表 8 个相互竞争的模拟企业。模拟沙盘按照制造企业的职能部门划分职能中心,包括信息中心、营销与规划中心、生产中心、物流中心和财务中心。各职能部门涵盖了企业运营的所有关键环节:战略规划、资金筹集、市场营销、产品研发、生产组织、物资采购、设备投资与改造、财务核算与管理等。另外,模拟沙盘把企业运营所处的内、外环境抽象为一系列的规则,由受训者组成多个相互竞争的模拟企业,模拟企业5~6 年的经营活动。

任务二　认知 ERP 沙盘模拟训练的目的

【知识准备与业务操作】

ERP 沙盘模拟公司运营训练,通过学员之间的团队沟通与合作,模拟企业战略规划、编制财务预算、演示 ERP 流程管理等一系列活动,使学生深刻领会在市场上战胜竞争对手、获得成功的内在要求。通过模拟企业经营活动,学生可以进一步感受团队沟通、有效协作的必要性,并对企业各项经营活动积累一定的实践经验。

一、提升知识素质

知识素质包括模拟企业经营所涉及的经营管理相关领域知识。

（1）深刻体会 ERP 核心理念。感受管理信息对称状况下的企业运作；体验统一整合的信息平台下企业运作管理能力的提升；学习依靠客观数字预测与决策的意识与技能；感悟准确及时集成的信息对于科学决策的重要作用；训练信息化时代下的基本管理技能。

（2）全面阐述一个制造型企业的概貌。了解制造行业生产型企业经营所涉及的因素，包括企业物流运作规则，财务管理规则，资金流向控制规则，生产、采购、销售和库存管理的运作规则以及企业面临的市场竞争、未来发展机会分析和企业组织结构与岗位职责等问题的解决。

（3）了解企业经营的本质。通过演示资本、资产、损益的流程，对企业资产、负债与所有者权益的结构和企业经营的本质——利润和成本的关系形成更为深刻的认识。进一步理解影响企业利润的因素，掌握企业成本控制的关键点和扩大销售的途径等。

（4）深入理解确定企业市场战略和产品、市场的定位需要考虑的因素。课程内容涉及产品的产、供、销三者内在关系的分析、产品销售价位与销售毛利分析、市场开拓与品牌建设对企业经营的影响分析、市场投入效益分析以及产品盈亏平衡点预测等。

（5）掌握企业生产管理与成本控制的关键。通过模拟采购订单的控制，深刻理解"以销定产、以产定购"的基本管理思想；通过模拟库存控制，充分理解资产收益率与控制库存的关系；通过生产成本控制，理解生产线改造和建设的意义；通过模拟产销排程管理，掌握根据销售订单制订生产计划与采购计划的方法等。

（6）掌握预算管理在企业中的实施要点。理解如何制定企业经营和财务预算；掌握现金流控制策略；理解制定销售计划、市场开发与拓展决策的方法；学生根据市场分析和销售计划，安排生产计划和采购计划；加深对进行高效益的融资管理等问题的理解。

（7）掌握企业人力资源的统筹管理。了解如何合理配置不同职能的管理岗位；如何对各岗位任职者进行绩效衡量与评估；理解"岗位胜任符合度"的度量思想。

二、提升技能素质

技能素质包括计算机操作技能和各种专业技能（如财务分析、市场预测等）。

（1）ERP 沙盘模拟锻炼了学生发现问题、分析问题与解决问题的能力。在 ERP 沙盘模拟实践中，学生会遇到企业运营过程中经常出现的问题，例如，资金短缺、生产能力不足等，学生必须去思考解决问题的方法，去寻找市场机会，分析规律，制定策略，实施管理。在每个财务年度结束后，我们可以对比企业运营的得失，总结经验和教训，体会各企业的经营发展战略，思考企业未来的发展方向和发展战略。

（2）在模拟实践过程中，学生需要思考企业未来的发展状况，抉择长期借款与短期贷款，判断广告费投放情况，了解新产品研发情况、明确选择什么样的生产线、何时购买原材料等问题，以及国际市场开发情况与生产线扩建情况，这些问题都需要学生在短时间内作出决策。另外，ERP 沙盘模拟实践还要求学生对企业运营进行分析，从而设计、开发产品，进而开发市场并进行广告竞价。

三、提升能力素质

能力素质包括学习能力、决策能力、规划能力、表达能力、沟通能力、创新能力、领导能力、组织能力等。

（1）在经营点评环节，学习企业经营成果分析和战略思想的表达技巧。引导学生根据实际数据进行分析推理；利用综合材料理解局部管理与整体效益的关系；了解优胜企业与失败企业的关键差异等。

（2）在经营过程中，通过团队合作和群体决策，培养学生的团队精神、沟通能力和冲突协调能力，帮助学生充分认识团队合作的重要性，深入理解企业经营活动的整体性以及人力资源结构化配置思想的重要性。

（3）在分析讨论环节，提高学生的语言表达能力，培养良好的语言组织和表达能力，锻炼临场的逻辑思维能力，提高反应速度。

任务三　认知 ERP 沙盘教具

【任务引例】

"聚米为山"这个故事出自《后汉书·马援列传》，原文记载：八年，帝自西征嚣，至漆，诸将多以王师之重，不宜远入险阻，计犹豫未决。会召援，夜至，帝大喜，引入，具以群议质之。援因说隗嚣将帅有土崩之势，兵进有必破之状。又于帝前聚米为山谷，指画形势，开示众军所从道径往来，分析曲折，昭然可晓。帝曰："虏在吾目中矣。"明旦，遂进军至第一，嚣众大溃。

原文讲的是，在东汉建武八年（公元 32 年），汉光武帝征讨陇西的隗嚣，召名将马援商讨进军战略。马援认为隗嚣将帅不合，出兵必胜，他用米堆积成西部地形，指画进兵线路，在战术上作了详尽的分析，刘秀顿时感觉胜利在望。马援"聚米为山"是此战取胜的重要因素之一，这在古今战争史上是一个创举，也是中国历史上最早的军事沙盘的雏形。

沙盘分为简易沙盘和永久性沙盘。简易沙盘是用泥沙和兵棋等在场地上临时堆制的；永久性沙盘是用泡沫塑料板（或三合板）、石膏粉、纸浆等材料制作的，能长期保存。沙盘具有立体感强、形象直观、制作简便、经济实用等特点。

【知识准备与业务操作】

一、ERP 沙盘盘面

ERP 沙盘模拟教学以一套沙盘教具为载体，主要包括若干张沙盘盘面，分别代表若干个相互竞争的模拟企业。一张沙盘盘面代表一个

视频：ERP 沙盘
基本盘面

1

模拟企业,涉及信息中心、营销与规划中心、生产中心、物流中心、财务中心等功能区,模拟经营过程在沙盘上完成。ERP 沙盘盘面如图 1-1 所示。

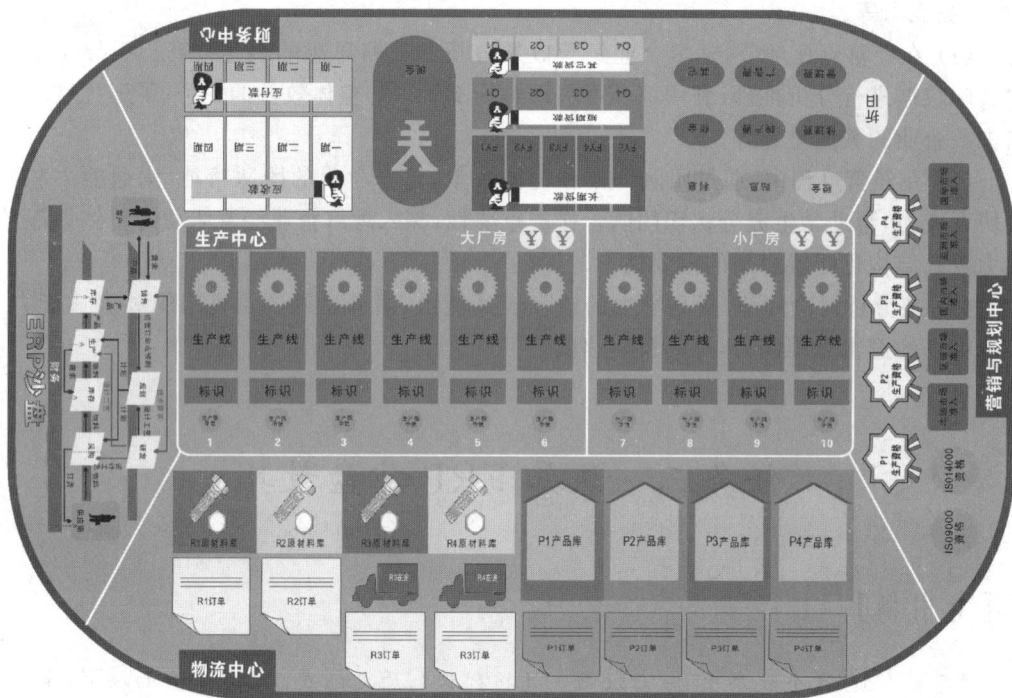

图 1-1　ERP 沙盘盘面

(一) 信息中心沙盘盘面

以总经理(CEO)为核心,结合所获得的各类信息,组织各部门人员制定公司的整体经营战略、经营目标、竞争战略、融资和投资战略、生产战略、采购战略、市场开发战略、质量管理体系认证战略等,组织、监督和控制各部门的战略实施。信息中心沙盘盘面如图 1-2 所示。

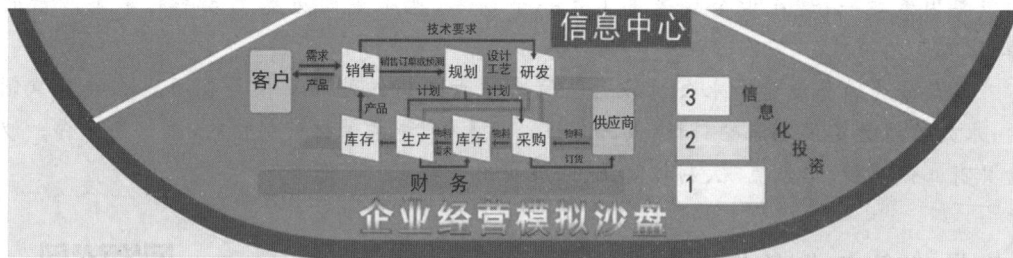

图 1-2　信息中心沙盘盘面

(二) 营销与规划中心沙盘盘面

在盘面上,营销与规划中心主要包括三个区域:市场开拓规划区域、产品研发规划区域和 ISO 认证规划区域,如图 1-3 所示。

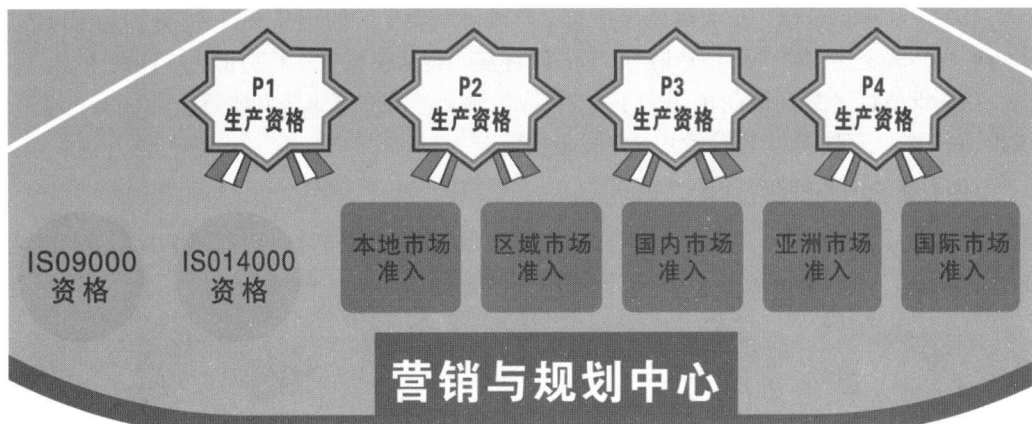

图 1 - 3 营销与规划中心沙盘盘面

(1) 市场开拓规划区域。该区域用以确定企业需要开发哪些市场,各企业早已经进入了本地市场,进一步可选择开拓的市场有区域市场、国内市场、亚洲市场和国际市场。

(2) 产品研发规划区域。该区域用以确定企业需要开发哪些产品,各企业早已经生产了 P1 产品,进一步可供选择开发的有 P2、P3 和 P4 产品。

(3) ISO 认证规划区域。该区域用以确定企业需要争取获得哪些国际认证,包括 ISO9000 质量认证和 ISO14000 环境认证。

企业只有取得相应的资格认证,才能进入相应的市场。

(三) 生产中心沙盘盘面

生产中心主要由厂房区域、生产线区域、产品标识区域和价值区区域构成,如图 1 - 4 所示。

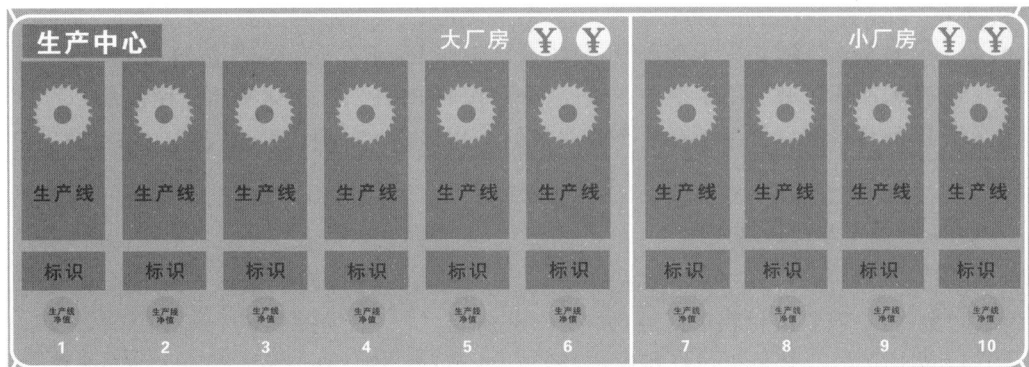

图 1 - 4 生产中心沙盘盘面

(1) 厂房区域。沙盘盘面上有大、小两个厂房,大厂房可以安装 6 条生产线,小厂房可以安装 4 条生产线。厂房的上方为其价值区,以"¥"表示,厂房可以通过购买或者租赁的方式取得。

(2) 生产线区域。企业可以选择四种类型的生产线:手工生产线、半自动生产线、全自动生产线和柔性生产线。不同生产线的生产效率和灵活性不同。

（3）产品标识区域。企业可供选择的生产或研发后生产的产品有四种,分别为 P1、P2、P3、P4 产品。企业的生产线生产哪种产品,就将其产品标识放置在相应的生产线的下方。

（4）价值区区域。产品标识的下方,代表的是生产线的价值区,要将企业拥有的生产线价值放置在其对应的产品标识下方的价值区处。

(四) 物流中心沙盘盘面

在沙盘上,物流中心主要包含原材料订单区域、在途原材料区域、原材料库区域、产成品库区域和产品订单区域五个区域,物流中心沙盘盘面如图 1-5 所示。

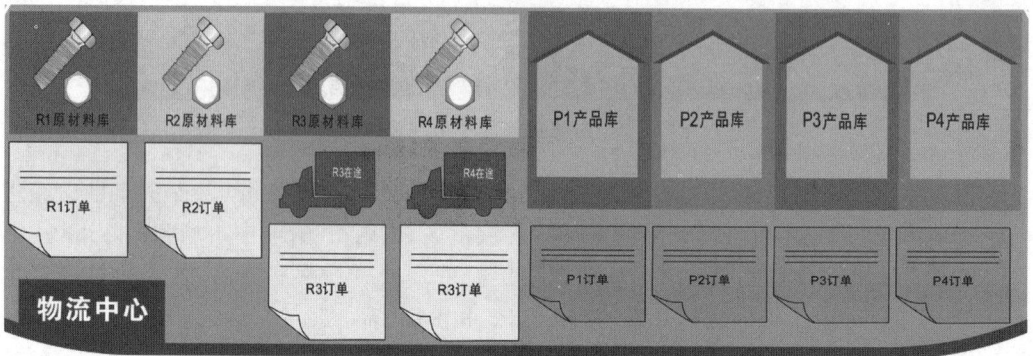

图 1-5 物流中心沙盘盘面

（1）原材料订单区域。代表与供应商签订的订货合同,按 R1、R2、R3 和 R4 品种分别列示,订货数量用放在原材料订单处的空桶数量表示。

（2）在途原材料区域。产品原材料需要预先下单订购,R1、R2 原材料的采购提前期为一个季度;R3、R4 原材料的采购提前期为两个季度,形成在途物料,在"在途原材料"区域列示。

（3）原材料库区域。用于存放原材料,分别按照 R1、R2、R3、R4 原材料品种列示。

（4）产成品库区域。用于存放产成品,分别按照 P1、P2、P3、P4 产品品种列示。

（5）产品订单区域。用于存放企业取得的产品订单,分别按照 P1、P2、P3、P4 产品品种列示。

(五) 财务中心沙盘盘面

在沙盘上,财务中心涵盖的内容更为广泛,主要可以分为四个区域:费用区域、贷款区域、现金区域、应收应付款项区域,如图 1-6 所示。

（1）费用区域。其主要包括折旧、税费、贴息、利息、维修费、转产费、租金、管理费、广告费和其他费用。当企业发生上述费用时,财务主管将同等费用金额的灰币放置在相应的费用名称处。

（2）贷款区域。贷款区域用于体现企业的贷款情况,主要包括长期贷款、短期贷款和其他贷款(高利贷)。长期贷款按年分期,短期贷款和其他贷款按季度分期(创业者沙盘中,Q 即为 1 期,如图 1-6 中所示)。企业发生贷款行为时,应将贷款的空桶放置在相应的位置上。

（3）现金区域。用于存放现金,现金用灰币表示,每个价值 1 W(1 万元)。

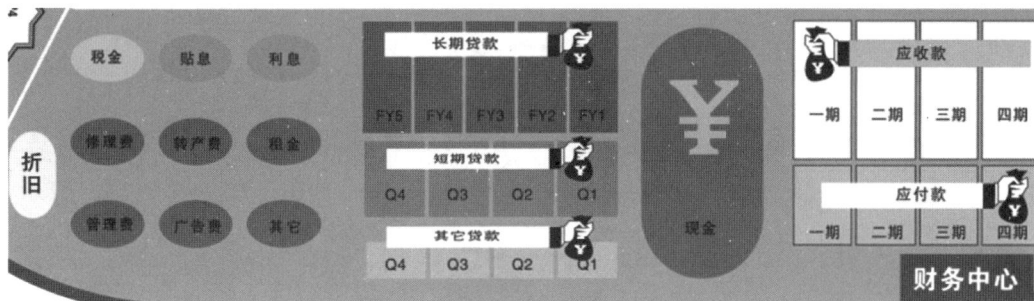

图 1-6 财务中心沙盘盘面

（4）应收、应付款项区域。反映企业的应收、应付款项情况，用放置在相应位置上的装有现金的桶表示。

二、沙盘教具

（一）灰币

灰币代表资金，每个灰币代表 1 W（W 是沙盘系统内的资金表示形式，即万元），如图 1-7 所示。

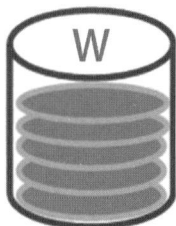

图 1-7 灰币

（二）彩币

彩币代表原材料，按从左往右顺序：第 1 个（红色）为 R1 原材料；第 2 个（橙色）为 R2 原材料；第 3 个（蓝色）为 R3 原材料；第 4 个（绿色）为 R4 原材料，如图 1-8 所示。

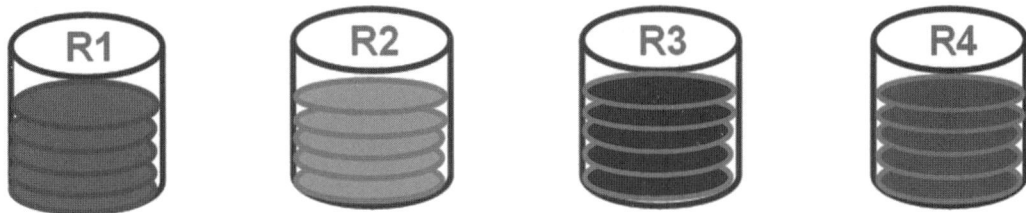

图 1-8 彩币

（三）空桶

在财务中心，空桶代表银行贷款，每桶 20 W；在物流中心，空桶代表原材料订单，一个空桶代表一个原材料采购订单；空桶也可用作灰币、彩币的容器，如图 1-9 所示。

图 1-9   空桶

(四) 产品/在制品

生产线上未完成加工的产品称为在制品,完工入库后称为产品。产品/在制品由不同的原材料和加工费构成,每个原材料的购置费用是 1 W,每个产品的加工费也都是 1 W,如图 1-10 所示。

图 1-10   产品/在制品

(五) 产品标识

企业可以选择 P1、P2、P3、P4 四种产品进行研发和生产。生产线生产产品时,就将相应的产品标识放置在生产线下方的产品标识处,如图 1-11 所示。

图 1-11   产品标识

(六) 产品研发资格证

企业可供选择的生产或研发后生产的产品有四种,分别为 P1、P2、P3、P4 产品。产品研发完成,获得产品生产资格,相应的生产资格标识放置在营销与规划中心,如图 1-12 所示。

(七) 生产线

企业可以选择四种类型的生产线:手工生产线、半自动生产线、全自动生产线和柔性生产线,不同生产线的生产效率和灵活性不同,如图 1-13 所示。

图 1-12 产品研发资格证

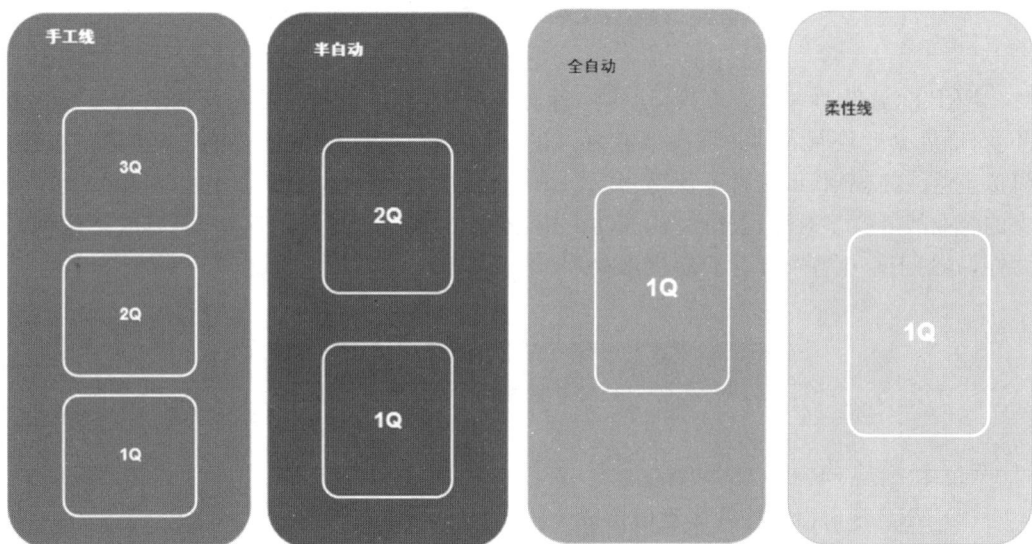

图 1-13 生产线

（八）市场准入标牌

企业可以选择开拓进入的市场共有五个,分别是本地市场、区域市场、国内市场、亚洲市场和国际市场。市场开拓完成后,获得该市场的准入资质,企业应将相应的市场准入标牌放置在营销与规划中心处,如图 1-14 所示。

图 1-14 市场准入标牌

（九）ISO 资格标牌

部分市场产品订单需要企业在获得相关国际认证后才能获得,企业可以选择相应的国际认证,包括 ISO9000 质量认证和 ISO14000 环境认证,如图 1-15 所示。

图 1-15　ISO 资格标牌

项目小结

ERP 沙盘借助一定的道具,让参与者扮演角色,模拟企业内部经营状况和外部竞争环境,锻炼企业经营者的管理决策能力。在沙盘经营过程中,学生通过团队沟通与合作,模拟企业战略规划、编制财务预算、演示 ERP 流程管理等一系列活动,可以深刻领会市场上的企业战胜竞争对手、获得经营成功的内在要求,进一步感受团队沟通、有效协作的必要性,并基于企业各项经营活动积累有效的实际经验。

项目训练

(1) 什么是 ERP 沙盘模拟?
(2) ERP 沙盘由哪些具体盘面构成?

项目二　创建团队

◆ **知识目标**

1. 理解团队创建原则。

2. 掌握团队组织结构类型。

3. 了解团队各岗位职能定位。

◆ **职业技能目标**

能组建团队,做好人员分工,明确职能定位。

◆ **素养目标**

提升团队意识,强化服从精神与担当精神,明确集体利益高于个人利益。

知识导图

```
                      ┌─── 组建团队
                      │
            创建团队 ──┼─── 人员分工和职能定位
                      │
                      └─── 明确公司现状和股东期望
```

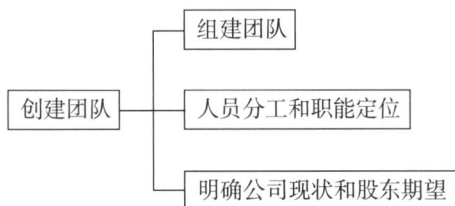

视频:创建团队

引导案例

管理小故事:分工是协作的前提,协作是更高形式的分工

　　一位年轻的炮兵军官上任后,到下属部队视察操练情况,发现有几个部队操练时有一个共同的情况:在操练中,总有一个士兵自始至终站在大炮的炮筒下,纹丝不动。经过询问,得到的答案是:操练条例就是这样规定的。原来,条例遵循的是用马拉大炮时代的规则,当时站在炮筒下的士兵的任务是拉住马的缰绳,防止大炮发射后因后坐力产生的距离偏差,减少再次瞄准的时间。现在大炮不再需要这一角色了,但条例没有及时调整,出现了不拉马的士兵。这位军官的发现使他受到了表彰。

管理小故事:分工是管理,协作是文化

大山中住着一群狼,随着森林资源的枯竭,他们感到食物来源越来越稀缺,大家怎么才能填饱肚子呢?狼群数量不小,但体弱多病者多,这些成员是不是要被抛弃呢?领头的公狼想了一个办法,那就是给群狼分工。利用老狼丰富的经验去搜寻发现事物,利用母狼的数量优势去围堵猎物,身强力壮的公狼负责最后的进攻,小狼则负责外围警戒。新方法实施后,效果确实很明显,狼群又有了充足的食物来源。

案例思考

两个管理小故事告诉我们:

(1) 管理的首要工作就是科学分工。只有每个员工都明确自己的岗位职责,才不会产生推诿、扯皮等不良现象。公司是发展的,管理者应当根据实际动态情况对人员数量和分工及时作出相应调整。否则,队伍中就会出现"不拉马的士兵"。如果队伍中有人滥竽充数,给企业带来的不仅仅是金钱损失,而且会导致其他人员的心理不平衡,最终导致公司工作效率整体下降。

(2) 分工是一种管理,因为分工的过程是资源合理配置、有效使用的过程,科学的分工,可以在某种程度上帮助企业降低对人才、技术、产品和管理者的依赖。但是一个组织要形成强有力的凝聚力和战斗力,必须培养协作文化,形成协作的氛围,分工永远解决不了绝对的问题。

任务一 组建团队

【任务引例】

华为公司刚成立时,员工数量较少,产品的种类比较集中,组织结构比较简单,因此采取直线制组织结构。如图 2-1 所示。

图 2-1 华为直线制组织结构

在直线型组织结构中,职权直接从高层向下"流动"(传递、分解),经过若干个管理层次达到组织最低层。其特点是:

（1）组织中每一位主管人员对其直接下属拥有直接职权。

（2）组织中的每一个人只对他的直接上级负责或报告工作。

（3）主管人员在其管辖范围内，拥有绝对的职权，或曰"完全职权"，即主管人员对所管辖的部门的所有业务活动行使决策权、指挥权和监督权。

这种权责分明、协调容易、反应快速的组织结构，使得华为在创业初期迅速完成了原始资本的积累。

渐渐地，随着公司高端路由器在市场上取得成功，华为的员工总数也从最初的6个人增长到将近20万人，产品领域也从单一的交换机向其他数据通信产品及移动通信产品扩张，市场范围遍及全国。单纯的直线管理，其缺点日益突出：没有专门的职能机构，管理者负担过重，难以满足多种能力要求；"全能"管理者离职时，一时很难找到替代者；部门之间协调性差。

随后，华为在早期直线制结构管理体系基础上进一步完善创新，先后落实了事业部制，成立地区公司，打造独一无二的组织管理体系。华为事业部制组织结构如图2-2所示。

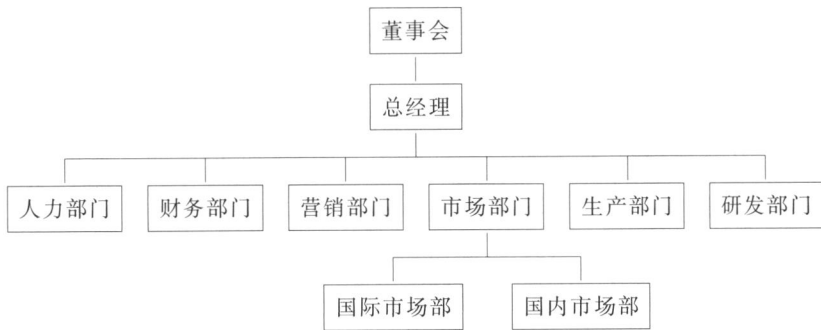

图 2-2 华为事业部制组织结构

事业部制按照企业所经营的事业，统筹产品、地区、顾客（市场）等来划分部门，设立若干事业部。事业部是在企业宏观领导下，拥有完全的经营自主权，实行独立经营、独立核算的部门，既是受公司控制的利润中心，具有利润生产和经营管理的职能，又是产品责任单位或市场责任单位，对产品设计、生产制造及销售活动负有统一领导的责任。

按战略性事业划分的事业部和按地区战略划分的地区公司，是华为最主要的两个利润中心。由事业部的地区公司承担实际盈利的责任，这加快了公司的发展。

企业的组织结构不是一成不变的，要结合企业的发展情况适时调整，这已成为现代企业发展的共识。

【知识准备与业务操作】

在沙盘模拟实训开始前，学生以自愿组合的原则划分小组，一般可根据学生的人数将全班划分为6～12个团队，每个团队拥有4～7人，每组学生代表一个企业的经营管理团队，负责经营一个企业。

一个团队组织若想保证执行力，必须做到"事事有人做，事事都做好"。根据企业日常经营业务,团队设置了总经理职位,下设营销部、生产部、采购部、财务部等职位和部门(如图 2 - 3 所示),这些部门完成企业运营活动的各环节工作,包括:战略制定、市场营销、生产组织、采购管理、库存管理和财务管理等。

图 2 - 3 团队组织结构

一、营销部

营销部主要负责产品、渠道和广告等事项,侧重于市场分析与开拓、广告支持等市场开发活动,负责搭建公司市场系统,并使之完善、强化,肩负公司品牌推广和产品推广等责任。在沙盘中,本地市场、区域市场、国内市场、亚洲市场和国际市场,ISO9000 认证和 ISO14000 认证都是非常重要的。从战略层面讲,营销部的目标是"树品牌、搞推广",为企业赢得销售订单。

二、生产部

生产部是组织与管理生产活动的部门,是生产的计划与组织中心、管理与控制中心、监督与协调中心,是制造业企业生产业务的源头。生产部的工作是将人力、物料、设备、技术、信息和能源等生产要素有效地转化为有形产品或服务。在沙盘中,生产部要做好的业务包括:新产品投入,包含 P_1、P_2、P_3、P_4 研发;厂房购买、租赁、出售;生产线更新、购置;产品生产加工安排;成品库存管理等。

三、采购部

采购部主要负责了解原材料市场信息,掌握市场与供应商的变化情况,采购原材料。采购部还要负责库存管理工作,包括库存物资的收、发、存和盘点等工作,所采购的原材料到货后,负责办理验收入库手续,注意核对规格、型号、生产单位是否与订单一致。材料出库时,负责办理领用手续,按领料单发料。在沙盘中,生产部要负责各种材料的采购和供应,包含 R1、R2、R3、R4 原材料预购。

四、财务部

财务部负责对公司的生产经营和资金运行情况进行核算,制定企业融资策略,控制成本费用,进行财务分析与决策。在沙盘中,财务部主要负责编制资金预算,进行融资管理和经营核算。

【工作任务——组建团队】

团队是沙盘经营对抗中的基本组织,组建团队是沙盘课程的第一步。

【任务分析】

团队是一个集体,在组建团队时要注意以下问题:

(1) 能力互补。团队是紧密合作的整体,团队成员要确保信息共享、团队协作。团队成员之间可以通过性格、特长方面等实现互补。

(2) 目标明确。团队要有明确的目标,激励团队成员为之努力奋斗。

(3) 责任清晰。团队成员并非只是简单地做好本职工作,还需要担当集体责任。

(4) 相互信任。每个团队成员要相信自己的团队,信任团队的其他成员,并保持良好的沟通。

【操作步骤】

(1) 教师根据全班人数,确定团队数量和每个团队的人数。

(2) 学生自由组成团队。

(3) 每个团队要确定自己的企业名称并用一句话概括经营理念。

新道新创业者沙盘系统 V5.0 用户注册界面如图 2-4 所示。

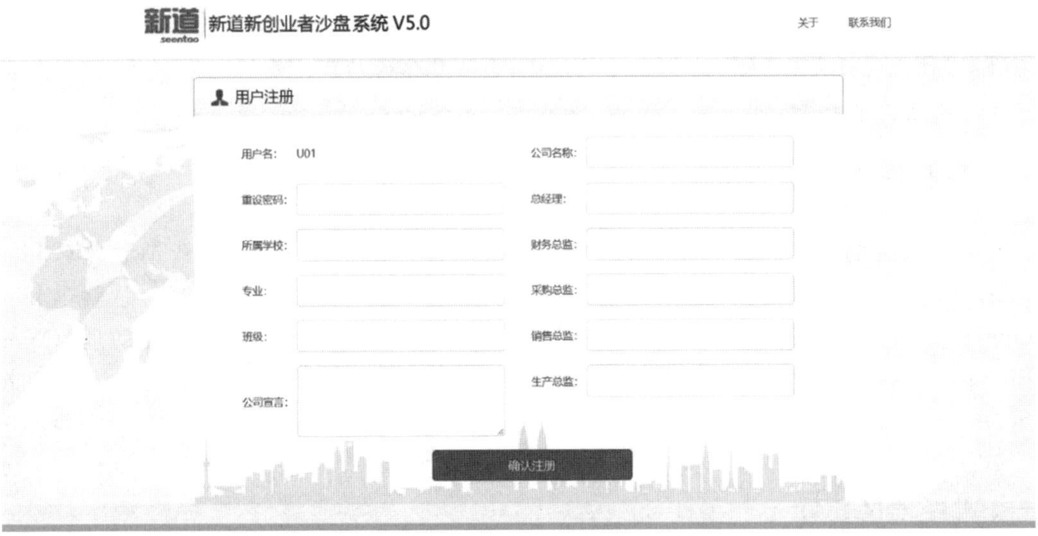

图 2-4 用户注册界面

任务二 人员分工和职能定位

【任务引例】

故事一:20 世纪 30 年代,全球最大的汽车制造企业是美国的通用汽车公司。到 20 世纪 80 年代,日本的汽车已经成功地打入美国市场。日本汽车的成功,依靠的是团队合作。

2

　　企业的产品生产流程一般包括市场营销、产品设计、成本核算、生产制造、销售、售后服务等环节。美国的汽车制造企业按照流程开展工作，从市场营销开始，直到售后服务结束，一个周期一般需要 5 年时间。而日本企业注重团队合作，从市场营销开始，各个部门共同参与，一般只需要 18 个月就可以完成一个周期。在 20 世纪 80 年代，日本企业利用能源危机这一契机，成功占领了美国汽车市场。

　　故事二：雁群具有合作的本能，它们飞行时都呈"V"字形。大雁飞行时会定期变换领导者，头雁扇动翅膀时，身后会形成一个低气压区，帮助后面的大雁减少空气的阻力，从而节省体力。科学家发现，与单只大雁相比，一个由 25 只大雁组成的"V"字形编队可以多飞 71％ 的距离。合作可以产生一加一大于二的倍增效果。据统计，诺贝尔获奖项目中，合作获奖的占三分之二以上。在诺贝尔奖设立的前 25 年，合作奖占总奖项数的 41％，而现在则高达 80％。

　　分工合作作为一种有效的企业工作方式被更多的管理者所提倡，分工合作有助于人们分解复杂、困难的事情，使其趋于简单化，做事的效率自然倍增。合作，是简单化、专业化、标准化的一个关键因素。企业分工正逐步向简单化、专业化、标准化发展，因此合作也成为了这个时代的主流工作方式。企业是一个由相互联系、相互制约的若干部分组成的整体，经过优化设计后，充分发挥合作的效能，企业整体的功能才能够大于部分之和，产生一加一大于二的效果。

【知识准备与业务操作】

　　团队成员的岗位可分为总经理（Chief Executive Officer，CEO）、营销总监（Chief Marketing Officer，CMO）、生产总监（Chief Product Officer，CPO）、采购总监（Chief Operation Officer，COO）、财务总监（Chief Financial Officer，CFO）、财务助理（Chief Financial Assistant，CFA）、商业间谍（SPY）等。下面，我们来介绍每个岗位具体的职能定位。

一、总经理（CEO）

　　CEO 要对企业经营管理的成败负责，主要职能包括三项：第一，制定企业发展战略规划，带领团队确定企业决策，审核财务状况，听取企业盈利或亏损状况，把握企业的发展方向；第二，完善团队建设，负责雇用、解聘、领导管理团队，解决管理团队成员之间的分歧，团结他们对同一个目标同心协力；第三，构建企业文化，营造一个促使员工愿意为企业服务的企业文化，树立好企业整体形象。

　　在沙盘中，CEO 具体负责的内容包括：制定发展战略、分析竞争格局、确定经营指标、制定业务策略、全面预算管理、管理团队、分析企业绩效、管理业绩考评、管理授权与总结等。在经营中，企业所有的重大决策均由 CEO 带领团队成员共同决定。如果大家意见不一致，由 CEO 最终定夺，尽量作出有利于企业发展的战略决策是 CEO 的最主要职责。同时，CEO 还要负责控制企业流程运行，关注每个人是否能胜任其岗位，尤其是一些重要岗位，如营销总监、财务总监等，如不能胜任，要及时调整，以免影响整个企业的经营。

作为企业的最高层管理者,担任该职务的学生可以尽显企业经营管理才能,全方位练习专业理论在实践中的应用。

二、营销总监(CMO)

CMO 的主要职责是市场开拓和销售实现。CMO 在日常工作中首先要制定合理的市场营销战略规划,制定战略规划后,企业的大方向就明确了,3～5 年的奋斗目标也就清晰了。CMO 在此基础上要做好产品生命周期管理,对产品从诞生到退市进行全流程管理,力争创新。最后,要规划销售渠道,提升谈判能力,从行业、地域、目标客户、产品等多个角度来划分市场,关注不同消费群体的需求。

在沙盘中,CMO 具体负责的内容包括:市场调查分析、市场进入策略、品种发展策略、广告宣传策略、制订销售计划、争取订单与谈判、签订合同与过程控制、按时发货、应收款管理、销售绩效分析等。

担任 CMO 的学生要学习如何分析市场、开发市场;如何进行产品及相关认证;关注竞争对手、感受企业和市场的内外部压力;把握消费者需求;制定销售与广告策略。

三、生产总监(CPO)

CPO 是企业生产部门的核心人物,对企业的所有生产活动进行管理,负责组织全面生产和设备管理。CPO 既是生产计划的制订者和决策者,又是生产过程的监控者,通过计划、组织、指挥和控制等手段实现企业资源的优化配置。

在沙盘中,CPO 具体负责的内容包括:产品研发管理、管理体系认证、固定资产投资、编制生产计划、平衡生产能力、生产车间管理、产品质量保证、成品库存管理、产品外协管理等。

担任 CPO 的学生要决策和制订生产计划;监控生产过程,全面负责企业的生产管理工作,完成生产计划,控制生产成本;落实生产计划和能源的调度,保持生产正常运行,及时交货;更新改造生产设备。

四、采购总监(COO)

COO 的职责是主持采购部的各项工作,提出企业物资采购计划;调查研究企业各部门的物资需求及消耗情况;熟悉各种物资的供应渠道和市场变化情况;指导并监督员工开展业务,审核年度各部门的采购计划;统筹策划和确定采购内容;监督和参与产品业务洽谈;审核商品采购合同、促销协议;确保供应商费用等指标的完成;组织对供应商的评估工作;监督采购员的订货工作,保证库存,同时还要提高周转速度;在预算内尽可能地减少开支,保质保量地完成企业各类物资的采购任务。

在沙盘中,COO 具体负责的内容包括:编制采购计划、供应商谈判、签订采购合同、监控采购过程、到货验收、仓储管理、采购支付抉择,同时与财务部、生产部协同具体事项等。

担任 COO 的学生应配合生产总监做好采购计划,同时分析材料采购周期并进行库存管理等工作,从而为企业生产做好后勤保障,防止停工待料现象的发生,也要杜绝大量库存的产生,以免占用资金。

2

五、财务总监(CFO)

CFO 的职责是在董事会和 CEO 领导下管理财务核算并开展监督工作,同时制订企业利润计划、资本投资计划、财务规划并编制开支预算;制订税收方案;建立健全企业内部核算管理体系,制订会计核算和财务管理的规章制度;组织企业有关部门开展经济活动分析,组织编制企业成本计划、降低成本、提高收益;监督公司遵守国家财经法规法纪和董事会决议的效果。

在沙盘中,CFO 具体负责的内容包括:日常财务记账、报税、提供财务报表、日常现金管理、制定企业融资策略、控制成本费用、资金调度,同时进行风险管理,开展财务分析与协助决策。

担任 CFO 的学生要明白:企业经营过程实际上是资金的运动过程,企业的资金是有限的,企业要长期、稳定地发展,必须提高资金使用效率,要做好事前预算、事中控制和事后管理。

六、财务助理(CFA)

CFA 主要负责财务部的日常事务工作,具体包括审核财务单据;管理发票;协助上级审核记账凭证;核对调整账目;整理档案;控制日常费用;管理固定资产;起草、处理财务相关资料和文件;统计、打印、呈交、登记和保管各类财务资料;协助上级开展与财务部内部的沟通与协调等。

担任 CFA 的学生应配合 CFO 做好日常现金收支管理;审核企业财务状况;核算企业经营成果;制定预算;对成本数据进行分类和分析。

七、商业间谍(SPY)

SPY 的主要任务是盗取对手企业的机密,使之成为对自己企业有用的商业资料和信息。在沙盘中,SPY 监控竞争对手的情况,明确竞争对手的动向,学会如何获得竞争对手的信息,并将信息加工整理反馈给企业,从而为企业战略、战术发展提供参考依据。该岗位隶属于营销部。设立该岗位的目的是提醒学生在社会竞争中可能存在商业间谍,要学会防范,还要会自我保护。

【工作任务——人员分工和职能定位】

在互联网经济时代,各种知识、技术不断推陈出新,竞争日趋紧张激烈,社会需求越来越多样化,单靠个人能力很难处理好各种错综复杂的问题,开展团队协作、共同完成任务十分必要。每个团队成员应各司其职,做好自己的本职工作,如此方可促进团队协作的实现。

【任务分析】

组建团队后,明确每个团队成员的分工是企业经营的良好保障。每个岗位都有自己的职能定位,团队成员要清楚地认识自己的长处,考虑自己能在企业中发挥什么样的作用。

2

如果每个团队设定为 4 人,岗位分别是:总经理(CEO)、营销总监(CSO)、生产总监兼采购总监(COO)、财务总监(CFO)。

如果每个团队设定为 5 人,则岗位分别是:总经理(CEO)、营销总监(CMO)、生产总监(CPO)、采购总监(COO)、财务总监(CFO)。

如果每个团队设定为 6 人,岗位分别是:总经理(CEO)、营销总监(CSO)、生产总监(COO)、采购总监、财务总监(CFO),财务助理或商业间谍(SKY)。

如果每个团队设定为 7 人,则岗位分别是:总经理(CEO)、营销总监(CMO)、生产总监(CPO)、采购总监(COO)、财务总监(CFO)、财务助理(CFA)和商业间谍(SPY)。

【操作步骤】

(1) 各团队推选 CEO。

(2) 各团队成员在团队中申报自己想担任的岗位并说明理由。CEO 结合申报人的想法和团队情况确定成员岗位。如果 CEO 有自己的团队建设办法,可以按照该办法进行,但要注意维护好团队的团结稳定。

(3) 教师结合相关表格,明确每个岗位工作在表格中的具体体现形式。

任务三　明确公司现状与股东期望

【任务引例】

2004 年,一直想开发一款冬季饮料产品的香飘飘创始人,在街头看到人们排着长队购买珍珠奶茶,经验和灵感让他突发奇想:为什么不把街头的奶茶方便化、品牌化呢? 说干就干,大约半年多以后,杯装奶茶产品试制成功。他给产品确定了一个新的名字:香飘飘。

接下来短短三年,公司把杯装奶茶做到销量过亿,于是企业管理者有点飘飘然了,开始分心开奶茶店、做方便年糕、投资房地产。殊不知杯装奶茶的热销,早已引起了食品巨头喜之郎的关注,其旗下的优乐美奶茶,通过明星代言和大量的广告投放,销量已经追上了香飘飘。而香飘飘品牌的实力和喜之郎品牌相之甚远,长此以往,香飘飘品牌不仅会失败,公司也会破产,此时正是生死关头。

生死关头,是定位拯救了香飘飘,在定位顾问的指导下,管理层决定停止开奶茶店,退出房地产,舍弃投入了 3 000 万元的"方便年糕"项目,全副身心聚焦杯装奶茶事业。随后我们就看见香飘飘以优乐美三分之一的广告投入,做"杯子连起来绕地球两圈、三圈、直至七圈"的广告。通过定位自己是行业领导者,香飘飘成功的守住了杯装奶茶第一名的宝座,销量直逼 30 个亿,为今后的公司上市奠定了基础。

【知识准备与业务操作】

本企业是一个新成立的公司,已收到注册资金。公司董事会及全体股东请一家权威

2

机构对某行业的发展前景进行了预测,认为 P 系列的产品将会从相对低水平产品发展为一个高技术产品。具体来说:P1 产品技术水平低,虽然近几年需求较旺,但未来需求将会逐渐下降;P2、P3 为中端技术产品,需求量在市场中一直占有比较高的份额;P4 产品为全新技术产品,发展潜力很大。综上,P1 产品代表了目前市场上的基础技术,P2、P3 产品是市场上的发展中技术,P4 产品是未来主要的技术发展方向。各个市场对它们的认同度不尽相同,需求量与价格也有较大差异。

因此,公司董事会及全体股东决定将企业交给一批优秀的新人去发展,他们希望新的管理层:① 投资 P 产品的开发,使公司的市场地位得到进一步提升;② 开发新市场,拓展市场领域;③ 扩大生产规模,采用现代化生产手段,努力提高生产效率,合理管控资金预算,从而追求企业价值最大化。

【工作任务——公司发展现状与股东期望】

只有了解企业现状和股东期望,才能制定企业发展战略。

【任务分析】

团队接手的是一个新建立的企业,只拥有注册资金,股东期望追求企业价值最大化。团队需要了解市场情况、产品情况,为开始经营对抗作好准备。

【操作步骤】

(1)教师宣告企业注册资金规模。

(2)各团队在各自 CEO 的带领下先自行了解市场预测、经营流程和运营规则。

沙盘中,正常情况下,企业运营流程如图 2-5 所示。

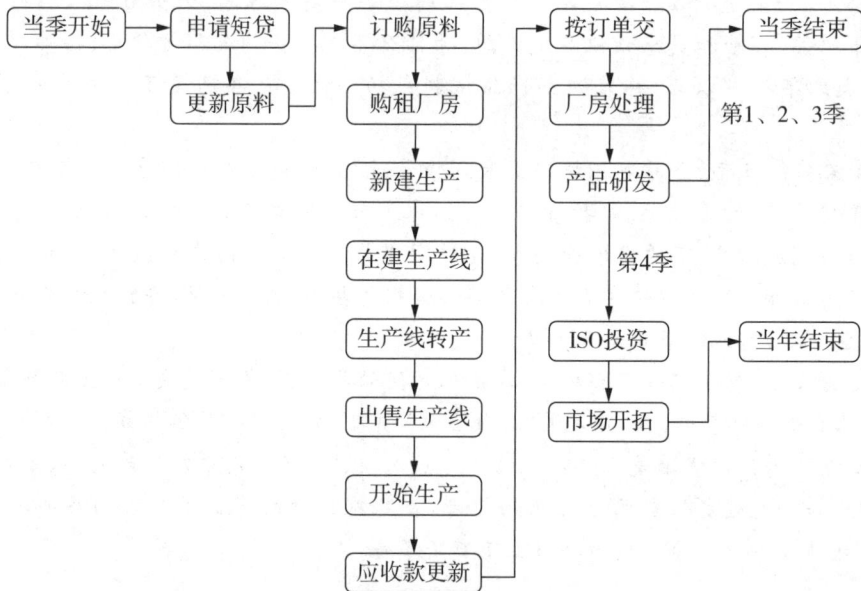

图 2-5　企业运营流程

项 目 小 结

　　沙盘模拟训练,根据学生的人数划分为 6～12 个团队,每个团队 4～7 人,每组学生模拟经营一个企业。企业要保证执行力与效率,一般应设置总经理职位,其下设营销部、生产部、采购部和财务部等部门。

　　分工合作是一种有效的企业工作方式,为保证合理的分工,企业的岗位应根据实际需要相应设置。模拟实训企业的工作岗位可分为总经理(CEO)、营销总监(CMO)、生产总监(CPO)、采购总监(COO)、财务总监(CFO)、财务助理(CFA)、商业间谍(SPY)等。

　　在社会竞争异常激烈的今天,社会需求日趋多样化,团队协作是企业成功经营的必然要求。经营团队中的每个个体都要各司其职,完成本职工作。团队要深入了解企业情况和股东期望,制定符合企业定位与未来发展的战略规划。

项 目 训 练

　　(1)团队协作中,如果你是企业的总经理,你认为应该如何明确企业的定位,制定企业的发展战略?

　　(2)沙盘实训中,模拟实训企业一般应设置哪些工作岗位? 它们的工作职责分别是什么?

项目三　认知学习规则

◆ **知识目标**

1. 了解市场准入规则及广告投放规则,合理规划市场开发思路。
2. 掌握厂房及生产线的构建规则,合理安排生产线的构建。
3. 掌握原材料订购规则及产品构成规则。
4. 掌握融资规则并合理编制预算。

◆ **职业技能目标**

1. 熟悉电子沙盘操作界面中的各功能板块,完成电子沙盘的操作流程。
2. 能将经营计划准确地在电子沙盘中实现。

◆ **素养目标**

1. 培养遵守规则意识,树立正确的规范素养。
2. 培育团队意识和协作精神,树立正确的职业道德素养,树立融入社会工作的自信心。
3. 培养企业资源计划意识。
4. 深刻理解并自觉实践企业运营的职业精神和职业规范。

 知识导图

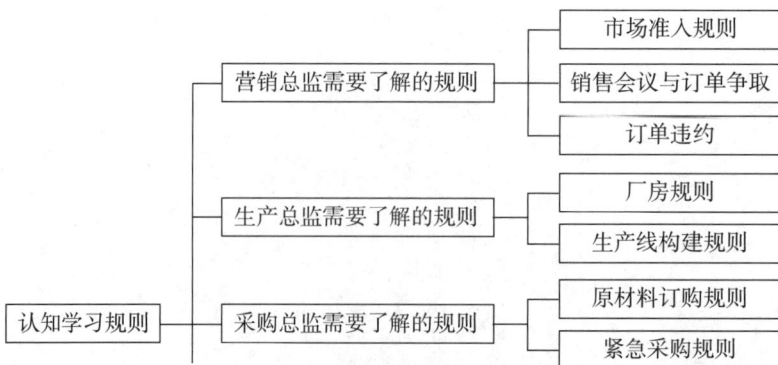

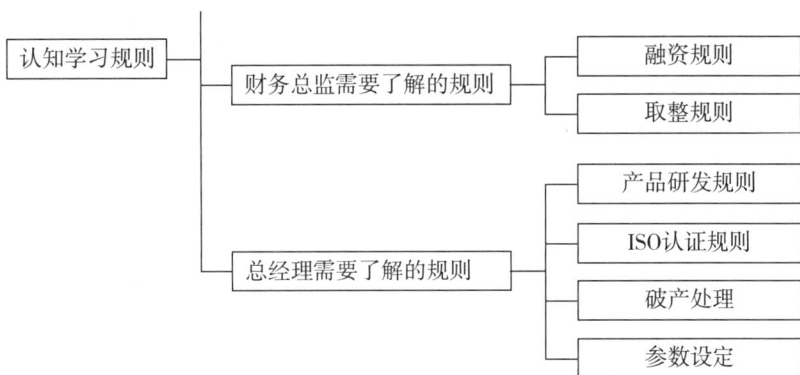

认知学习规则
- 财务总监需要了解的规则
  - 融资规则
  - 取整规则
- 总经理需要了解的规则
  - 产品研发规则
  - ISO认证规则
  - 破产处理
  - 参数设定

引导案例

"草木本无意,荣枯自有时",大自然遵循着四时更替的规则;"人事有代谢,往来成古今",人类社会遵循着社会发展的规则。"欲成方圆而随其规则,则万事之功形矣",而万物莫不有规矩,规则让万物并行不悖、井然有序。然而当今社会漠视规则的事情却屡见不鲜:少女在靠近铁轨的花海自拍,被火车撞飞;北京八达岭野生动物园,自驾游游客无视园内规则在猛虎区下车,被老虎袭击;重庆女子刘某因错过站点而争夺司机方向盘致使公交车坠江,全车人都因为她错过的一站而错过了自己的后半生……

老子在《道德经》中说:"人之所畏,不可不畏。"一个人只有心存敬畏,才能行有所循,行有所止。在上文提到的"重庆公交车坠江事件"中,乘客刘某缺乏对规则、生命的敬畏,因坐过车要求停车被司机拒绝而与之发生冲突,结果让公交车失控坠江。司机面对刘某的挑衅,忘记了自己承担着保护乘车人员生命安全的职责,两人皆因失去理智而漠视规则。

没有人是自成一体,与世隔绝的孤岛。公共文明是衡量社会成熟度的重要标志之一。一个成熟的社会,必定有许多不言而喻的规则需要人们遵守。

遵守规则兴,漠视规则亡。人类前行的历史,无不书写着这一道理。我们在规则中前进,享受着和谐;我们也在破坏规则中,受到惩罚。

面对漠视、违反规则者,我们难道除了惋惜,真的就只剩谴责了吗?答案当然是否定的。中国的先贤说过:"无规矩,不成方圆。"

我们既应该让遵守规则者得利,更应让漠视规则者受惩罚。受罚成本太低,违规者自然心存侥幸甚至有恃无恐。所以,面对漠视规则者,在道德谴责之外,我们更应加强处罚的力度,让违规者心存畏惧。

当然,真正的治本之法还在于提高国民素质,培养大家的敬畏之心。心有所畏,才能行有所止。如此这般,才可能有效遏制漠视甚至破坏规则的行为,重筑社会的诚信体系。

案例思考

敬畏规则,就是敬畏生命,敬畏光明正大的规则,就是敬畏自己的权利,保障自己的利益。跨过规则去追求,终究会回到原点。漠视规则向前行,规则终将把你抛弃。

任务一 营销总监需要了解的规则

【知识准备与业务操作】

一、市场准入规则

企业的生存和发展离不开市场,完成市场开拓并取得市场准入证后,企业才能在该市场进行产品销售,争取市场份额。

各个企业可根据自身情况在本地、区域、国内、亚洲、国际市场中进行开发并争夺市场订单。只有在市场开发完毕后,企业才有在该市场销售产品的资格。开发费用与周期情况表如表3-1所示。

表 3-1 开发费用与周期情况表

市场	开发费用/W	时间/年	分值
本地	1 W/年×1 年=1	1	5
区域	1 W/年×1 年=1	1	5
国内	1 W/年×2 年=2	2	8
亚洲	1 W/年×3 年=3	3	9
国际	1 W/年×4 年=4	4	10

(1)市场开拓,只能在每年第4季度进行。

(2)市场开拓与投资可以同时进行,也可中断或延后,但加速投资是不被允许的。

(3)市场开拓完成后,领取相应的市场准入证。

【思考】

企业在第1年开始投入研发亚洲市场,持续投入,则亚洲市场开发应在哪一年完成?如果在第3年中断投入,在第4年恢复投入,则开发工作又会在哪一年完成?

二、销售会议与订单争取

每年年初,各企业的营销总监与客户见面并召开销售会议,进行广告投放。根据市场地位、产品广告投入、市场广告投入、市场需求以及竞争态势,按顺序选择订单。选单顺序根据以下原则确定:

(1)以当年本市场本产品广告额投放大小依次选单。

(2)本市场本产品广告额相同时,则依当年本市场广告投放总额确定选单顺序。

(3)当年本市场广告总额也相同,则依上年该市场销售排名确定选单顺序。

(4)当年本市场广告投放总额仍相同,先投广告者先选单。

任何情况下,"市场老大"都有该市场所有产品的优先选单权。

【提请注意】

（1）企业必须在倒计时大于 5 秒时选单，出现确认框后，要在 3 秒内按下"确认"按钮，否则可能造成选单无效。

（2）每组每轮只能先选择 1 张订单，必须投放大于或等于 1 W 的广告费用才有机会获取选单机会。待所有投放广告组完成第一轮选单后，若还有订单，则该市场该产品广告额大于等于 3 W 的组将获得第二轮选单机会，选单顺序和第一轮相同；第二轮选单完成后，该市场该产品广告额大于等于 5 W 的组将获得第三轮选单机会，选单顺序和第一轮相同，以此类推。

（3）在某细分市场（如本地、P1）存在多次选单机会，但只要放弃一次，就视同放弃该细分市场所有的选单机会。

（4）选单中如有意外，请立即告知老师，老师会暂停倒计时。

（5）"市场老大"指上一年某市场内所有产品销售总额最多，且在该市场中未发生违约行为的那家企业，如果出现多组销售总额相等的情况，则"市场老大"不存在。

【思考】

"先投广告者先选单"这一选单规则是否重要？其重要性在什么情况下尤为突出？

三、订单违约

所有订单都应在本年度内完成（按订单上的产品数量和交货期交货）。如果订单没有完成，则视为违约订单，按下列条款加以处罚：

（1）分别按违约订单销售总额的 20% 计算违约金（四舍五入取整），并在当年第 4 季度结束后扣除，违约金计入"损失"。

（2）违约订单一律收回。

【工作任务一——市场开拓】

【操作】

该操作只在每年第 4 季度才会出现。点击主页面下方操作菜单中的"市场开拓"，会弹出"市场开拓"对话框（如图 3-1 所示）。勾选需要研发的市场，点击"确认"即可。

选择项	市场	投资费用	投资时间	剩余时间
☐	国内	1W/年	2年	1
☐	亚洲	1W/年	3年	2
☐	国际	1W/年	4年	3

图 3-1　市场开拓

【说明】

在企业经营沙盘中,市场包括本地市场、区域市场、国内市场、亚洲市场和国际市场。市场开拓是企业进入相应市场投放广告、选取产品订单的前提。市场开拓相关规则详见规则说明。市场开拓在每年第4季度末可操作一次,可中断投资。

【举例】

假定规则规定,本地市场、区域市场、国内市场、亚洲市场和国际市场的开拓期分别为1年、1年、2年、3年、4年,开拓费用均为每年1W。若企业从第1年年末开始开拓所有市场,且中间不中断投资,则:

第1年年末须支付5W(各类市场各1W)市场开拓费用,且当即完成本地市场、区域市场的开拓,在第2年年初的订货会上可对本地市场、区域市场投放广告,选取订单。

第2年年末须支付3W(国内、亚洲、国际各1W)市场开拓费用,且完成国内市场的开拓,在第3年年初的订货会上可对本地市场、区域市场和国内市场投放广告,选取订单。

第3年年末须支付2W(亚洲、国际各1W)市场开拓费用,且完成亚洲市场的开拓,在第4年年初的订货会上可对本地、区域、国内和亚洲市场投放广告,选取订单。

第4年年末须支付1W(国际市场1W)市场开拓费用,且完成国际市场的开拓,在第5年年初的订货会上可对所有市场投放广告,选取订单。

【工作任务二——投放广告】

【操作】

该操作在每年年初进行,点击主页面下方操作区中的"投放广告",弹出"投放广告"对话框(如图3-2所示),录入各市场广告费,点击"确认"即可。

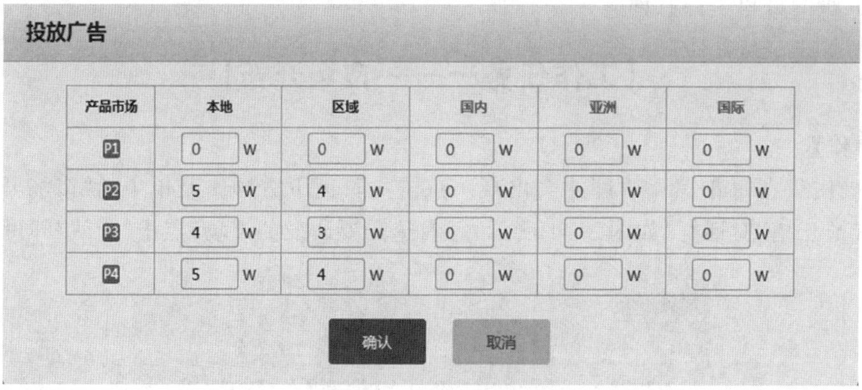

产品市场	本地	区域	国内	亚洲	国际
P1	0 W	0 W	0 W	0 W	0 W
P2	5 W	4 W	0 W	0 W	0 W
P3	4 W	3 W	0 W	0 W	0 W
P4	5 W	4 W	0 W	0 W	0 W

确认　　取消

图3-2　投放广告

【说明】

完成市场开拓后,相应的市场显示为黑色字体,则可在该市场投放广告费。若市场显示为红色字体,则表示该市场尚未开拓完成,不可在该市场投放广告费。市场广告费的投放要根据市场的竞争激烈程度、企业自身的产能、发展战略、竞争对手的广告投放策略等多方面因素综合考虑。广告投放完成后,就可等待教师开启订货会。

【工作任务三——参加订货会】

【操作】

点击主页面下方操作菜单中的"参加订货会",弹出"订货会就绪"对话框(如图3-3所示)或"参加订货会"对话框(如图3-4所示)。当其他企业存在未完成投放广告操作时,系统显示如图3-3所示。当所有企业均完成投放广告,且教师已经启动订货会时,系统显示如图3-4所示。

图3-3 订货会就绪

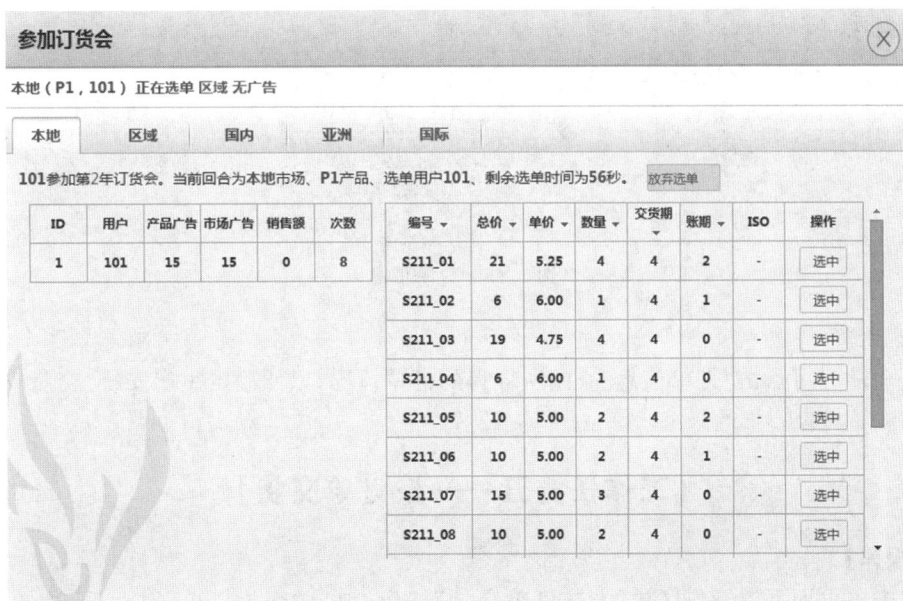

图3-4 参加订货会

【说明】

系统会提示正在进行选单的市场(显示为红色)、选单用户和剩余选单时间,企业选单时要特别关注上述信息。

对话框左边显示该市场的选单顺序,右边显示该市场的订单列表。未轮到当前用户选单时,右侧按钮无法点击。当轮到当前用户选单时,操作显示"选中"按钮,点击"选中""确认",成功选单。当选单倒计时结束后,学生无法选单。

选单时要特别注意,避免漏选市场订单。

全部市场选单结束后,订货会结束。

【工作任务四——确认订单信息】

【操作】

此操作可随时进行,点击主页面下方操作区中的"订单信息"按钮,弹出"订单信息"对话框(如图 3-5 所示)。弹出框中显示当前企业在所有年份中获得的订单,学生可以查询每条订单的完成时间、状态等信息。

订单信息

订单编号	市场	产品	数量	总价	状态	得单年份	交货期	账期	ISO	交货时间
8-0024	本地	P2	4	26W	已交货	第2年	4季	1季	-	第2年第4季
8-0031	本地	P3	2	20W	已交货	第2年	4季	2季	-	第2年第4季
8-0025	本地	P2	3	19W	已交货	第2年	4季	2季	-	第2年第4季
8-0038	本地	P4	1	13W	已交货	第2年	4季	2季	-	第2年第4季
8-0032	本地	P3	2	20W	已交货	第2年	4季	2季	-	第2年第4季
8-0074	区域	P4	2	22W	已交货	第2年	4季	3季	-	第2年第4季
8-0065	区域	P3	3	27W	已交货	第2年	4季	3季	-	第2年第4季
8-0078	区域	P4	2	22W	已交货	第2年	4季	2季	-	第2年第4季

图 3-5　订单信息

【说明】

企业随时可点击"订单信息"查阅所取得的订单情况,以便确定生产安排、交货安排等事项。

【工作任务五——按订单交货】

【操作】

点击主页面下方操作区中的"按订单交货"按钮,弹出"交货订单"对话框(如图 3-6 所示),点击每条订单后的"确认交货"按钮即可。

交货订单

订单编号	市场	产品	数量	总价	得单年份	交货期	账期	ISO	操作
8-0016	本地	P2	3	16W	第2年	4季	1季	-	确认交货
8-0017	本地	P2	3	18W	第2年	4季	2季	-	确认交货
8-0018	本地	P2	3	18W	第2年	4季	1季	-	确认交货
8-0056	区域	P2	4	27W	第2年	4季	3季	-	确认交货
8-0057	区域	P2	5	35W	第2年	4季	2季	-	确认交货
8-0058	区域	P2	4	28W	第2年	4季	1季	-	确认交货

图 3-6　交货订单

【说明】

“交货订单”对话框中会显示年初订货会上取得的所有产品订单，提供订单销售收入总价，订单需交的产品种类、数量、交货期限和账期等信息。点击相应订单右边的“确认交货”按钮后，在相应产品库存足够的情况下，系统会提示交货成功；在库存不足的情况下，系统会弹出“库存不足”的提示框。订单交货后，系统会收取相应的现金或产生相应的应收款。

【举例】

企业获取的订单情况如图 3-6 所示，表示上述订单均要求在当年第 4 季度结束前交货，如果不能按时交货，则取消该产品订单，企业要支付相应的违约金(违约金比率由教师在系统参数中设置)。

若当前为当年的第 3 季度，库存 P2 产品有 3 个，则企业可选择 8-0016、8-0017、8-0018 三个订单中的一个进行交货，若企业选择 8-0018 订单交货，则交货后企业会产生账期为 1 Q、金额为 18 W 的应收款，该应收款可在下季度应收款更新过程中收回。同时，系统会从 P2 产品库中减少 3 个 P2 产品以交货。

【思考】

(1) 每年各组投放广告后，均可查询各组的广告投放情况，如图 3-7 所示。

【请回答】

① 简述选单顺序规则。

② 如何确定各组的选单顺序？

③ 各组有几次选单机会？

④ U01 组在本地市场一定会有订单吗？

U01 广告投放情况					
产品	本地	区域	国内	亚洲	国际
P1	0	0	0	0	0
P2	5	0	0	0	0
P3	6	0	0	0	0
P4	0	0	0	0	0

U02 广告投放情况					
产品	本地	区域	国内	亚洲	国际
P1	3	0	0	0	0
P2	5	0	0	0	0
P3	5	0	0	0	0
P4	0	0	0	0	0

U03 广告投放情况					
产品	本地	区域	国内	亚洲	国际
P1	1	0	0	0	0
P2	6	0	0	0	0
P3	0	0	0	0	0
P4	0	0	0	0	0

图 3-7 各组广告投放情况

（2）订单样式如图 3-8 所示。

编号▼	总价▼	单价▼	数量▼	交货期▼	账期▼	ISO
7-0001	14	4.67	3	4	2	—
7-0002	20	5.00	4	4	2	—
7-0003	15	5.00	3	4	1	—
7-0004	6	6.00	1	4	0	—
7-0005	9	4.50	2	4	1	—
7-0006	14	4.67	3	4	2	—

图 3-8 订单样式

【请回答】

① 简述交货期、账期、ISO(资格认证)的含义。

② 如果你是 U03 组的成员,你会优先选择哪一张订单?

任务二　生产总监需要了解的规则

视频:竞赛经验分享
(生产与采购篇)

【知识准备与业务操作】

生产总监应按照企业发展战略,根据营销总监所取得的订单,通过对各生产线资源优化组合,制定生产计划安排生产,保障企业生产过程的正常进行,保证企业及时交货。

一、厂房价格表

企业在开办初期,需要购买或租用厂房,此后才能对购买的生产线进行安装、使用。厂房参数表如表 3-2 所示。

表 3-2　厂房参数表

厂房	购买价格/W	年租金/W	出售价格/W	容量/条	购买上限/个
大厂房	30	4	30	4	3
小厂房	20	3	20	3	3

【说明】

(1) 厂房的租用或购买可以在任何季度进行。如果决定租用厂房或进行厂房的"买转租",企业在开始租用时交付租金。

(2) 厂房租入后,租期(4 Q)结束才可进行"租转买"、退租等处理,如果没有重新选择,系统自动进行续租处理,租金在"当季结束"时和"行政管理费"一并扣除。

(3) 如需新建生产线,则厂房须有空闲空间。

(4) 只有在厂房中没有生产线时,企业才可以选择退租。

(5) 厂房合计购租比的上限为 2。

(6) 已购厂房随时可以按原值出售,获得账期为 4 Q 的应收款。

【思考】

第一年第一季度租用的厂房,什么时候可以进行"租转买"?

二、生产线基本情况表

企业想要提高利润、生产规模,就必须购置新的生产线,甚至根据企业战略发展策略,淘汰效率低下的生产线,将其变卖,更新换购效率高的生产线。生产线基本情况表如表 3-3 所示。

表 3-3　生产线基本情况表

生产线	购置费/W	安装周期/Q	生产周期/Q	年维修费/W	残值/W	转产周期/Q	转产费/W
手工线	5	无	3	0	1	—	—
半自动线	10	1	2	1	2	1	2
自动线	15	3	1	2	3	1	2
柔性线	20	4	1	2	4	—	—

【说明】

（1）无论何时出售生产线，都应从生产线净值中取出相当于残值的部分计入现金，将净值与残值之差计入损失。

（2）本生产线所生产的产品一经确定，便不能随意更换，如需更换，须在建成后进行转产处理。

（3）只有空闲并且已经建成的生产线方可转产。

（4）当年建成的生产线、转产中的生产线都会引发维修费；已出售的生产线和新购的正在安装的生产线不缴纳维修费。

（5）不允许在不同厂房之间移动生产线。

（6）允许中断投资，但不能加速投资。

【思考】

第一年第二季投资建设自动生产线，具体建成时间是何时？第二年需要交纳维修费吗？

无论有无使用，生产线都会发生一定程度的损耗，其价值将逐渐转移到生产的产品成本中，构成企业的费用。生产线转移的价值，以折旧的形式在产品销售收入中得到补偿，生产线折旧情况表如表3-4所示。

表 3-4　生产线折旧情况表（平均年限法）　　　　单位：W

生产线	购置费	残值	建成第1年	建成第2年	建成第3年	建成第4年	建成第5年
手工线	5	1	0	1	1	1	1
半自动线	10	2	0	2	2	2	2
自动线	15	3	0	3	3	3	3
柔性线	20	4	0	4	4	4	4

【说明】

（1）当生产线净值等于残值时，生产线不再计提折旧，但可以继续使用。

（2）生产线建成当年不计提折旧。

【思考】

购置费、净值、残值的含义是什么？出售一条生产线，如何计算获得的现金与产生的损失？

【工作任务一——购租厂房】

【操作】

点击主页面下方操作区中的"购租厂房"按钮，弹出"购租厂房"对话框（如图3-9所示),点击下拉框选择厂房类型,下拉框中提示每种厂房的购买价格、租用价格等。选择订购方式后点击"确认"即可。

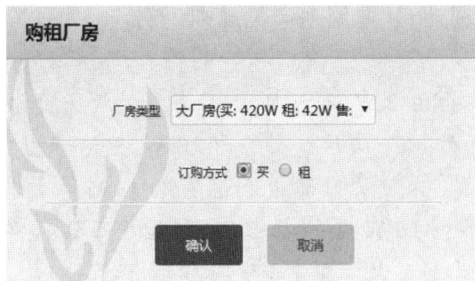

图 3-9 购租厂房

【说明】

企业可根据需要选择大厂房或小厂房,也可以根据需要选择买或租等订购方式。厂房每季均可购入或租入。

若选择购买,则须一次性支付购买价款,无后续费用;若选择租入,则须每年支付租金,租金支付时间为租入时以及以后每年对应季度的季末。

【举例】

若企业在第 1 年第 2 季度选择购入 1 个大厂房,则系统会在购入时一次性扣除相应的购买价款,以后不再产生相关扣款。

若企业在第 1 年第 2 季度选择租入 1 个大厂房,则需在第 1 年第 2 季度租入时支付第 1 年租金,以后每年的租金由系统自动在第 2 季度季末支付。

【工作任务二——新建生产线】

【操作】

点击主页面下方操作区中的"新建生产线"按钮,弹出"新建生产线"对话框(如图 3-10 所示)。选择放置生产线的厂房,点击"类型"下拉框,选择要新建的生产线类型,下拉框显示生产线购买的价格信息,选择新建的生产线所计划生产的产品类型,点击"确认"即可。

提醒:新建多条生产线时,无须退出该界面,重复操作即可。

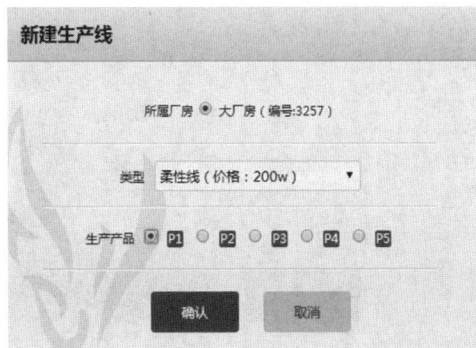

图 3-10 新建生产线

【说明】

生产线一般包括手工线、半自动线、自动线和柔性线等,各种生产线的购买价格、折旧、残值、生产周期、转产周期、建造周期详见规则说明。

【举例】

若规则规定手工线买价为 5 W、建造期为 0;半自动线买价为 10 W、建造期为 1 Q;自动线买价为 15 W、建造期为 3 Q;柔性线买价为 20 W、建造期为 4 Q。

企业如果在第 1 年第 1 季度同时建造上述生产线,则第 1 季度新建生产线时须支付 25 W(手工线 5 W、半自动线 10 W、自动线 5 W、柔性线 5 W),第 2 季度在建生产线须支付 10 W(自动线 5 W、柔性线 5 W),第 3 季度在建生产线须支付 10 W(自动线 5 W、柔性线 5 W),第 4 季度在建生产线须支付 5 W(柔性线 5 W)。生产线建造过程与费用情况如表 3-5 所示。

表 3-5　生产线建造过程与费用情况

生产线	第1年1季	第1年2季	第1年3季	第1年4季	第2年1季	总投资额/W
手工线	5 W 建成	—	—	—	—	5
半自动线	10 W 在建	建成	—	—	—	10
自动线	5 W 在建	5 W 在建	5 W 在建	建成	—	15
柔性线	5 W 在建	5 W 在建	5 W 在建	5 W 在建	建成	20
当季投资总额	25 W	10 W	10 W	5 W	—	—

【工作任务三——在建生产线】

【操作】

点击主页面下方操作区中的"在建生产线"按钮,弹出"在建生产线"对话框(如图 3-11 所示)。弹出框中显示需要继续投资建设的生产线信息,勾选决定继续投资的生产线,点击"确认"即可。

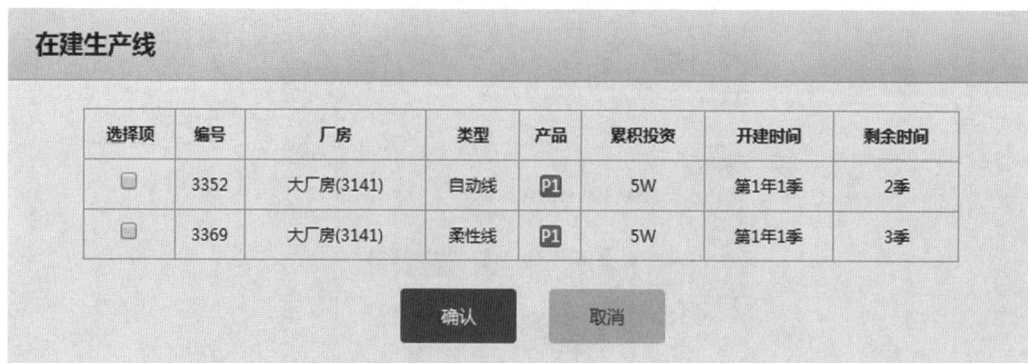

选择项	编号	厂房	类型	产品	累积投资	开建时间	剩余时间
☐	3352	大厂房(3141)	自动线	P1	5W	第1年1季	2季
☐	3369	大厂房(3141)	柔性线	P1	5W	第1年1季	3季

确认　　取消

图 3-11　在建生产线

【说明】

　　只有处在建造期的生产线才会在此对话框中显示,该对话框中会提供处于建造期间的生产线的累计投资额、开建时间和剩余建造期。

【举例】

　　详见本任务"工作任务二——新建生产线"中的相关举例。

【工作任务四——生产线转产】

【操作】

　　点击主页面下方操作区中的"生产线转产"按钮,弹出"生产线转产"对话框(如图 3 - 12 所示)。弹出框中显示可以进行生产线转产的生产线信息,勾选转产的生产线以及转产产品,点击"确认转产"即可。

图 3 - 12　生产线转产

【说明】

　　建造生产线时已经确定了生产的产品种类,但是在企业运营过程中,为按时交足不同产品、不同数量的订单,企业可能会对生产线生产的产品进行适当的转产操作。转产时,该生产线应处于待生产状态。

　　转产时,不同生产线的转产费用和转产周期是有区别的,具体详见规则说明。当转产周期大于 1 Q 时,下一季度点击"生产线转产",弹出框中显示需要继续转产的生产线,需要勾选继续投资转产的生产线,不选即中断转产。

【举例】

假定规则规定手工线转产周期为 0、转产费用为 0。若某手工线原定生产 P1 产品,现在需要转产 P2 产品,则转产时该手工线上应没有在产品,且转产当季即可上线生产新的 P2 产品,无须支付转产费用。

假定规则规定,半自动线转产周期为 1 Q,转产费用为 1 W。若某半自动线原定生产 P1 产品,现在需要转产 P2 产品,则转产时该半自动线上应没有在产品,且须进行 1 个季度的"生产线转产"操作并支付相应的转产费用 1 W,如此方能上线生产新的 P2 产品。

【工作任务五——出售生产线】

【操作】

点击主页面下方操作区中的"出售生产线"按钮,弹出"出售生产线"对话框(如图 3 - 13 所示)。弹出框中显示可以出售的生产线的信息。勾选要出售的生产线,点击"确认"即可。

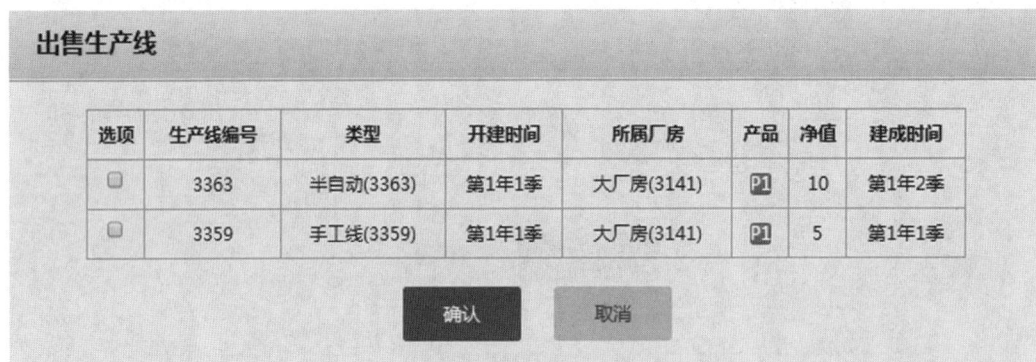

出售生产线

选项	生产线编号	类型	开建时间	所属厂房	产品	净值	建成时间
☐	3363	半自动(3363)	第1年1季	大厂房(3141)	P1	10	第1年2季
☐	3359	手工线(3359)	第1年1季	大厂房(3141)	P1	5	第1年1季

确认   取消

图 3 - 13   出售生产线

【说明】

出售生产线的前提是该生产线空置,线上没有在产品。出售时,按残值收取现金,按净值(生产线的原值减去累计折旧后的余额)与残值之差额作为企业损失。已提足折旧的生产线不会产生出售损失,未提足折旧的生产线必然产生出售损失。

【举例】

假定规则确定半自动线建设期为 1 Q、原值为 10 W、残值为 2 W、使用年限为 4 年,若某企业第 1 年第 1 季度开建一条半自动线,则该生产线在第 1 年第 2 季度建成,只要该生产线处于待生产状态即可进行出售。

若在建成当年将其出售,企业则会收到 2 W 现金,同时产生 8 W 损失(原值 10 W—累计折旧 0 W—残值 2 W);若在第 2 年将其出售,企业则会收到 2 W 现金,同时产生 6 W 损失(原值 10 W—累计折旧 2 W—残值 2 W),以此类推。

【工作任务六——开始生产】

【操作】

点击主页面下方操作区中的"开始生产"按钮,弹出"开始下一批生产"对话框(如图 3-14 所示)。弹出框中显示可以进行生产的生产线信息。勾选要投产的生产线,点击"确认"即可。

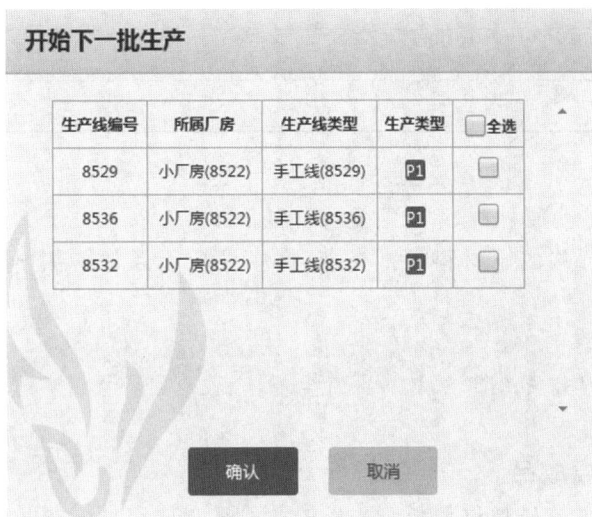

图 3-14　开始下一批生产

【说明】

开始下一批生产时,应保证:① 相应的生产线空闲;② 产品研发完成;③ 生产原料充足;④ 投产用的现金足够。四个条件缺一不可。开始下一批次生产操作时,系统会自动从原材料仓库领用相应的原材料,并从现金库中扣除用于生产的加工费。

【举例】

假定规则规定 P1 产品构成为 1R1+1 W,若计划在某半自动线上上线生产 P1 产品,则要求该半自动线此时没有在产品(因为一条生产线同时只能生产 1 个产品),且原材料仓库需有 1 个 R1 原材料,以及 1 W 的现金余额用于支付产品生产的加工费。上线生产后,系统会自动从 R1 原材料库中领用 1 个 R1,并从现金库中扣除 1 W 的生产费用。

任务三　采购总监需要了解的规则

【知识准备与业务操作】

采购总监根据年初与生产总监制订的生产计划,编制采购计划。采购总监应认真研究企业的生产计划,进行科学的计算,确认合理的原材料采购品种和数量。按照采购规则,提前向原材料供应商下达订单,原材料采购表如表3-6所示。

表3-6 原材料采购表

名称	购买单价/W	提前期/季
R1	1	1
R2	1	1
R3	1	2
R4	1	2

【说明】

(1)向供应商订购原材料时,无须支付材料款。

(2)向供应商订购的原材料运抵企业时,企业应无条件购买全部原材料并支付材料款。

【思考】

第1年第3季度需要3R3原材料进行生产,企业应在什么时候进行订购并付款?

紧急采购原材料或成品

当生产计划与实际销售订单数量产生偏差或采购计划与生产计划不相符时,企业可进行紧急采购弥补。

【说明】

(1)紧急采购时,付款即到货,可马上投入生产或销售,原材料紧急采购价格为直接成本的2倍,成品紧急采购价格为直接成本的3倍。即:紧急采购R1或R2,每个原材料单价为2W;紧急采购P1,单价为6W,紧急采购P2,单价为9W。

(2)紧急采购原材料和产品时,直接扣除现金。上报报表时,成本仍然按照标准成本记录,紧急采购多付出的成本计入费用表中的"损失"项目。

【思考】

紧急采购一个成品P3,需要支付多少货款?在报表上应如何反映?

【工作任务一——订购原料】

【操作】

点击主页面下方操作区中的"订购原料"按钮,弹出"订购原料"对话框(如图3-15所示),显示原料名称、价格以及运货周期信息,在"数量"一列输入需订购的原料量值,点击"确认"即可。

【说明】

企业原材料一般分为R1、R2、R3、R4四种,其中R1、R2原材料需提前1个季度订购,在1个季度后支付材料款并入库;R3、R4原材料需提前2个季度订购,在2个季度后支付

图 3-15 订购原料

材料款并入库。材料订购数量由后期生产需要来决定,订购多了会造成现金占用,订购少了则不能满足生产需要,会造成生产线停产,甚至不能按期完成产品交货,导致产品订单违约。

【举例】

若企业第 2 季度需要领用 5 个 R1、4 个 R2,第 3 季度需要领用 3 个 R1、4 个 R2、5 个 R3、4 个 R4,第 4 季度需要领用 4 个 R1、6 个 R2、4 个 R3、5 个 R4,则企业的原料订购过程如图 3-16 所示。

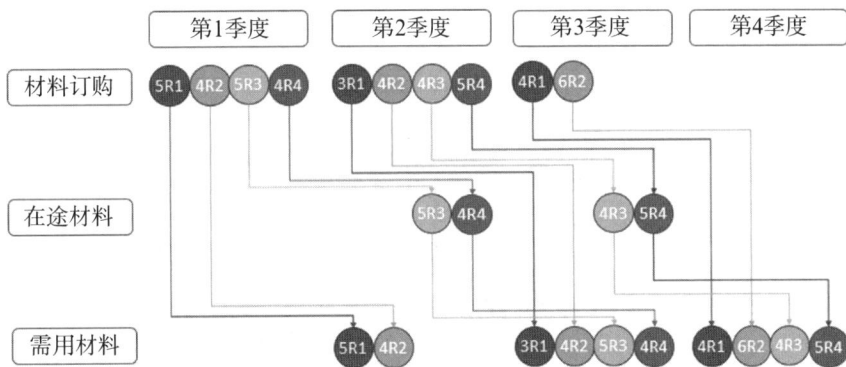

图 3-16 原料订购过程

【工作任务二——更新原料库】

【操作】

点击主页面下方操作区中的"更新原料"按钮,弹出"更新原料"对话框(如图 3-17 所示),提示当前应入库原料所需支付的现金。确认金额无误后,点击"确认",系统就会扣除现金并增加原料库存。

图 3-17 更新原料

【举例】

假定每种原材料的采购价为 1 W,若某企业在第 1 季度订购了 R1、R2、R3、R4 各 1 个,第 2 季度又订购了 R1、R2、R3、R4 各 2 个,则第 2 季度更新原料操作时,需支付的材料采购款为 2 W(系第 1 季度订购的 R1 和 R2 材料款),第 3 季度更新原料操作时,需支付的材料采购款为 6 W(系第 1 季度订购的 R3、R4 材料款和第 2 季度订购的 R1、R2 材料款)。更新原料分析过程如图 3-18 所示。

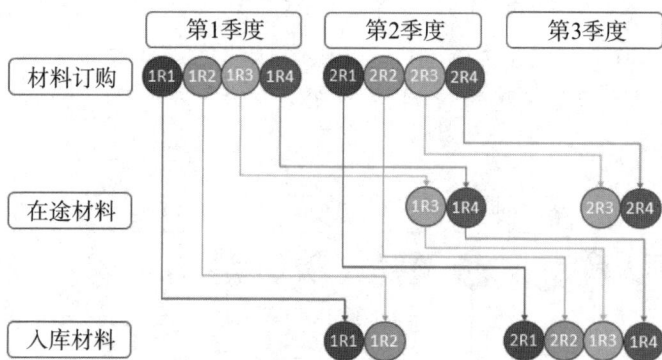

图 3-18 更新原料分析过程

【工作任务三——紧急采购】

【操作】

该操作可随时进行,点击主页面下方操作区中的"紧急采购"按钮,弹出"紧急采购"对话框(如图 3-19 所示),显示当前企业的原料、产品的库存数量以及紧急采购价格,在"订购量"一列输入数值,点击"确认采购"即可实现。

【说明】

紧急采购是为了解决材料或产品临时短缺而进行的,企业原材料订购不足或产品未能按时生产,均可能造成产品订单不能按时交货的结果,从而导致订单违约,不仅失去订单收入,企业还要为此支付违约金。紧急采购价格一般比正常的采购价要高,具体由教师设定。操作时,企业既可以紧急采购原材料,也可以紧急采购库存产品。

图 3-19　紧急采购

任务四　财务总监需要了解的规则

【知识准备与业务操作】

资金是维系企业生存和持续发展的血液,资金断裂就意味着企业破产。财务总监应针对企业自身情况进行预测、筹集、调度与监控,通过向银行贷款、贴现、库存拍卖等方法进行资金筹集以及年度财务报表编制。常见的融资方式表如表 3-7 所示。

表 3-7　常见的融资方式表

贷款类型	贷款时间	贷款额度	年息率	还款方式
长期贷款	每年度初	所有贷款不超过上一年所有者权益的 3 倍,不低于 10 W	10%	年初付息,到期还本
短期贷款	每季度初	所有贷款不超过上一年所有者权益的 3 倍,不低于 10 W	5%	到期一次还本付息
资金贴现	任何时间	视应收款额	10%(1 季、2 季) 12.5%(3 季、4 季)	贴现各账期分开核算,分开计息
库存拍卖		原材料打八折(向下取整),成品按成本价出售		

一、融资说明

（一）长期贷款和短期贷款的信用额度

长期贷款和短期贷款的总额度（包括已借但未到还款期的贷款）为上年权益总计的 3 倍，长期贷款、短期贷款必须为不小于 10 W 的整数。例：第一年所有者权益为 44 W，第一年已借 5 年期的长期贷款 57 W（且未申请短期贷款），则第二年可贷款总额度为 75 W（44×3－57）。

（二）贷款规则

（1）对于长期贷款，每年必须支付利息，到期归还本金。长期贷款最长期限为 5 年。

（2）在结束年，不要求归还没有到期的各类贷款。

（3）短期贷款年限为 1 年，如果企业在某一季度有短期贷款需要归还，且同时还拥有贷款额度，必须先归还到期的短期贷款，才能申请新的短期贷款。

（4）所有的贷款不允许提前还款。

（5）企业间不允许私自融资，企业只允许向银行贷款，银行不提供高利贷。

（6）贷款利息计算时四舍五入取整。例如，短期贷款 21 W，则利息为 1.05 W（21× 5％），四舍五入后实际支付利息为 1 W。

（7）长期贷款利息是根据长期贷款的贷款总额乘以利率来计算的。如第 1 年申请 54 W 长期贷款，第 2 年申请 24 W 长期贷款，则第 3 年所需要支付的长期贷款利息为 7.8 W[（54＋24）×10％]，四舍五入后实际支付利息为 8 W。

（三）贴现规则

应收款贴现分季度计算贴息，向上取整，如应收款 1 账期贴现 26 W，2 账期贴现 424 W，贴息为：1 账期贴息＝26×10％＝2.6≈3 W，2 账期贴息＝424×10％＝42.4≈ 43 W，贴息总额＝3＋43＝46 W。

（四）出售库存规则

（1）原材料打八折（向下取整）出售，如出售 2 个原材料，获得 1 W（2×0.8＝1.6≈1）。

（2）出售产成品，按产品的成本价计算，如出售 1 个 P2，获得 3 W（1×3）。

【思考】

第 1 年第 2 季度，企业借入 40 W 短期贷款，应于何时还款？应还多少？

二、取整规则

扣除违约金——四舍五入取整。

出售库存所得现金——向下取整。

贴现费用——向上取整。

扣税——四舍五入取整。

贷款利息——四舍五入取整。

【工作任务一——申请长贷】

【操作】

点击主页面下方操作区中的"申请长贷"按钮,弹出"申请长贷"对话框(如图3－20所示)。弹出框中显示本企业当前时间可以贷款的最大额度,点击"需贷款年限"下拉框,选择贷款年限,在"需贷款额"框内输入贷款金额,点击"确认"即可。

图3－20　申请长贷

【说明】

需贷款年限,系统预设有1年、2年、3年、4年和5年。需贷款额由企业在年度规划会议中根据运营规划确定,但不得超过最大贷款额度。

【举例】

若将长期贷款年利率设定为10%,贷款额度设定为上年年末所有者权益的3倍,企业上年年末所有者权益总额为80W,则本年度贷款上限为240W(80×3),假定企业之前没有贷款,则本次贷款最大额度为本年度贷款上限,即为240W。若企业之前已经持有100W的贷款,则本次贷款最大额度为本年度贷款上限减去已贷金额,即140W。

若企业第1年年初贷入了100W长期贷款,期限为5年,则系统会在第2、第3、第4、第5、第6年年初每年自动扣除长贷利息10W(100×10%),并在第6年年初自动偿还贷款本金100W。

【工作任务二——申请短贷】

【操作】

点击主页面下方操作区中的"申请短贷"按钮,弹出"申请短贷"对话框(如图3－21所示)。在"需贷款额"框中输入金额,点击"确认",即申请短贷成功。

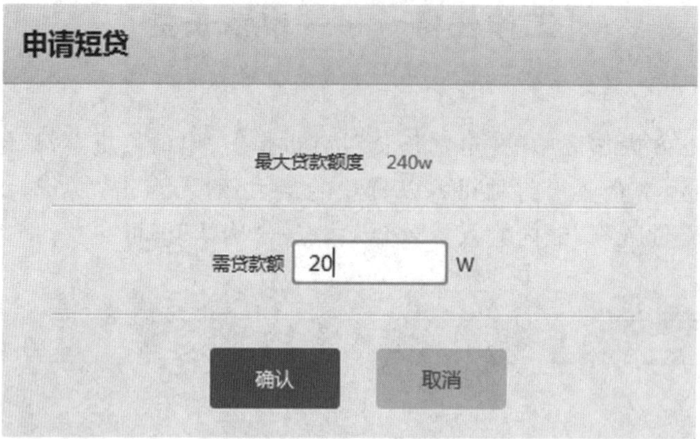

图 3-21　申请短贷

【说明】

短贷期限默认为 1 年,到期一次还本付息,贷款年利率由教师在参数设置中设定,申请短贷时不得超过"申请短贷"对话框中的"最大贷款额度"。

【举例】

假定企业短期贷款年利率为 5%,若企业在第 1 年第 1 季度贷入 20 W,那么,企业需在第 2 年第 1 季度偿还该笔短贷的本金 20 W 和利息 1 W(20×5%)。

【工作任务三——应收款更新】

【操作】

点击主页面下方操作区中的"应收款更新"按钮,弹出"应收款更新"对话框(如图 3-22 所示),点击"确认"即可。

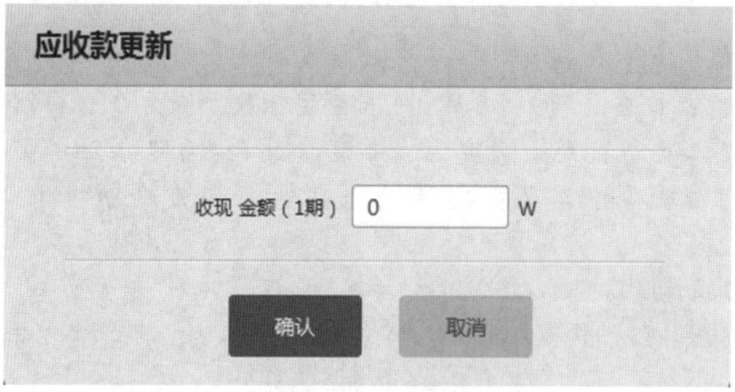

图 3-22　应收款更新

【说明】

应收款更新操作实质上是将企业所有的应收款项减少 1 个账期,分为两种情况:一是针对本季度尚未到期的应收款,系统会自动将其账期减少 1 个季度;二是针对本季度到期的应收款,系统会自动计算并在"收现金额"框内显示,点击"确认",系统会自动增加企业的现金。

【举例】

某企业上季度末有如下两笔应收账款：① 一笔账期为 3 Q、金额为 20 W 的应收款；② 一笔账期为 1 Q、金额为 30 W 的应收款。本季度进行应收款更新时，系统会将账期为 3 Q、金额为 20 W 的应收款更新为账期为 2 Q、金额为 20 W 的应收款，同时自动对账期 1 Q、金额为 30 W 的应收款进行收现。

【工作任务四——贴现】

【操作】

此操作可随时进行，点击主页面下方操作区中的"贴现"按钮，弹出"贴现"对话框（如图 3－23 所示）。弹出框中显示可以贴现的应收款金额，选好贴现期，在"贴现额"一列输入要贴现的金额，点击"确认"，系统根据不同贴现期扣除不同贴息，将贴现金额加入现金。

剩余账期	应收款	贴现额
1季	0W	0 W
2季	0W	0 W

剩余账期	应收款	贴现额
3季	0W	0 W
4季	0W	0 W

确认　取消

图 3－23 贴现

【说明】

贴现是指提前收回未到期的应收款，因为该应收款并非是正常到期收回的，所以贴现时须支付相应的贴现利息（贴现利息＝贴现金额×贴现率）。一般在企业存在现金短缺，且无法通过成本更低的正常贷款取得现金流时，才考虑对应收款进行贴现。

【工作任务五——出售库存】

【操作】

该操作可随时进行，点击主页面下方操作区中的"出售库存"按钮，弹出"出售库存"对话框（如图 3－24 所示）。显示当前企业的原料、产品的库存数量以及出售价格，在"出售数量"一列输入数值，点击"出售产品"或"出售原料"即可。

图 3-24　出售库存

【说明】

一般情况下,企业只有在资金极度短缺时才会考虑出售库存,以成本为基础打折销售。

【工作任务六——填写报表】

【操作】

点击主页面下方操作区中的"填写报表"按钮,弹出"填写报表"对话框(如图 3-25 所示)。依次在综合费用表、利润表、资产负债表的编辑框内输入相应数值,三张表在填写过程中都可随时点击"保存",暂时保存数据。点击"提交",系统即计算数值是否正确,并在教师端公告信息中显示判断结果。

【说明】

综合费用表反映企业期间费用的情况,具体包括:管理费用、广告费、设备维护费、厂房租金、市场开拓费、ISO 认证费、产品研发费、信息费和其他项目。其中,信息费是指企业为查看竞争对手的企业信息而支付的费用,具体由规则确定。

利润表反映企业当期的盈利情况,具体包括:销售收入、直接成本、综合费用、折旧、财务费用、所得税等项目。其中,销售收入为当期按订单交货后取得的收入总额,直接成本为当期销售产品的总成本,综合费用根据"综合费用表"中的合计数填列,折旧为当期生产线的折旧总额,财务费用为当期借款所产生的利息与贴息总额之和,所得税根据税前利润总额计算。

图 3 - 25　填写报表

数值为 0 时,必须填写阿拉伯数字"0",不填数字,系统会视同填报错误。

此外,下列项目由系统自动计算,公式如下:

(1) 销售毛利=销售收入-直接成本。

(2) 折旧前利润=销售毛利-综合费用。

(3) 支付利息前利润=折旧前利润-折旧。

(4) 税前利润=支付利息前利润-财务费用。

(5) 净利润=税前利润-所得税。

资产负债表反映企业当期的财务状况,具体包括:现金(库存现金)[①]、应收款、在制品、产成品、原材料等流动资产,土地建筑物、机器设备和在建工程等固定资产,长期负债、短期负债、特别贷款、应交税金(应交税费)[②]等负债,以及股东资本、利润留存、年度净利等所有者权益项目。

其中,相关项目的填列方法如下:

(1) 现金(库存现金),根据企业现金结存数填列。

(2) 应收款,根据应收款余额填列。

(3) 在制品,根据在产品的成本填列。

(4) 产成品,根据结存在库的完工产品总成本填列。

(5) 原材料,根据结存在库的原材料总成本填列。

---

① 在新企业会计准则中,会计科目"现金"改为"库存现金"。全书同。

② 在新企业会计准则中,会计科目"应交税金"改为"应交税费"。全书同。

（6）土地建筑物，根据购入的厂房总价值填列。

（7）机器设备，根据企业拥有的已经建造完成的生产线的总净值填列。

（8）在建工程，根据企业拥有的在建的生产线总价值填列。

（9）长期负债，根据长期借款余额填列。

（10）短期负债，根据短期借款余额填列。

（11）特别贷款，根据后台特别贷款总额填列。

（12）应交税金（应交税费），根据计算出的应缴纳的所得税金额填列。

（13）股东资本，根据企业收到的股东注资总额填列。

（14）利润留存，根据截至企业的利润留存（上一年的利润留存＋上一年的年度净利＝本年度的利润留存）情况填列。

（15）年度利润，根据本年度利润表中的"净利润"填列。

任务五　总经理需要了解的规则

【任务引例】

　　作为华为的创始人，任正非理性而充满自信的言论，无疑有着稳定人心、维护企业平稳运转的积极作用。从更广泛的意义讲，任正非以一位中国企业家的身份，身体力行地传播着现代企业精神，重申了一些人容易遗忘的常识，为中国企业面对外部压力如何保持定力树立了榜样。

　　任正非，作为华为创始人，用实际行动重新定义了中国企业家精神。他的创业故事激励着无数企业家搏杀奋斗。他和他缔造的企业一样沉稳低调，历经沉浮坎坷，却最终披荆斩棘，登上了个人意志和时代的巅峰。任正非43岁才开始创业，不惑之年始见春，打造震惊世界的科技王国，同时创立了开中国企业先河的企业治理思想。华为的成功，与任正非个人的商业才华是不可分割的。

一、产品研发

　　企业在经营过程中必须根据市场挑选适合企业的产品进行销售，在生产产品前，企业必须取得对应的生产资格证，产品的研发情况表如表3－8所示。

表3－8　产品研发情况表

产品	开发费用/W	开发周期/季	加工费/（W/个）	直接成本/（W/个）	产品组成
P1	1 W/季×2 季＝2	2	1	2	R1
P2	1 W/季×3 季＝3	3	1	3	R2＋R3
P3	1 W/季×4 季＝4	4	1	4	R1＋R3＋R4
P4	1 W/季×5 季＝5	5	1	5	R2＋R3＋2R4

【说明】

允许中断投资,不允许加速投资。

【思考】

如何决定企业发展? 企业又应该如何选择产品?

二、ISO 认证

随着后期市场竞争越来越激烈,顾客的质量意识不断提高,往往会对产品的 ISO9000 认证和 ISO14000 认证有更多的需求。若企业无对应的 ISO 认证,则无法获取对 ISO 认证有需要的顾客的订单。ISO 认证情况表如表 3-9 所示。

表 3-9 ISO 认证情况表

市场	开发费用/W	时间/年
ISO9000	1 W/年×2 年＝2	2
ISO14000	2 W/年×2 年＝4	2

【说明】

(1) ISO 认证,只能在每年第 4 季度操作。

(2) 允许中断投资,不允许加速投资。

【思考】

不进行 ISO 认证可能会给企业带来什么影响?

三、破产处理

当某组权益为负(即当年结束,系统生成资产负债表时所有者权益为负数)或现金断流时(权益和现金可以为零),企业破产。

四、教学结果

教学结果以参加教学各组第 6 年结束后的最终所有者权益减去扣分后进行评判,分数高者为优胜。

如果出现最终权益相等的情况,则参照各组第 6 年结束后的最终盘面计算盘面加分值,加分值高的组排名在前(排行榜只供排名之用,不计入最终权益值)。如果加分值仍相等,则比较第 6 年净利润,高者排名靠前。如果仍相等,则先完成第 6 年经营的组排名在前。相关公式包括:

$$总成绩＝所有者权益×(1＋企业综合发展潜力/100)$$
$$企业综合发展潜力＝市场资格分值＋ISO 资格分值＋生产资格分值＋$$
$$厂房分值＋各条生产线分值$$

生产线建成(包括转产)即加分,无须生产出产品,也无须有在制品;厂房必须为自行购买的,否则不计分。

企业综合发展潜力系数表如表 3-10 所示。

表 3-10　企业综合发展潜力系数表

项　目	综合发展潜力系数	项　目	综合发展潜力系数
单个手工线	+5	ISO9000	+8
单个半自动线	+7	ISO14000	+10
单个自动线	+9	P1 产品开发	+7
单个柔性线	+10	P2 产品开发	+8
本地市场开发	+5	P3 产品开发	+9
区域市场开发	+5	P4 产品开发	+10
国内市场开发	+8	大厂房	+10
亚洲市场开发	+9	小厂房	+7
国际市场开发	+10		

五、重要参数

根据学到的规则,我们可以把规则参数补充完整,规则参数表如表 3-11 所示。

表 3-11　规则参数表

项目	内容	项目	内容
违约金比例		贷款额倍数	
产品折价率		原材料折价率	
长贷利率		短贷利率	
1、2 期贴现率		3、4 期贴现率	
初始现金		管理费	
信息费		所得税税率	
最大长贷年限		最小得单广告额	
原材料紧急采购倍数		产品紧急采购倍数	
选单时间		首位选单补时	
市场同开数量		市场老大	
竞单时间		竞单同竞数	
最大厂房数量			

【工作任务一——产品研发】

【操作】

点击主页面下方操作区中的"产品研发"按钮,弹出"产品研发"对话框(如图3-26所示),勾选需要研发的产品,点击"确认"即可。

图3-26 产品研发

【说明】

企业应按照季度来投资,每个季度均可操作,可以中断投资,直至产品研发完成,产品研发成功后方能生产相应的产品。产品研发的规则详见规则说明。

【举例】

若规则规定P1、P2、P3、P4产品的研发规则如前述表3-7所示。

某企业在第1年第1季度开始同时研发上述4种产品,不中断研发,则第1年第1季度须支付研发费用4W,第1季度无产品研发完成;第1年第2季度须支付研发费用4W,此时P1产品研发完成,第3季度即可生产P1产品;第1年第3季度须支付研发费用3W,此时P2产品研发完成,第4季度即可生产P2产品;第1年第4季度须支付研发费用2W,此时P3产品研发完成,第2年第1季度即可生产P3产品;第2年第1季度须支付研发费用1W,此时,P4产品研发完成,第2年第2季度即可生产P4产品。企业产品研发过程分析表如表3-12所示。

表3-12 企业产品研发过程分析表　　　　　　　　　　　　　　　单位:W

产品	第1年第1季度	第1年第2季度	第1年第3季度	第1年第4季度	第2年第1季度	第2年第2季度
P1	1	1	研发完成	—	—	—
P2	1	1	1	研发完成	—	—
P3	1	1	1	1	研发完成	—
P4	1	1	1	1	1	研发完成
当季投资总额	4	4	3	2	1	—

3

【工作任务二——ISO 投资】

【操作】

该操作只有每年第 4 季度才可进行。点击主页面下方操作区中的"ISO 投资"按钮,弹出"ISO 投资"对话框(如图 3 – 27 所示)。勾选需要投资的 ISO 资质,点击"确认"即可。

ISO投资

选择项	ISO	投资费用	投资时间	剩余时间
☑	ISO9000	1W/年	2年	1
☐	ISO14000	2W/年	2年	1

确认　　取消

图 3 – 27　ISO 投资

【说明】

ISO 投资涉及产品质量(ISO9000)认证投资和产品环保(ISO14000)认证投资。企业若想在订货会上选取带有 ISO 认证的订单,必须取得相应的 ISO 认证资格,否则不能选取该订单。ISO 投资每年进行一次,可中断投资,直至完成。

【举例】

若企业在订单市场中想选择带有 ISO9000 认证的产品订单,则该企业必须已经完成 ISO9000 认证的投资,否则不能选择该订单。

假定 ISO 投资规则如图 3 – 27 所示,企业若在第 1 年同时开始投资 ISO9000 认证和 ISO14000 认证,中间不中断投资,则第 1 年该企业须支付 ISO 投资额 3 W(ISO9000 投资费用 1 W＋ISO14000 投资费用 2 W),第 2 年该企业还须支付 ISO 投资额 3 W,此时完成 ISO 认证投资,该企业方可在第 3 年的年度订货会中选取带有 ISO 资格要求的订单。

任务六　市场预测报告

【知识准备与业务操作】

一、市场需求量

知己知彼,百战不殆,企业在开始经营前应对市场进行分析,确立发展目标以及销售方向。盲目建造生产线,扩大产能,容易导致产能过剩;一味保守,停滞不前,则难以达到盈利的目的。下面,我们结合具体情况加以分析,市场预测表——需求量如表 3 – 13 所示,市场需求量柱状图如图 3 – 28 所示。

表 3-13 市场预测表——需求量   单位：个

序号	年份	产品	本地	区域	国内	亚洲	国际
1	第 2 年	P1	20	15	0	0	0
2	第 2 年	P2	15	20	0	0	0
3	第 2 年	P3	15	11	0	0	0
4	第 2 年	P4	9	9	0	0	0
5	第 3 年	P1	33	15	19	0	0
6	第 3 年	P2	26	20	0	0	0
7	第 3 年	P3	28	20	0	0	0
8	第 3 年	P4	0	17	13	0	0
9	第 4 年	P1	24	27	27	0	0
10	第 4 年	P2	25	0	0	20	0
11	第 4 年	P3	21	20	0	17	0
12	第 4 年	P4	19	17	27	0	0
13	第 5 年	P1	26	0	26	0	21
14	第 5 年	P2	21	17	21	17	0
15	第 5 年	P3	0	26	0	20	15
16	第 5 年	P4	22	20	0	17	0
17	第 6 年	P1	26	31	0	0	25
18	第 6 年	P2	20	0	21	0	26
19	第 6 年	P3	23	21	0	22	0
20	第 6 年	P4	0	20	21	0	20

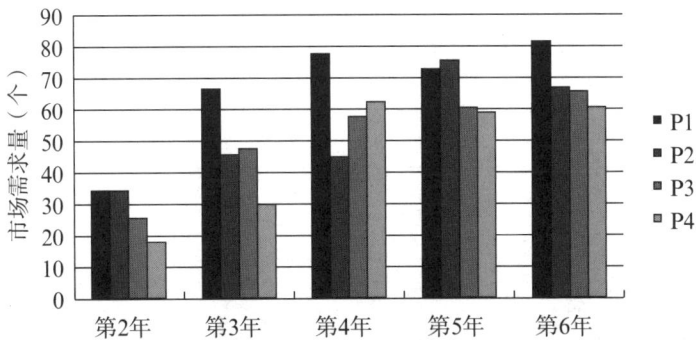

图 3-28 市场需求量柱状图

从表 3-12 中我们可以看出,市场的总需求每一年都在增大,图 3-28 更直观地刻画了数量变化,有助于理解分析。那么,在什么情况下市场容量会达到饱和? 我们可以用以下公式对市场容量进行运算:

(1) 市场平均线＝市场需求÷组数÷4。

(2) 实际平均线＞市场平均线,市场处于供过于求状态。

(3) 实际平均线＝市场平均线,市场处于饱和状态。

(4) 实际平均线＜市场平均线,市场处于供不应求状态。

"市场需求"即为当年市场的总需求量,"组数"为企业的总数量,"4"为一条全自动生产线在 1 年内所能生产的产品(以全自动生产线作为标准参照),"市场平均线"即为当年市场的总需求量理论上能容纳各企业的生产线规模,"实际平均线"即为根据各企业实际生产线规模计算出来的平均值。

【举例】

第 4 年市场的总需求量为 244 个,假设组数为 8,利用公式可以得出 244÷8÷4＝7.625,则第 4 年的市场平均线为 7.625。

【思考】

假设每个组都有 7 条自动线,此时市场处于什么状态? 如果有 8 条自动线呢?

二、市场均价

价格是影响企业利润的因素之一,市场中,订单价格大都各不相同,市场均价只能作为企业预算利润的参考依据。现编制市场预测表——均价,如表 3-14 所示,绘制市场均价变动图,如图 3-29 所示。

表 3-14　市场预测表——均价　　　　　　　　单位:W

序号	年份	产品	本地	区域	国内	亚洲	国际
1	第 2 年	P1	4.85	5.07	0	0	0
2	第 2 年	P2	7.07	7.3	0	0	0
3	第 2 年	P3	8.47	8.55	0	0	0
4	第 2 年	P4	10.67	10.56	0	0	0
5	第 3 年	P1	4.85	4.73	4.74	0	0
6	第 3 年	P2	6.88	6.8	0	0	0
7	第 3 年	P3	8.46	8.8	0	0	0
8	第 3 年	P4	0	9.82	9.92	0	0
9	第 4 年	P1	4.58	4.67	4.7	0	0
10	第 4 年	P2	6.48	0	0	6.45	0

续　表

序号	年份	产品	本地	区域	国内	亚洲	国际
11	第4年	P3	9.19	8.8	0	8.76	0
12	第4年	P4	9.68	10	9.96	0	0
13	第5年	P1	5.65	0	4.58	0	4.62
14	第5年	P2	6.52	6.65	6.62	6.82	0
15	第5年	P3	0	7.62	0	8.35	8.4
16	第5年	P4	8.82	9	0	9.29	0
17	第6年	P1	5.5	5.48	0	0	5.52
18	第6年	P2	7.45	0	7.38	0	7.23
19	第6年	P3	8.3	8.38	0	8.82	0
20	第6年	P4	0	9.3	10	0	9.55

3

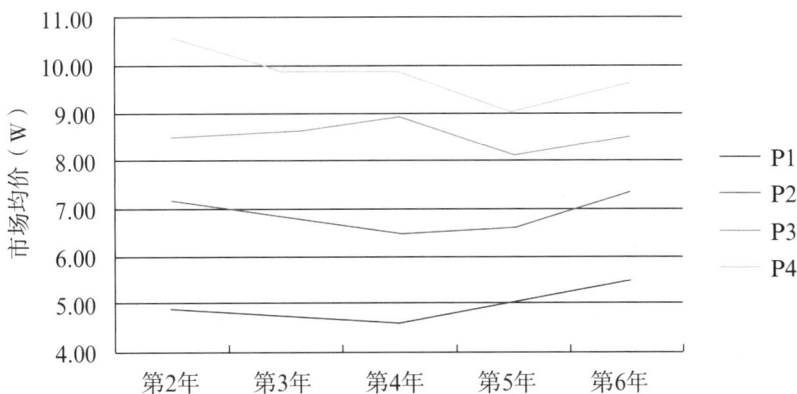

图 3-29　市场均价变动图

表 3-13 中,我们可以看出:市场均价波动较大,并无规律可循,图 3-29 更直观地显现出均价变化情况,有助于理解分析。

总体上看,前期,P3 均价呈上升之势,反观其他产品,均价却逐年下滑。

【思考】

你还能从市场均价变动图中发现什么信息吗?

三、订单数量

订单数量作为企业投放广告的参考依据,是非常重要的。企业应根据自身的情况合理分配广告费。现编制市场预测表——订单数量,如表 3-15 所示。

表 3 - 15 市场预测表——订单数量 单位：个

序号	年份	产品	本地	区域	国内	亚洲	国际
1	第 2 年	P1	7	6	0	0	0
2	第 2 年	P2	6	7	0	0	0
3	第 2 年	P3	6	5	0	0	0
4	第 2 年	P4	4	4	0	0	0
5	第 3 年	P1	10	6	6	0	0
6	第 3 年	P2	8	7	0	0	0
7	第 3 年	P3	9	6	0	0	0
8	第 3 年	P4	0	5	5	0	0
9	第 4 年	P1	7	7	8	0	0
10	第 4 年	P2	8	0	0	6	0
11	第 4 年	P3	7	6	0	5	0
12	第 4 年	P4	7	6	8	0	0
13	第 5 年	P1	7	0	7	0	6
14	第 5 年	P2	6	5	6	5	0
15	第 5 年	P3	0	7	0	6	5
16	第 5 年	P4	6	6	0	5	0
17	第 6 年	P1	7	7	0	0	6
18	第 6 年	P2	6	0	6	0	7
19	第 6 年	P3	6	5	0	6	0
20	第 6 年	P4	0	5	6	0	5

结合表 3-13 和表 3-15，我们可以看出，市场需求量所对应的订单数保持基本稳定，没有发生太大的变化。例如，市场需求量为"15"，订单数量基本维持在"6"。

四、总体分析

对于 P3、P4 这类高端产品来说，在后期成熟后，需求量逐渐增大，与 P1、P2 这类低端产品相比，利润还是较为可观的。由于产品销售的毛利直接影响到企业的收益，因此，制定一份好的销售计划，显得尤为重要。随着后期市场竞争越来越激烈，顾客的质量意识不断提高，也许对产品的 ISO9000 认证和 ISO14000 认证有更多的需求。

【思考】

市场预测报告有什么作用？

项目小结

在每年度运营的规划会议上,CEO 和全体组员都要坐下来一起讨论、制定企业的发展战略,组织其他成员作好市场情况分析及做出市场毛利图,同时建立市场、产品、时间的模型,为以后企业整体发展方案和市场广告作准备。

决策全部都要在规则下制定,同时更需要符合市场的需求,因为生产经营时间为6 年,模拟实训企业必须先弄清投资回报率和投资回收期,研究竞争对手,明确对手的发展状况,同时找准定位。

项目训练

根据下面的规则(如表 3－16 所示)完成创业者沙盘的盘面的第一年运行。

表 3－16　沙盘规则

一、生产线											
名称	投资总额/W	每季投资额/W	安装周期/季	生产周期/季	总转产费用/W	转产周期/季	维修费/(W/年)	残值/W	折旧费/W	折旧时间/年	分值
手工线	5	5	0	3	0	0	0	1	1	4	5
半自动	10	10	1	2	1	1	1	2	2	4	7
自动线	15	5	3	1	2	1	2	3	3	4	9
柔性线	20	5	4	1	0	0	2	4	4	4	10

① 安装周期为 0,表示即买即用;
② 计算投资总额时,若安装周期为 0,则按 1 算;
③ 不论何时出售生产线,价格为残值,净值与残值之差计入损失;
④ 只有空闲的生产线方可转产;
⑤ 当年建成生产线需要交维修费;
⑥ 折旧(平均年限法):建成当年不提折旧

二、融资					
贷款类型	贷款时间	贷款额度	年利率	还款方式	备注
长期贷款	每年年初	所有长短贷之和不超过上年权益的 3 倍	10%	年初付息,到期还本	不小于 10W
短贷贷款	每季度初		5%	到期一次还本付息	
资金贴现	任何时间	视应收款额	1 季、2 季:10%　3 季、4 季:12.5%	变现时贴息	贴现各账期分开核算,分开计息
库存拍卖		100%(产品),80%(原料)			

三、厂房					
名称	购买价格/W	租金/(W/年)	出售价格/W	容量	分值
大厂房	30	4	30	4	10
小厂房	20	3	20	3	7

① 厂房出售得到 4 个账期的应收款,紧急情况下可进行厂房贴现,直接得到现金;
② 厂房租入后,一年后可作租转买、退租等处理,系统自动处理续租操作

四、市场开拓			
名称	开发费/(W/年)	开发时间/年	分值
本地	1	1	5
区域	1	1	5
国内	1	2	8
亚洲	1	3	9
国际	1	4	10

① 开发费用按开发时间计算,于年末支付,不允许加速投资,但可以中断投资;
② 市场开发完成后,领取相应的市场准入证

五、ISO 资格认证			
名称	开发费/(W/年)	开发时间/年	分值
ISO9000	1	2	8
ISO14000	2	2	10

① 开发费用在年末支付,不允许加速投资,但可以中断投资;
② 开发完成后,领取相应的资格证

六、产品研发					
名称	开发费/(W/季)	开发时间/季	加工费/W	直接成本/W	分值	产品组成
P1	1	2	1	2	7	R1×1
P2	1	3	1	3	8	R2×1;R3×1
P3	1	4	1	4	9	R1×1;R3×1;R4×1
P4	1	5	1	5	10	R2×1;R3×1;R4×2

开发费用在季末支付,不允许加速投资,但可以中断投资

七、原料设置		
名称	购买单价/W	提前期/季
R1	1	1
R2	1	1
R3	1	2
R4	1	2

八、其他说明

① 紧急采购时,付款即到货,原材料价格为直接成本的 2 倍;成品价格为直接成本的 3 倍;

② 选单规则:上年本市场销售额最高者(无违约)优先;其次看本市场本产品广告额;再看本市场广告总额;再看市场销售排名;如仍无法决定,先投广告者先选单;

③ 破产标准:现金断流或所有者权益为负;

④ 第一年无订单;

⑤ 交单可提前,不可推后,违约收回订单;

⑥ 违约金扣除——四舍五入取整;库存拍卖所得现金——向下取整;贴现费用——向上取整;扣税——四舍五入取整;长、短贷利息——四舍五入取整;

⑦ 库存折价拍价、生产线变卖、紧急采购、订单违约记入损失;

⑧ 排行榜记分标准:总成绩=所有者权益×(1+企业综合发展潜力/100);企业综合发展潜力=市场资格分值+ISO资格分值+生产资格分值+厂房分值+各条生产线分值;生产线建成(包括转产)即加分,无须生产出产品,也无须有在制品

九、重要参数			
违约金比例/%	20	贷款额倍数	3
产品折价率/%	100	原料折价率/%	80
长贷利率/%	10	短贷利率/%	5
1、2期贴现率/%	10	3、4期贴现率/%	12.5
初始现金/W	80	管理费/W	1
信息费/W	1	所得税率/%	25
最大长贷年限/年	5	最小得单广告额/W	1
原料紧急采购倍数	2	产品紧急采购倍数	3
选单时间/秒	45	首位选单补时/秒	15
市场同开数量	2	市场老大	有
竞单时间/秒	90	竞单同竞数	3
最大厂房数量/个	4		

项目四 模拟对抗

◆ **知识目标**

1. 了解新道新创业者系统的操作环境。

2. 掌握年初运营、季度运营、年末运营的操作要点。

3. 掌握特殊业务处理方法。

◆ **职业技能目标**

1. 能熟练打开和注册、登录电子沙盘界面。

2. 能运用电子沙盘操作界面中的各功能板块。

3. 能完成电子沙盘的操作流程。

4. 能在电子沙盘中准确地实施经营计划。

◆ **职业素养目标**

1. 培养企业管理文化素养。

2. 提升企业管理知识要求。

3. 深化企业管理专业技能。

 **知识导图**

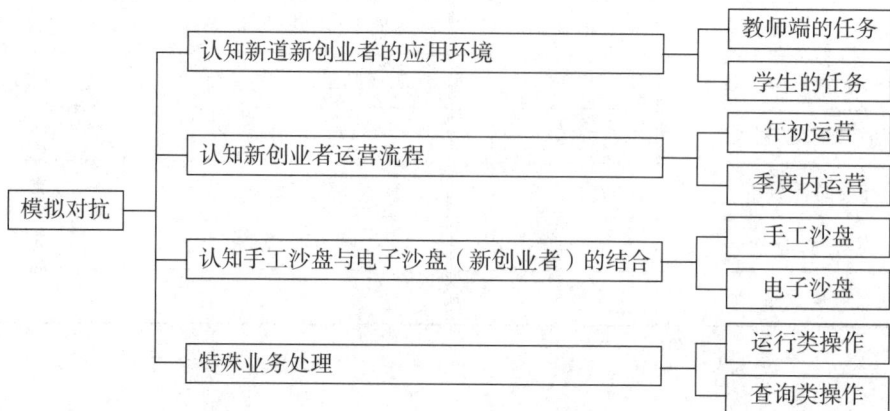

引导案例

《郁离子》中有一个关于药材商人的故事。三个商人,都在市场上卖药。其中一个商人专门选质地优良的药卖,计算成本后卖出,并不漫天要价,也不过分赚取利润;另一个商人,则把质地优良和低劣的药材放在一起卖,至于价格,只看买药者的预算而定,顺着买药人说"这是好药,那是次药"之类的;还有一个商人,不选取质地优良的药材,只是贪多,卖时贱价处理,买药人要求多拿点儿,他就增添点儿,并不计较。最后,第三个商人赚的钱最多,第二个次之,那个专门选取良药的商人,却赚钱最少,几乎无人问津。

这则寓言旨在揭露旧时商人投机取巧、牟取暴利的卑鄙手段,也反讽社会上欺诈者为贤能,忠廉者为痴呆的乱象。

但从商业经营的角度,我们来分析一下为什么会出现这种现象。归根结底,因为他们三个都是街头的行脚商人,并没有想把小摊做成大店,大店做成百年老店。对于行脚商人来说,他们追逐的是短利,所以放弃诚信他们不但没有损失反而多了收益。但如果要想做大做强,那就绝不能如此了,因为消费者不可能一而再再而三地上当受骗却不会发现。

同样是制药行业,我们来看一下传承了三百多年的同仁堂的故事。2010年,同仁堂的抽检人员发现,饮片市场上很多品牌的檀香质量突然有些变化。质量管理部的工作人员随即对准备验收进店的檀香展开检查,把相继四批供货单位提供的檀香样品报送检验。结果,这些样品均因挥发油含量没有达标而被拒收,最后,药店采购人员几经努力,颇费了一些周折才在市场上找到了一种质量较好的大块檀香,但这种檀香质硬且块大,无法直接用于饮片调剂,若用斧头简单凿碎,就会造成檀香损耗,成本增加。最后,他们决定把质量关口前移,派员工在现场监督加工过程,不放过每一个檀香切片的加工细节。这样,既确保了檀香的质量,又使损耗降到了最低。如此,合格的檀香饮片才被摆上了柜台。像檀香饮片这样的事,在同仁堂历史上不计其数。提起同仁堂,人们会不自觉地将过硬的质量与其联系在一起,正是有了消费者的信任,才有了数百年的传承。同仁堂的做法无疑给《郁离子》中药材商人的做法敲了一记猛钟。

信用是市场经济健康、规范、有序的"基石",信用制度是有效规范市场秩序、降低交易成本、增进社会合作、提高配置效率、防范经济风险的重要举措。随着我国社会主义市场经济的深入发展,市场主体间的竞争愈发激烈,社会信用体系在市场经济体制中的作用日益凸显,具有无可替代的规范市场主体行为的导向与约束功能。社会信用体系的完善与否,不仅已成为我国市场经济成熟与否的显著标志,而且为提升国民经济体系整体效能、为促进形成新发展格局提供有力支撑和重要保障。

人而无信,不知其可;企业无信,则难求发展;社会无信,则人人自危;政府无信,则权威不立。近年来,我国已经多次要求加强社会信用体系建设。统一社会信用代码制度、信用红黑名单制度、信用贷款支撑中小微企业融资服务……随着我国社会信用体系建设不断发展与完善,"守信获益,失信受罚;一处失信、处处受限"的守信联合激励和失信联合惩戒机制将逐步健全。

案例思考

诚信的问题，从根上说，其实是一个能不能守住底线和原则，会不会被短期利益所诱惑的问题。那些因为诚信问题垮掉的企业，就是因为没有经受住短期利益的诱惑。但是，诚信形象铸就难，摧毁易。企业若被短期利益蒙蔽，失去了对诚信的正确认知，却忽视了品牌背后蕴含的——企业对消费者的承诺。一旦承诺被撕毁，品牌便失去了价值。企业只有坚守诚信原则，才能最终带来企业与消费者的双赢。

任务一 认知新道新创业者的应用环境

【任务引例】

新道新创业者电子沙盘是一种企业经营模拟软件，是电子沙盘与实物沙盘的结合，继承了ERP手工沙盘形象直观的特点，同时实现了选单、经营过程、报表生成、赛后分析的自动化，将教师彻底从发放订单、报表录入、监督控制等具体操作中解放出来，将教学的重点转移到企业经营的本质分析上。该系统全真模拟企业市场竞争及经营过程，受训者身临其境，感受真实的市场氛围，既可以使受训者全面掌握经营管理知识，又可以树立团队精神、责任意识。

【知识准备与业务操作】

一、教师的任务

教师即管理员，是组织课程并对系统运行进行控制的人。教师可以在课程进行过程中进行以下操作：

① 初始化设置；② 查询每组经营信息；③ 选单管理；④ 竞单管理；⑤ 组间交易；⑥ 排行榜单；⑦ 公共信息；⑧ 订单详情；⑨ 系统参数；⑩ 公告信息；⑪ 规则说明；⑫ 市场预测。

文档:新创业者电子沙盘系统(练习版)常见问题

二、学生的任务

学生分组后，按照指导老师提供的网址，登录电子沙盘操作界面，完成年初工作、每季度工作、季末工作和其他特殊任务。

【工作任务一——教师端的任务】

【任务分析】

在此工作任务中，教师需要熟练掌握电子沙盘教师端的12项具体任务的操作步骤及组织课程教学的方法。

【操作步骤】

(一) 初始化

初始化用于每个教学班的规则初始化设置,可供灵活选择实训规则和市场订单。教师端点击用户登录后,进入初始化设置界面。未初始化的教学班状态不同,相关界面如图 4-1 所示。

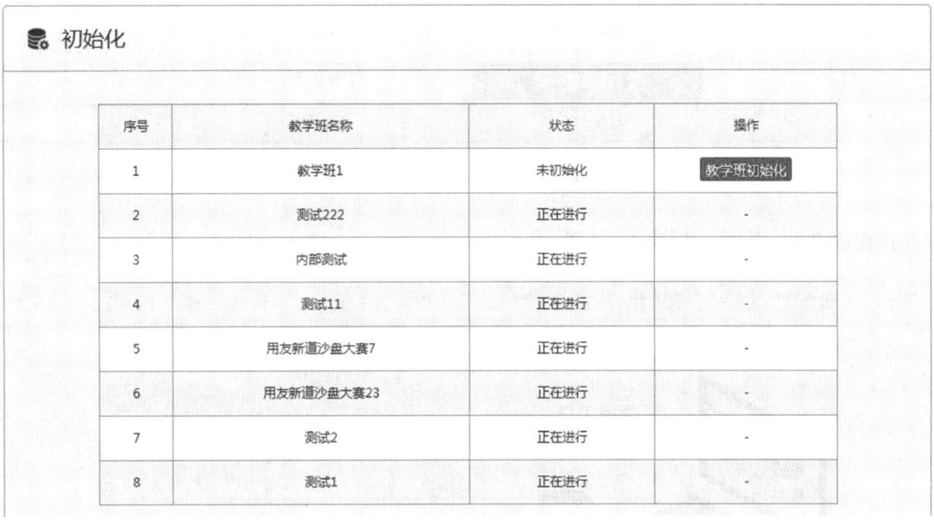

文档:新创业者电子沙盘系统后台操作说明

序号	教学班名称	状态	操作
1	教学班1	未初始化	教学班初始化
2	测试222	正在进行	-
3	内部测试	正在进行	-
4	测试11	正在进行	-
5	用友新道沙盘大赛7	正在进行	-
6	用友新道沙盘大赛23	正在进行	-
7	测试2	正在进行	-
8	测试1	正在进行	-

图 4-1 初始化

点击"教学班初始化",显示教学班初始化框体,如图 4-2 所示。

图 4-2 教学班初始化

编辑用户名前缀、队数等信息，选择订单方案、规则方案，设置参数表中的各信息，点击"确定"。

选择要管理的教学班，点击"电子沙盘教学班"，进入具体的教学班，如图4-3所示。

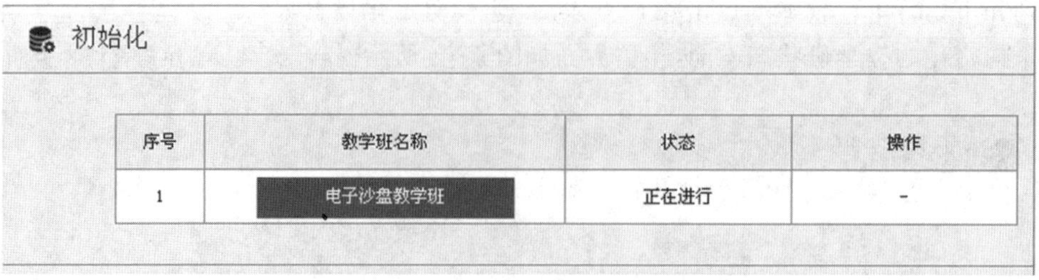

图4-3　进入具体的教学班

显示教师端主页面，如图4-4所示。

图4-4　教师端主页面

（二）查询每组经营信息

点击教师端主页面上方学生组号，如U01，主页面中间区域显示该组用户信息（如图4-5所示），包括公司资料、库存采购信息、研发认证信息、财务信息、厂房信息、生产信息等内容。

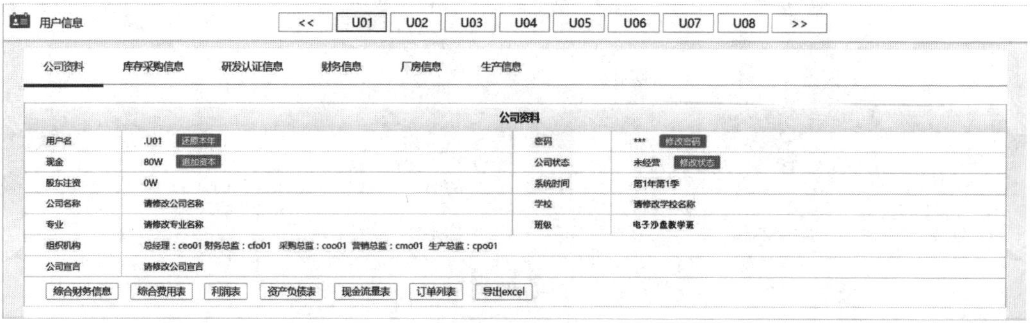

图4-5　用户信息

(三) 选单管理

点击教师端主页面下方的“选单管理”按钮，查看各学生组的广告投放情况(如图 4-6 所示)，从而管理每组学生选取市场订单的过程。

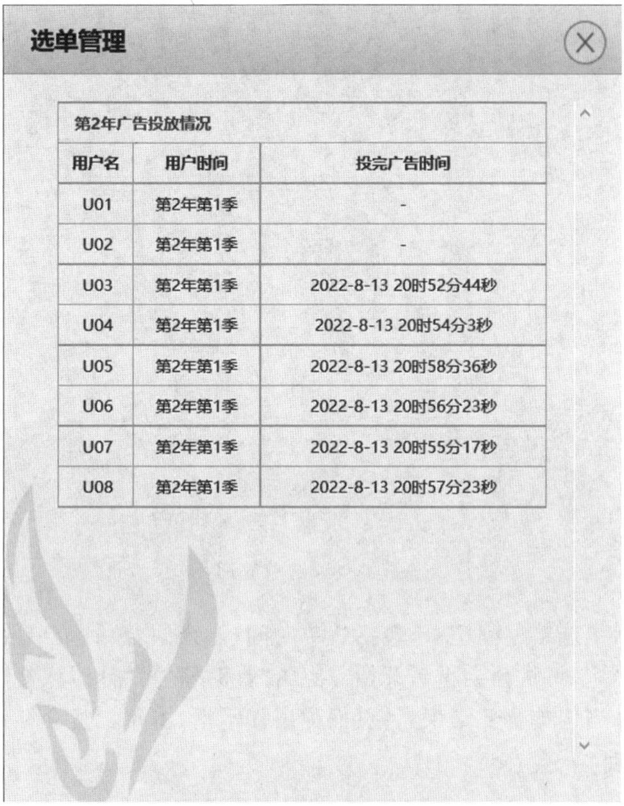

第2年广告投放情况		
用户名	用户时间	投完广告时间
U01	第2年第1季	-
U02	第2年第1季	-
U03	第2年第1季	2022-8-13 20时52分44秒
U04	第2年第1季	2022-8-13 20时54分3秒
U05	第2年第1季	2022-8-13 20时58分36秒
U06	第2年第1季	2022-8-13 20时56分23秒
U07	第2年第1季	2022-8-13 20时55分17秒
U08	第2年第1季	2022-8-13 20时57分23秒

图 4-6 选单管理

当教学班里所有学生组完成广告投放时，点击“开始选单”(如图 4-7 所示)。

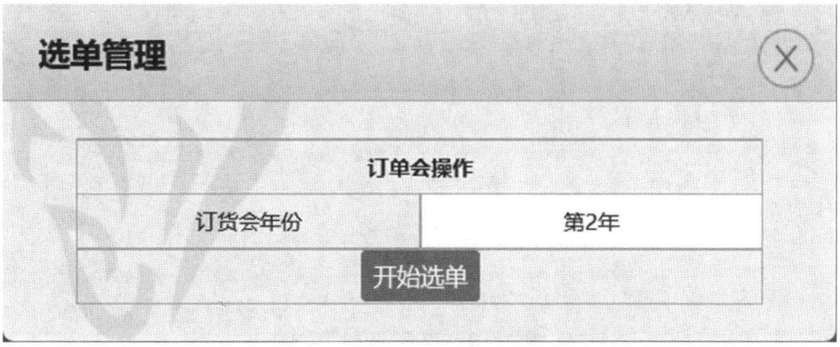

图 4-7 开始选单

点击“开始选单”，弹出提示框，订货会正式开始。页面跳转到订货会“选单管理”页面(如图 4-8 所示)。

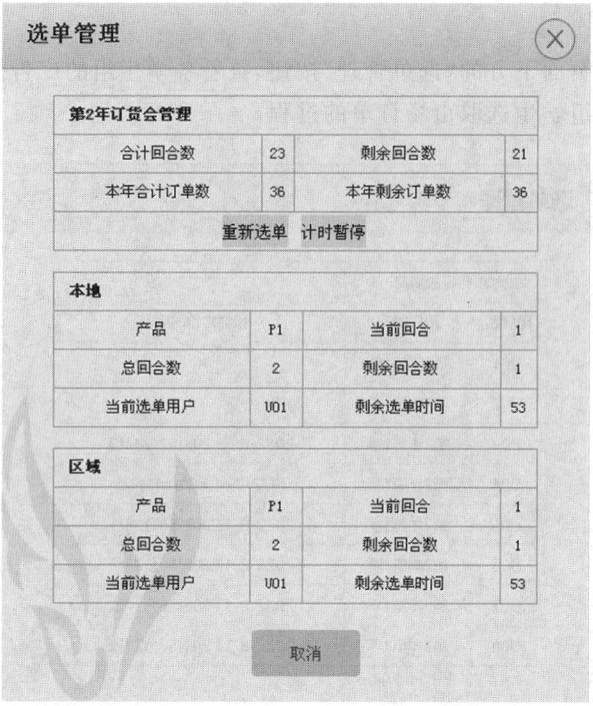

图 4-8 选单管理

弹出框中显示了选单过程记录,包括选单时间、剩余回合、剩余单数等信息。

点击"重新选单",订货会会重新开始。点击"计时暂停""计时恢复",可操作是否暂停订货会选单流程。当选单全部结束后,页面弹出提示框,本年订货会结束。

(四) 竞单管理

点击教师端主页面下方的"竞单管理",当进行到设有竞单会的年份时,跳转到准备开始竞单的页面(如图 4-9 所示)。

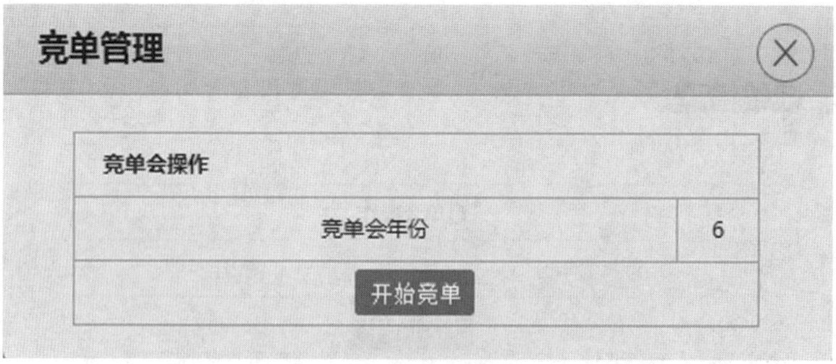

图 4-9 准备开始竞单

点击"开始竞单",弹出提示框,竞单会正式开始。页面跳转到竞单管理页面(如图 4-10 所示)。点击"重新竞单",竞单会将重新开始。点击"计时暂停""计时恢复"会暂停或恢复竞单流程。

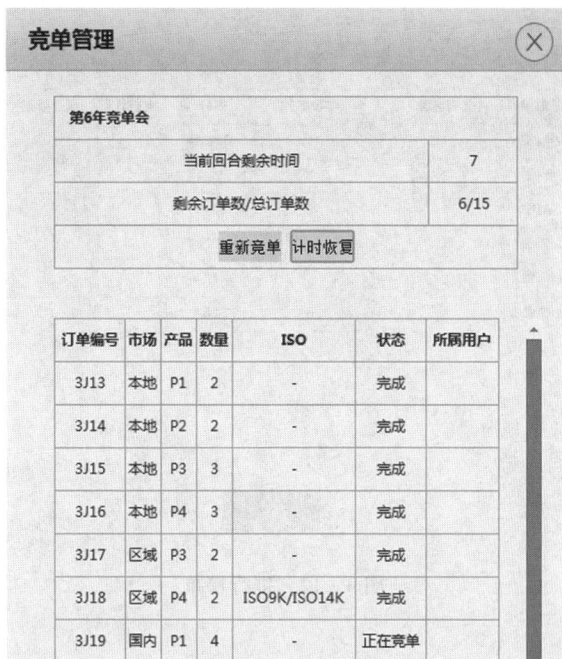

图 4-10　竞单管理

（五）组间交易

点击教师端主页面下方的菜单"组间交易"，弹出"组间交易"界面，如图 4-11 所示。

点击"选择出货方"和"选择进货方"的下拉框，选择买卖的双方组号，选择要交易的产品，在下方编辑框内输入交易数量以及交易总价，点击"确认交易"，即完成此次组间交易。

组间交易必须在两个学生组经营到某一共同系统时间点时才能进行。

图 4-11　组间交易

（六）排行榜单

点击主页面下方"排行榜单"，弹出"排行榜单"框体，如图 4-12 所示，在当前修正后的框内输入老师执行的加分或减分，点击"确认"，保存修正分。通过排行榜单，可查询学生组经营的最终成绩排名。

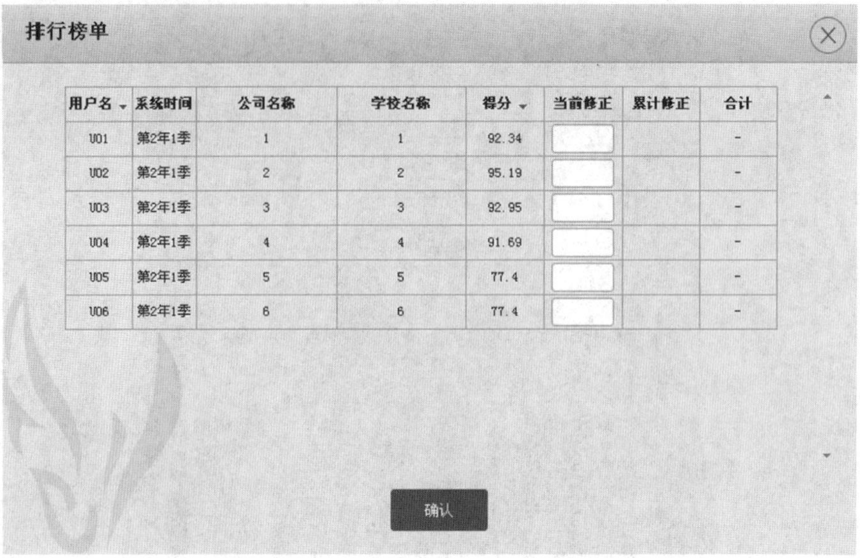

用户名	系统时间	公司名称	学校名称	得分	当前修正	累计修正	合计
U01	第2年1季	1	1	92.34			-
U02	第2年1季	2	2	95.19			-
U03	第2年1季	3	3	92.95			-
U04	第2年1季	4	4	91.69			-
U05	第2年1季	5	5	77.4			-
U06	第2年1季	6	6	77.4			-

图 4-12 排行榜单

（七）公共信息

点击教师端主页面下方的“公共信息”，在年份后的下拉框里选择要查询的年份，点击“确认信息”，页面跳转到公共信息框体，如图 4-13 所示。在弹出框中央显示各组的本年经营利润以及权益列表，在下方显示本年的销售额最高者。

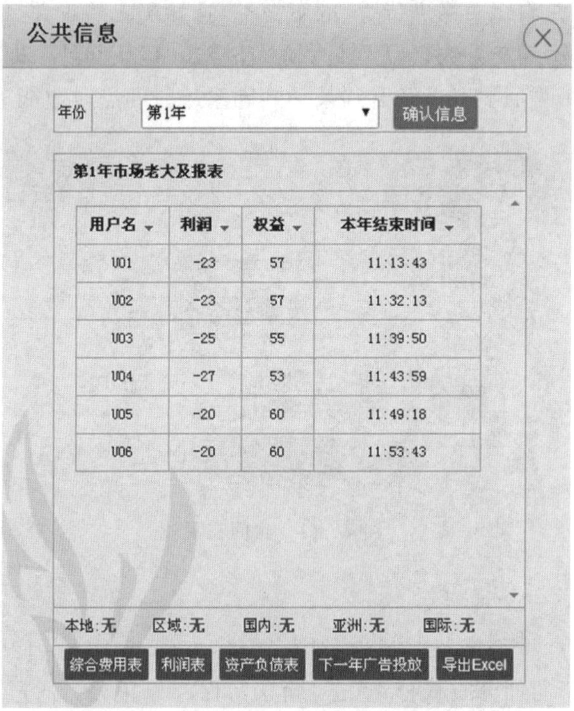

用户名	利润	权益	本年结束时间
U01	-23	57	11:13:43
U02	-23	57	11:32:13
U03	-25	55	11:39:50
U04	-27	53	11:43:59
U05	-20	60	11:49:18
U06	-20	60	11:53:43

图 4-13 公共信息

我们还可点击下方相关按钮查询当年的综合费用表、利润表、资产负债表和下一年广告投放情况。点击“导出 Excel”,可将各组的对比信息以表格形式下载保存,以便查阅。

(八) 订单详情

点击教师端主页面下方的“订单详情”,如图 4 - 14 所示,弹出“订单详情”框,显示该教学班所有年份的市场订单明细。

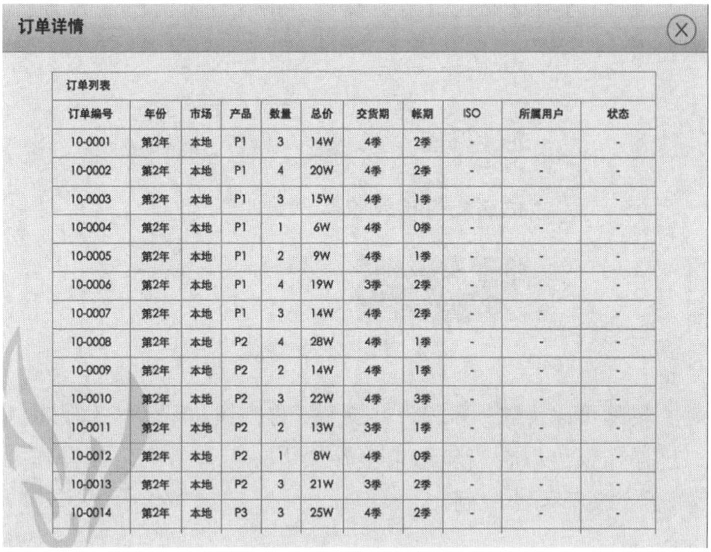
订单详情

订单列表

订单编号	年份	市场	产品	数量	总价	交货期	帐期	ISO	所属用户	状态
10-0001	第2年	本地	P1	3	14W	4季	2季	-	-	-
10-0002	第2年	本地	P1	4	20W	4季	2季	-	-	-
10-0003	第2年	本地	P1	3	15W	4季	1季	-	-	-
10-0004	第2年	本地	P1	1	6W	4季	0季	-	-	-
10-0005	第2年	本地	P1	2	9W	4季	1季	-	-	-
10-0006	第2年	本地	P1	4	19W	3季	2季	-	-	-
10-0007	第2年	本地	P1	3	14W	4季	2季	-	-	-
10-0008	第2年	本地	P2	4	28W	4季	1季	-	-	-
10-0009	第2年	本地	P2	2	14W	4季	1季	-	-	-
10-0010	第2年	本地	P2	3	22W	4季	3季	-	-	-
10-0011	第2年	本地	P2	2	13W	3季	1季	-	-	-
10-0012	第2年	本地	P2	1	8W	4季	0季	-	-	-
10-0013	第2年	本地	P2	3	21W	3季	2季	-	-	-
10-0014	第2年	本地	P3	3	25W	4季	2季	-	-	-

图 4 - 14 订单详情

(九) 系统参数

点击教师端主页面下方“系统参数”按钮,显示教学班初始化的系统参数,选择可修改的参数,在后面的下拉框或编辑框内修改,即可完成对经营参数的修改(如图 4 - 15 所示),点击“确认”保存修改结果。

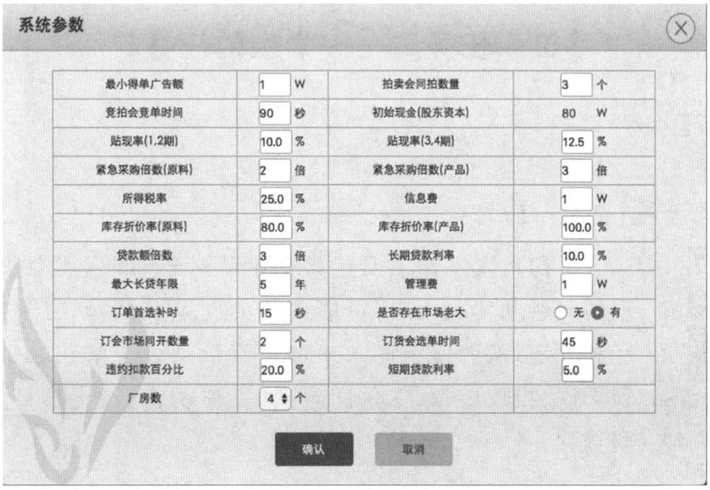
系统参数

最小得单广告额	1 W	拍卖会同拍数量	3 个
竞拍会竞单时间	90 秒	初始现金(股东资本)	80 W
贴现率(1,2期)	10.0 %	贴现率(3,4期)	12.5 %
紧急采购倍数(原料)	2 倍	紧急采购倍数(产品)	3 倍
所得税率	25.0 %	信息费	1 W
库存折价率(原料)	80.0 %	库存折价率(产品)	100.0 %
贷款额倍数	3 倍	长期贷款利率	10.0 %
最大长贷年限	5 年	管理费	1 W
订单首选补时	15 秒	是否存在市场老大	○无 ◉有
订会市场同开数量	2 个	订货会选单时间	45 秒
违约扣款百分比	20.0 %	短期贷款利率	5.0 %
厂房数	4 个		

确认 取消

图 4 - 15 系统参数

【要点提示】 初始资金不可修改。学生端登录后,不可修改初始资金,参数修改在零时生效。

(十) 公告信息

在实训过程中,公共信息定期发布,各学生组可根据公共信息调整自己的战略。

点击主页面右上方的菜单"公告信息"(如图 4-16 所示)。设定发送消息对象,在编辑框内输入文字或表格,将消息发送给学生端。当系统有默认设置的消息需要发布时,会直接在聊天框中弹出。

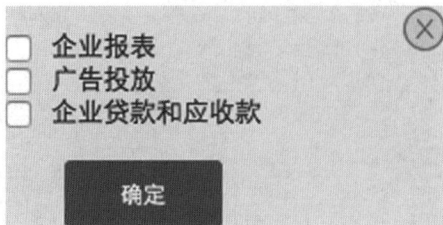

图 4-16 公告信息

【重要提示】 教师可以点击"下发公共文件"的按钮,下发财务报表、应收款及贷款、广告投放信息。该操作仅可以在当年结束至参加下一年订货会之间操作,其他时间内,教师下发任何信息,学生端都无法收到。

(十一) 规则说明

点击主页面右上方菜单的"规则说明",即可查阅本场企业模拟经营的运营规则。该规则与初始化设置的系统参数一致,可根据每次参数设置的不同而变动。

(十二) 市场预测

点击主页面右上方菜单的"市场预测",即可查阅此次企业模拟经营的市场预测信息,包含每个市场的需求数量值和市场均价。

【工作任务二——学生的任务】

【任务分析】

一、年初运营流程(图 4-17)

文档:新创业者电子
沙盘系统(练习版)
学生操作说明

年初运营工作主要包括企业谋划全年的经营情况,预测可能出现的问题和情况,分析可能面临的问题和困难,寻找解决问题的途径和办法,从而使企业未来的经营活动处于掌控之中,涉及年度规划会议、投放广告、支付广告费、支付所得税、参加订货会和申请长期贷款。

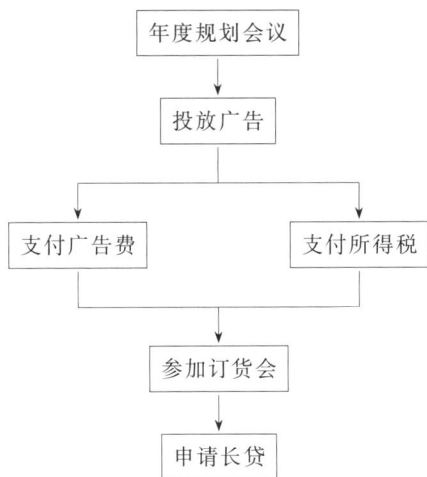

图 4 - 17　年初运营流程

二、每季度内运营流程(图 4 - 18)

企业制定新的年度计划后,就可以按照运营规则和工作计划开展每个季度的经营了。企业每季度的运营应当按照一定的流程进行,具体的流程如图 4 - 18 所示。

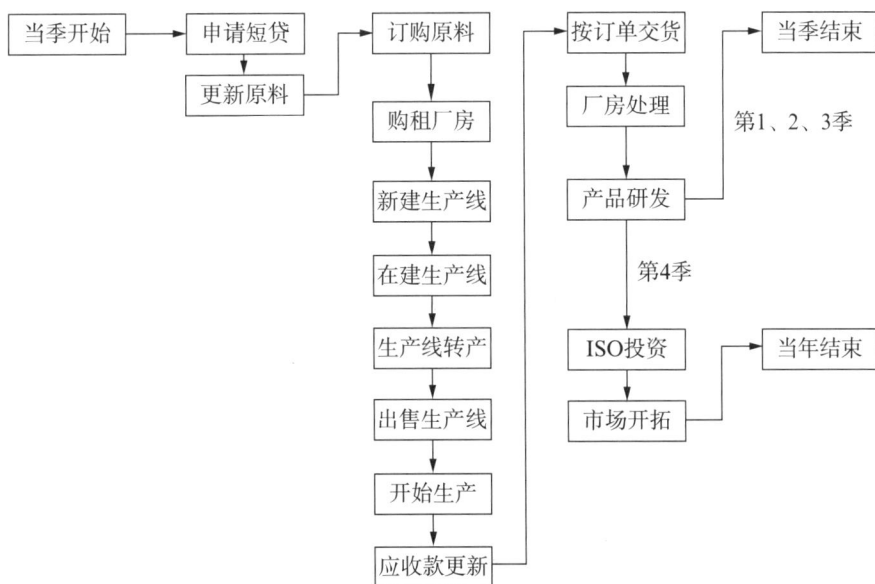

图 4 - 18　每季度内运营流程

三、年末操作流程(图 4 - 19)

企业每年的经营结束后,应当编制相关的会计报表,及时反映当年的财务和经营情况。在新创业者沙盘中,我们主要编制综合费用表、利润表和资产负债表。

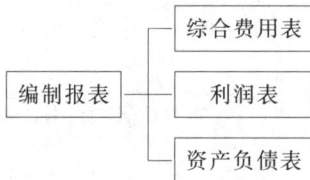

图 4-19 年末操作流程

四、流程外运营操作(图 4-20)

除上述运营操作外,企业可随时进行以下流程外的运营操作。

为保证企业按规则经营,系统限制了各组企业在参加竞单会过程中进行紧急采购和"间谍"操作的空间。

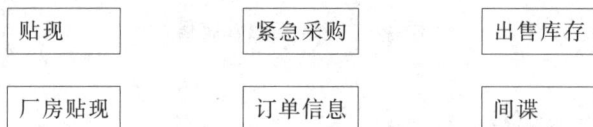

图 4-20 流程外运营操作

【操作步骤】

学生端四大任务是本项目的重点、难点,其操作内容将在本项目任务二中作详细分析。

任务二 认知新创业者运营流程

【任务引例】

创业者,并不都是手握重金。比如有一位来自云南的朴实无华的咖农,在普洱有一个咖啡园。十几年前,他是普洱供销社的职员,改制之后,他听说本地的气候适合种咖啡豆,于是着手开始尝试创业。当时,他的积蓄只有两三千元人民币,缺少本金,他就把县城的房子卖掉,筹了 14 万元,搬到高海拔的山里,在山上种豆。他庄园的住处,是一个简陋的棚户屋,生活条件很简陋。咖啡豆的价格,受到国际期货市场的影响,时高时低。最开始创业的几年,销路不错,大品牌雀巢、星巴克来收豆。但后来,市场越来越低迷。有几年,连化肥钱都回不了本,咖啡豆都是亏本卖掉,成本价在 27、28 元一公斤,最后却 23 元卖掉。隔壁山上的咖农把树都砍掉了。

他被市场逼得没办法,只好想别的突围办法,试着"做一些不受期货影响的精品咖啡"。他开始学日晒、水洗,还有蜜处理等各种复杂的工序,试着把各种风味添加到豆子里。咖啡豆得分决定了其出售的价格。80~82 分的豆子可以被评为精品咖啡豆。2022 年,他的咖啡豆拿到了 81.25 分。这意味着他今年的咖啡价格,又可以涨价,处理好的话,甚至能卖到 130 元 1 斤。作为创业者,他熬过了一段寒冬,现在咖啡豆的行情也越来越不错。

如何"创业"？企业如何开展日常经营？让新创业者沙盘带着我们感受一下吧！

【知识准备与业务操作】

在此处，我们重点介绍电子沙盘学生端的两大主要内容：年初运营和季度内运营。

一、年初运营

新创业者学生端在年初需要进行年度规划会议并作出相应决策，主要包括年度规划会议、广告投放、支付所得税、参加订货会并确定长期贷款的数额。

二、每季度运营

每季度运营中，新创业者学生端一共包含十七项主要活动，各部门主管需要互相配合，齐心协办在企业内部顺利推进年度规划的内容。

① 当季开始；	② 申请短贷；	③ 更新原料库；
④ 订购原料；	⑤ 购租厂房；	⑥ 新建生产线；
⑦ 在建生产线；	⑧ 生产线转产；	⑨ 出售生产线；
⑩ 开始生产；	⑪ 应收款更新；	⑫ 按订单交货；
⑬ 厂房处理；	⑭ 产品研发；	⑮ ISO 投资；
⑯ 市场开拓；	⑰ 当季(年)结束。	

【工作任务一——年初运营】

【任务分析与操作步骤】

一、年度规划会议

每年年初，企业中高层应参加年度规划会议，一般由团队的 CEO 主持召开，会同团队中的采购、生产、销售负责人进行全年的市场预测分析，从而确定广告投放、订单选取、产能扩张、产能安排、材料订购、订单交货、产品研发、市场开拓、筹资管理和现金控制等方面的决策规划，最终完成全年运营的财务预算。

【注意】

此步骤不需要在电子沙盘中操作。

二、支付广告费和所得税

除了第 1 年没有订单外，每年年初，企业要想获得参加订货会的资格，就必须投放广告。营销总监应根据企业的市场地位、产品策略、市场策略、市场需求和竞争态势投放广告。

点击"投放广告"，在相应的产品和市场上填入广告费，确认投放后，系统会自动扣除所投放的广告费和上年应缴纳的所得税。

【注意】

(1) 第1年无须参加广告投放和订货会。

(2) 要事先获得相应市场的准入资格才能投放广告。

(3) ISO只要取得即可使用,无须额外投放广告费。

三、参加订货会

点击任务栏中"参加订货会"进行网上选单(如图4-21所示)。界面的左边显示某市场的选单顺序,右边显示该市场的订单列表。未轮到当前用户选单时,右边表格无法点击。当前用户选单时,操作显示"选中"按钮,点击"选中",成功选单。选单倒计时结束后,用户无法选单。全部市场选单结束后,订货会结束。

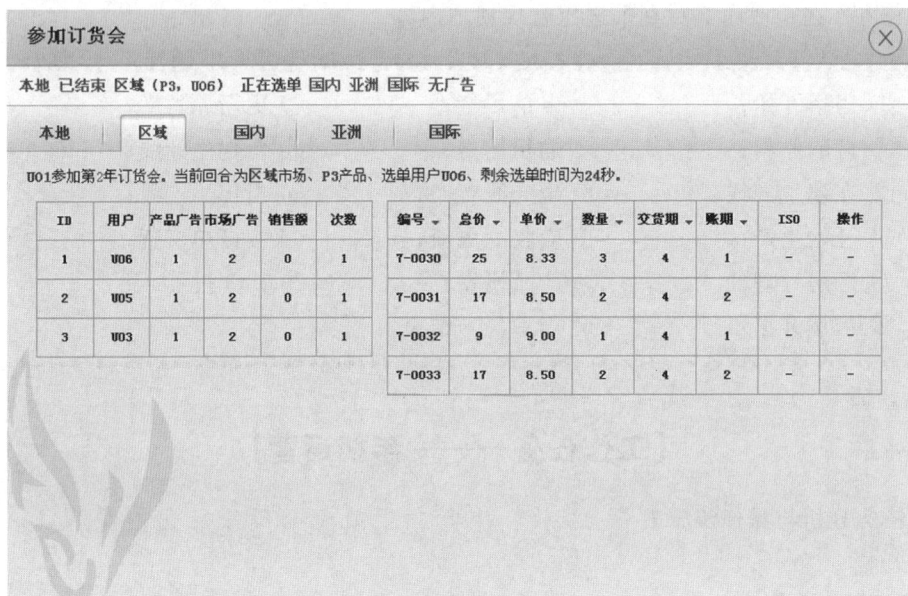

参加订货会

本地 已结束 区域(P3, U06) 正在选单 国内 亚洲 国际 无广告

本地	区域	国内	亚洲	国际

U01参加第2年订货会。当前回合为区域市场、P3产品、选单用户U06、剩余选单时间为24秒。

ID	用户	产品广告	市场广告	销售额	次数
1	U06	1	2	0	1
2	U05	1	2	0	1
3	U03	1	2	0	1

编号	总价	单价	数量	交货期	账期	ISO	操作
7-0030	25	8.33	3	4	1	-	-
7-0031	17	8.50	2	4	2	-	-
7-0032	9	9.00	1	4	1	-	-
7-0033	17	8.50	2	4	2	-	-

图4-21 参加订货会

【注意】

(1) 选单规则基本与手工沙盘一样。若有"市场老大"存在,则"市场老大"在投放了至少1M广告费的前提下优先选单。若没有"市场老大",则选单顺序的依据依次为产品广告、市场广告、销售额、广告提交时间。

(2) 选单时,要特别注意两个市场同时进行选单的情况,以免漏选市场订单。

四、申请长贷

点击"申请长贷",弹出"申请长贷"对话框(如图4-22所示)。系统会提示本企业当前时间可以贷款的最大额度,点击"需贷款年限"下拉框,选择贷款年限,在"需贷款额"框内输入贷款金额,点击"确认",即申请长贷成功。

图 4 - 22 申请长贷

【注意】

(1) 需贷款年限设有 1 年、2 年、3 年、4 年和 5 年。最大贷款额度，系统设定为上年年末企业所有者权益的 N 倍，N 的具体数值由教师在参数设置中设定。需贷款额由企业在年度规划会议中根据企业运营规划确定，不得超过最大贷款额度。

(2) 长期贷款规定分期付息，到期一次还本。年利率由教师在参数设置中设定。

【工作任务二——季度内运营】

【任务分析与操作步骤】

一、当季开始

点击"当季开始"，出现"当季开始"对话框（如图 4 - 23 所示），该操作完成后，才能开始季度内的各项操作。

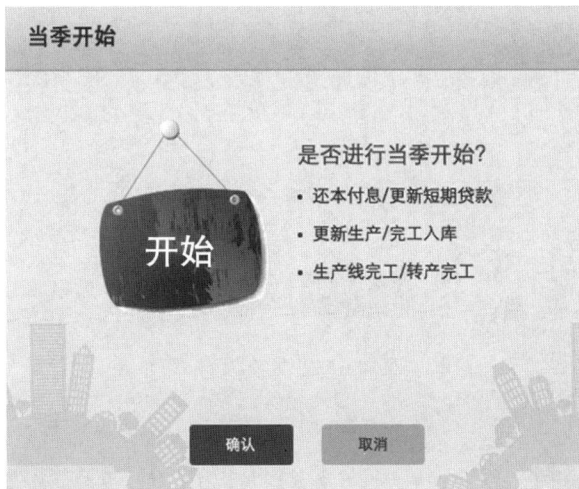

图 4 - 23 当季开始

点击"确认",系统会自动完成短期贷款的更新,偿还短期借款本息,检测更新生产/完工入库情况(若已完工,则完工产品会自动进入产品库,可通过查询库存信息了解入库情况)、检测生产线完工/转产完工情况。

二、申请短贷

点击"申请短贷",在"需贷款额"框内输入金额(如图 4 - 24 所示),点击"确认"即可。

图 4 - 24　申请短贷

【注意】

短贷期限默认为 1 年,到期一次还本付息,贷款年利率由教师在参数设置中设定,短贷不得超过"申请短贷"中提示的"最大贷款额度"。

三、更新原料库

点击"更新原料库",弹出"更新原料"对话框(如图 4 - 25 所示),提示当前应入库原料需支付的现金。确认金额无误后,点击"确认",系统自动扣除现金并增加原料库存。

图 4 - 25　更新原料

【注意】

企业经营沙盘运营中,原材料一般分为 R1、R2、R3、R4 四种,它们的采购价由系统设定,每 1 个原材料价格一般均为 1 W。其中 R1、R2 原材料的价款在订购 1 个季度后支付,R3、R4 原材料的价款在订购 2 个季度后支付。

四、订购原料

点击"订购原料",弹出"订购原料"对话框(如图 4-26 所示),显示原料名称、价格以及运货周期信息,在"数量"一列中输入需订购的原料数量值,点击"确认"即可。

订购原料

原料	价格	运货期	数量
R1	1W	1季	5
R2	1W	1季	4
R3	1W	2季	5
R4	1W	2季	4

确认　　取消

图 4-26　订购原料

【注意】

(1)原材料一般分为 R1、R2、R3、R4 四种,其中,R1、R2 原材料须提前 1 个季度订购,在 1 个季度后支付材料款并入库,R3、R4 原材料须提前 2 个季度订购,在 2 个季度后支付材料款并入库。

(2)材料订购数量由生产需要来决定,订购多了会造成现金占用,订购少了则不能满足生产需要,会造成生产线停产,甚至不能按期完成产品交货,导致产品订单违约。

(3)一旦确认订购某种原材料,入库季节一定会强制入库(付现),不能违约退单。

五、购租厂房

点击"购租厂房",弹出"购租厂房"对话框(如图 4-27 所示),选择厂房类型(大厂房或小厂房)和订购方式(买或租),点击"确认",系统会自动扣除相应的现金。

【注意】

(1)每季均可购入或租入厂房。

(2)若选择购买,则须一次性支付购买价款,无后续费用;若选择租入,则须每年支付租金,租金支付时间为租入当时以及以后每年对应季度的季末。

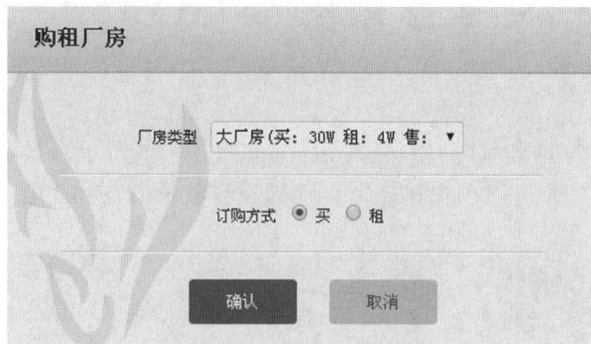

图 4-27　购租厂房

六、新建生产线

点击"新建生产线",弹出"新建生产线"对话框(如图 4-28 所示)。选择放置生产线的厂房,点击"类型"下拉框,选择要新建的生产线类型,下拉框中有生产线购买的价格信息,选择新建的生产线计划生产的产品类型,点击"确认"即可。

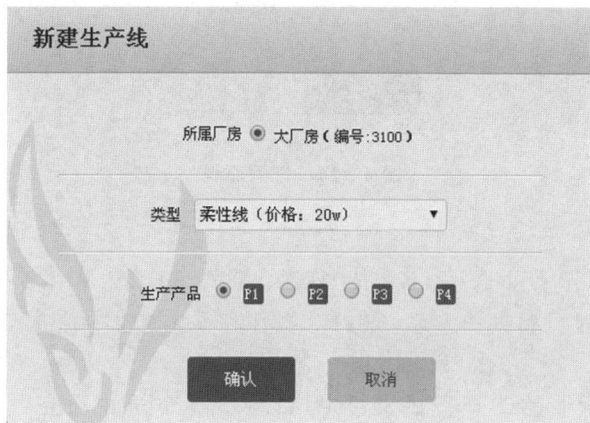

图 4-28　新建生产线

【注意】

(1) 生产线一般包括手工线、半自动线、自动线和柔性线等,各种生产线的购买价格、折旧、残值、生产周期、转产周期、建造周期等信息详见规则说明。

(2) 新建多条生产线时,无须退出该界面,可重复操作。

七、在建生产线

点击"在建生产线",弹出"在建生产线"对话框(如图 4-29 所示),显示需要继续投资建设的生产线的信息,勾选决定继续投资的生产线,点击"确认"。

【注意】

(1) 上季度投资新建的生产线到本季度会变成在建生产线。

图 4 - 29　在建生产线

（2）应在把所有计划进行在建投资的生产线选中后再点击"确认"。

（3）本步骤每季度只能操作一次，不可重复操作。

八、生产线转产

点击"生产线转产"，弹出"生产线转产"对话框（如图 4 - 30 所示），显示可以进行生产转产的生产线信息，勾选转产的生产线以及所要生产的产品，最后点击"确认转产"。

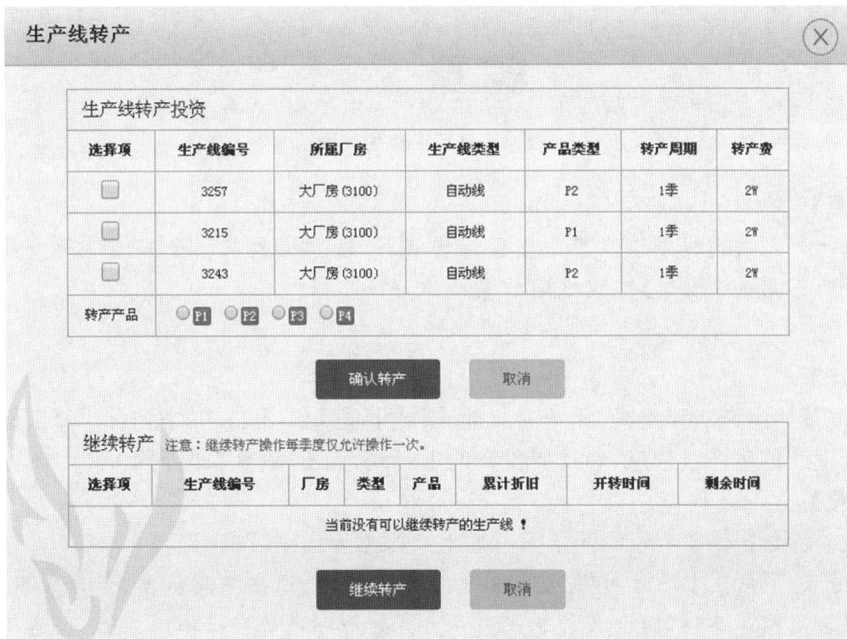

图 4 - 30　生产线转产

【注意】

（1）在生产线建造时已经确定了生产的产品种类，但是在企业运营过程中，为保证不同产品数量的订单按时交货，可能会对生产线生产的产品进行适当的转产操作，转产时，该生产线应处于待生产状态，否则不可进行转产操作。

（2）转产时，不同生产线的转产费用和转产周期是有区别的，详见规则说明。当转产周期大于1Q时，下一季度应点击"生产线转产"，弹出框中显示需要继续转产的生产线，勾选即继续投资转产，否则会中断转产。

九、出售生产线

点击"出售生产线"，弹出"出售生产线"对话框，（如图4-31所示）。弹出框中显示可以进行出售的生产线信息。勾选要出售的生产线，点击"确认"即可。

选项	生产线编号	类型	开建时间	所属厂房	产品	净值	建成时间
☐	3243	自动线（3243）	第1年1季	大厂房（3100）	P2	15	第1年4季
☐	3215	自动线（3215）	第1年1季	大厂房（3100）	P1	15	第1年4季
☐	3257	自动线（3257）	第1年1季	大厂房（3100）	P2	15	第1年4季

图4-31 出售生产线

【注意】

出售生产线的前提是该生产线空置。出售时，按残值收取现金，净值（生产线的原值减去累计折旧后的余额）与残值之间的差额作为损失。

十、开始生产

点击"开始生产"，弹出"开始下一批生产"对话框（如图4-32所示）。弹出框中显示可以进行生产的生产线信息，勾选要投产的生产线，点击"确认"即可。

【注意】

（1）系统会自动显示能够开始下一批生产的空生产线。

（2）开始下一批生产时，应保证相应的生产线空闲、产品完成研发、生产原料充足、投产用的现金足够等条件，四个条件缺一不可。开始下一批生产操作时，系统会自动从原材料仓库领用相应的原材料，从现金库中扣除用于生产的费用。

图 4‑32   开始下一批生产

十一、应收款更新

点击"应收款更新",弹出"应收款更新"对话框(如图 4‑33 所示),点击"确认"即可。

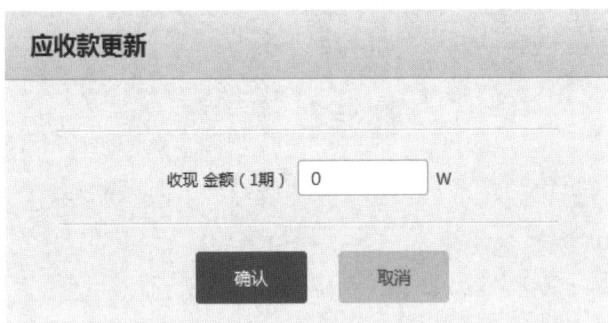

图 4‑33   应收款更新

【注意】

应收款更新操作实质上是将企业所有的应收款项减少 1 个收账期,它分为两种情况,一是尚未到期的应收款,系统会自动将其收账期减少 1 个季度;二是到期的应收款,系统会自动计算并在"收现金额"框内显示,当款项到账时,系统自动增加企业的现金。

十二、按订单交货

点击"按订单交货",弹出"交货订单"对话框(如图 4‑34 所示)。点击订单后的"确认交货"按钮,如相应产品库存足够,系统会提示"交货成功!",在库存不足的情况下,系统会弹出"库存不足!"的提示框。订单交货后,企业会收取相应的现金或产生相应的应收款。

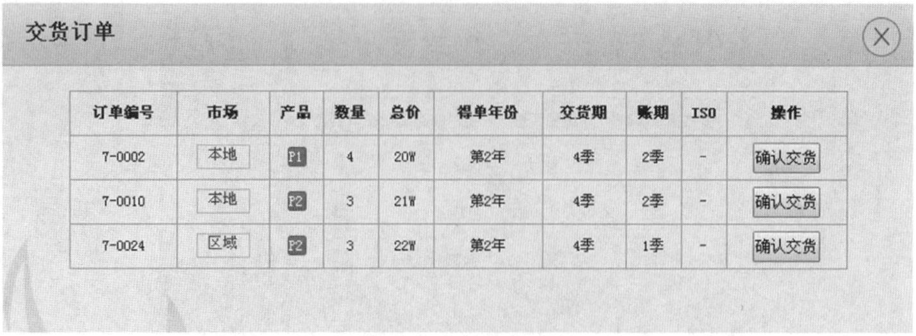
交货订单

订单编号	市场	产品	数量	总价	得单年份	交货期	账期	ISO	操作
7-0002	本地	P1	4	20W	第2年	4季	2季	-	确认交货
7-0010	本地	P2	3	21W	第2年	4季	2季	-	确认交货
7-0024	区域	P2	3	22W	第2年	4季	1季	-	确认交货

图 4－34　交货订单

十三、厂房处理

点击“厂房处理”，弹出“厂房处理”对话框（如图 4－35 所示）。选择厂房的处理方式，系统会自动显示符合处理条件的厂房以供选择。此时，勾选厂房，点击“确认”即可。

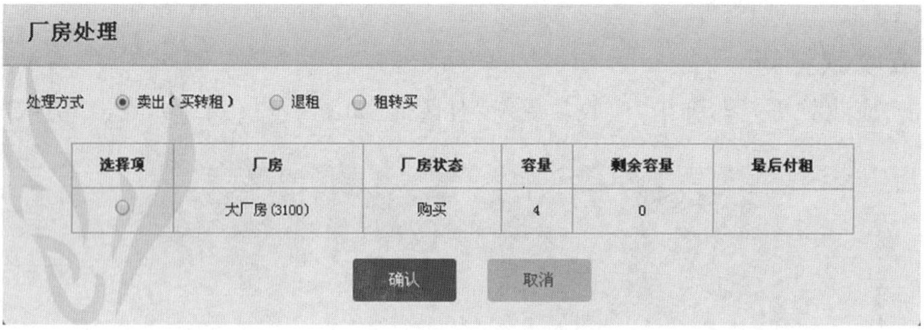
厂房处理

处理方式 ◉ 卖出（买转租） ○ 退租 ○ 租转买

选择项	厂房	厂房状态	容量	剩余容量	最后付租
○	大厂房(3100)	购买	4	0	

图 4－35　厂房处理

【注意】

厂房处理包括卖出（买转租）、退租、租转买三种方式。

（1）买转租操作针对原购入的厂房，此操作实质上包括两个环节：卖出厂房，同时将此厂房租回，卖出厂房将根据规则产生一定金额和一定账期的应收款，租入厂房需支付对应的租金，这一操作无须厂房空置。

（2）退租操作针对原租入的厂房，该操作要求厂房内无生产设备，从上年支付租金时开始算，租期未满 1 年的，则无须支付退租当年的租金，反之则需支付退租当年的租金。

（3）租转买操作针对原租入的厂房，此操作实质上包括两个环节，一是退租，同时将该厂房买入。退租当年租金是否需要支付，参照“退租操作”说明，购买厂房时需支付相应的购买价款，该操作无须厂房空置。

十四、产品研发

点击“产品研发”，弹出“产品研发”对话框（如图 4－36 所示）。勾选需要研发的产品，点击“确认”即可。

图 4-36 产品研发

【注意】

产品研发按照季度加以投资,每个季度均可操作,可以中断投资,直至产品研发完成。产品研发成功后,企业方能生产相应的产品。

十五、ISO 投资

点击"ISO 投资",弹出"ISO 投资"对话框(如图 4-37 所示)。勾选需要投资的 ISO 资质,点击"确认"即可。

图 4-37 ISO 投资

【注意】

(1) ISO 投资包括产品质量(ISO9000)认证投资和产品环保(ISO14000)认证投资。企业若想在订货会上选取带有 ISO 认证的订单,必须取得相应的 ISO 认证资格。ISO 投资每年进行一次,可中断投资,直至 ISO 投资完成。

(2) 此操作在每年第 4 季度才能进行。

十六、市场开拓

点击"市场开拓",弹出"市场开拓"对话框(如图 4-38 所示)。勾选需要研发的市场,点击"确认"即可。

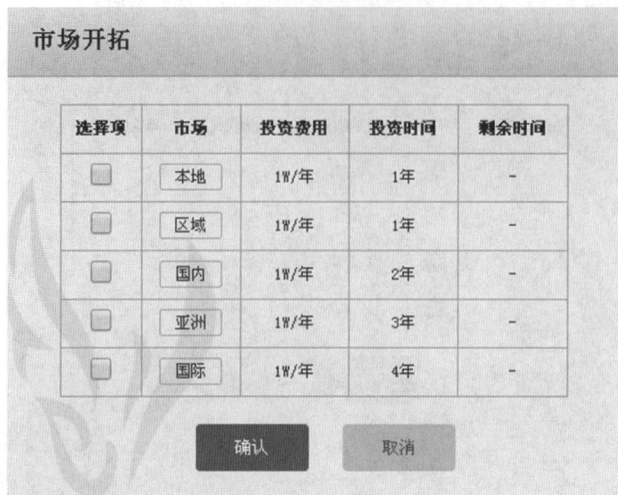

图 4 - 38　市场开拓

【注意】

（1）市场开拓是企业进入相应市场投放广告、选取产品订单的前提。市场开拓在每年第 4 季度末可操作一次，年内可中断投资。

（2）此操作在每年第 4 季度才能进行。

十七、当季(年)结束

点击"当季结束"或"当年结束"，弹出"当季结束"（如图 4 - 39 所示）或"当年结束"（如图 4 - 40 所示）对话框。核对当季(年)结束需要支付或更新的事项，确认无误后，点击"确认"即可。

图 4 - 39　当季结束

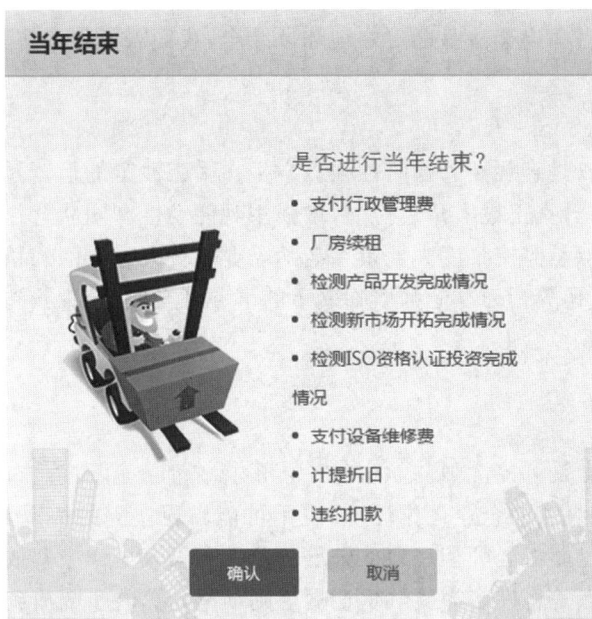

图 4-40 当年结束

【注意】

(1) 在每年 1～3 季度末,显示"当季结束";在每年第 4 季度末,显示"当年结束"。

(2) 当季结束时,系统会自动支付行政管理费、厂房续租租金,检查产品开发完成情况。

(3) 当年结束时,系统会自动支付行政管理费、厂房续租租金,检测产品开发、ISO 投资、市场开拓情况,自动支付设备维修费,计提当年折旧并扣除产品违约订单的罚款。

任务三　认知手工沙盘与电子沙盘(新创业者)的结合

【任务引例】

在手工沙盘推出多年后,电子沙盘才出现,这是对手工沙盘的升级,然而两者的初始状态是不同的。手工沙盘中,是存在初始状态的,学生接手的是一个存续多年的企业,有相应的资产、负债和所有者权益,也有已经开拓的市场和产品。而在电子沙盘中,除了初始的股东资本(现金)外,没有其他任何初始状态,一切从零开始。两者各有优点,结合使用更有利于培养学生的创业精神。

【知识准备与业务操作】

学生先学完手工实物沙盘后再学习电子沙盘,在学习电子沙盘时,老师会建议手工实物沙盘和电子沙盘同步完成。学生在学习过程中既有实物沙盘的基础,又能尽快适应电子沙盘的要求。

为了使手工沙盘和电子沙盘能更好地加以结合,我们需要先了解其各自的优缺点。

一、手工沙盘

手工沙盘的优点是直观性和趣味性强。学生在手工沙盘的运营过程中能够有较强的参与感和企业使命感,真正投入角色扮演,增强主观能动性和团队合作的精神。

手工沙盘的缺点是监控难度大。指导老师需要花费大量时间和精力进行监控且效果不一定好,容易发生作弊行为。老师面临繁重的事务性操作,很难将注意力放在如何更好地指导学生进行企业经营上。

二、电子沙盘

电子沙盘的优点是可控性强。学生每一步的操作都要输入系统,每一步操作都具有不可逆转性,更贴近真实的企业运作环境,也不可能出现作弊的情况,迫使学生操作时更严谨认真。电子沙盘能将老师彻底地从繁重的监控和录入操作中解放出来。

电子沙盘的缺点是将许多需要学生根据规则动笔计算的步骤放到了后台系统自动完成,让学生产生了依赖感,在模拟经营时不进行仔细的推算和规划。电子沙盘不够直观,各成员的参与程度差别较大,且因其不可逆转性和快捷性,不太适合第一次接触 ERP 沙盘的学生。

【工作任务一——手工运营流程表简介】

【任务分析与操作步骤】

手工沙盘和电子沙盘的结合使用,可以使学生在盘面上直观地观察企业经营的现状,更加适合全局性的战略考量。其中手工沙盘运营流程表(表 4-1)的使用有利于学生对于企业运营的战略、年度计划的实施以及财务预算的加以把握。

表 4-1 手工沙盘运营流程表

用户_____   第___年经营

操作顺序	企业经营流程	(每执行完一项操作,CEO 请在相应的方格内打勾)	
	操作名称	系统操作	手工记录
年初	新年度规划会议		
	广告投放	输入广告费确认	
	选单	选单	
	支付应付税	系统自动	
	支付长贷利息	系统自动	
	更新长期贷款/长期贷款还款	系统自动	
	申请长期贷款	输入贷款数额并确认	

续 表

操作顺序	企业经营流程		（每执行完一项操作，CEO请在相应的方格内打勾）			
	操作名称	系统操作	手工记录			
1	季初盘点(请填余额)	产品下线，生产线完工(自动)				
2	更新短期贷款/短期贷款还本付息	系统自动				
3	申请短期贷款	输入贷款数额并确认				
4	原材料入库/更新原料订单	需要确认金额				
5	下原料订单	输入并确认				
6	购买/租用——厂房	选择并确认,自动扣现金				
7	更新生产/完工入库	系统自动				
8	新建/在建/转产/变卖——生产线	选择并确认				
9	紧急采购(随时进行)	随时进行输入并确认				
10	开始下一批生产	选择并确认				
11	更新应收款/应收款收现	系统自动				
12	按订单交货	选择交货订单确认				
13	产品研发投资	选择并确认				
14	厂房——出售(买转租)/退租/租转买	选择确认,自动转应收款				
15	新市场开拓/ISO资格投资	仅第四季允许操作				
16	支付管理费/更新厂房租金	系统自动				
17	出售库存	输入并确认(随时进行)				
18	厂房贴现	随时进行				
19	应收款贴现	输入并确认(随时进行)				
20	季末收入合计					
21	季末支出合计					
22	季末数额对账[(1)+(20)−(21)]					
年末	缴纳违约订单罚款	系统自动				
	支付设备维护费	系统自动				
	计提折旧	系统自动			（　　）	
	新市场/ISO资格换证	系统自动				
	结账					

【工作任务二——"三表"编制及提交】

【任务分析与操作步骤】

点击"填写报表"，弹出"填写报表"对话框(如图4-41所示)，依次在综合费用表、利润表、资产负债表的编辑框内输入相应计算数值,在三张表填写过程中都可点击"保存"按钮,暂时保存数据。点击"提交",即提交结果,系统会计算数值是否正确,并在教师端"公告信息"中显示判断结果。

图 4-41 填写报表

视频:ERP 沙盘
三表应用

文档:ERP 沙盘
三表应用

一、综合管理费用明细表

(1)"管理费"项目,根据企业当年支付的行政管理费填列。企业每季度支付 1 W 的行政管理费,全年共支付行政管理费 4 W。

(2)"广告费"项目,根据企业当年年初的"广告登记表"中的广告费填列。

(3)"维修费"项目,根据企业实际支付的生产线保养费填列。根据规则,只要生产线建成完工,无论是否生产,都应当支付维护费。

(4)"转产费"项目,是对生产线生产的产品进行适当的转产所产生的费用。

(5)"租金"项目,根据企业支付的厂房租金填列。

(6)"市场准入开拓"项目,根据企业本年开发市场支付的开发费填列。

(7)"ISO 资格认证"项目,根据企业本年 ISO 认证开发支付的开发费填列,为了明确认证的种类,需要在"备注"栏本年认证的名称前画"√"。

(8)"产品研发"项目,根据本年企业研发产品支付的研发费填列。

(9)"信息费"项目,主要是企业为查看竞争对手的财务信息而支付的费用。

二、利润表

利润表中各项目的数据来源如表 4-2 所示。

表 4-2 利润表中各项目数据来源表

项 目	行次	数据来源
销售收入	1	"产品核算统计表"中的销售额合计数
销售成本	2	"产品核算统计表"中的成本合计数
毛利	3	毛利=销售收入-销售成本
综合费用	4	"综合管理费用明细表"的合计数
折旧前利润	5	折旧前利润=毛利-综合费用
折旧	6	沙盘盘面费用区中的"折旧"数
支付利息前利润	7	支付利息前利润=折旧前利润-折旧
财务收入/支出	8	沙盘盘面费用中的"利息"数
其他收入/支出	9	除销售产品以外获得的收益或支出
税前利润	10	税前利润=支付利息前利润-财务支出
所得税	11	所得税=税前利润×25%
净利润	12	净利润=税前利润-所得税

三、资产负债表

资产负债表中各项目的数据来源如表 4-3 所示。

表 4-3 资产负债表中各项目数据来源表

资 产	数据来源	负债和所有者权益	数据来源
流动资产:		负债:	
(库存)现金①	现金区的现金清点数	银行贷款	短期贷款区的空桶(一个空桶代表 20 W)
应收账款	应收账款区的记录数据		
在制品	清点生产线上在制品的数量	应交税费/金②	利润表中的所得税
成品	清点成品库中成品数		
原料	清点原料库中的原料数		
流动资产合计	以上五项之和	负债合计	以上两项之和
固定资产:		所有者权益:	
土地和建筑	清点厂房净值的数额	股东资本	股东不增资的情况下为 40 W
机器与设备	清点设备净值的数额	利润留存	上一年利润留存+上一年的利润
在建工程	清点未完工设备的净值数额	年度净利	利润表中的净利润
固定资产合计	以上三项之和	所有者权益合计	以上三项之和
资产总计	流动资产合计+固定资产合计	负债和所有者权益总计	负债合计+所有者权益合计

---

① 在新会计准则中,会计科目"现金"改为"库存现金",全书同。

② 在新会计准则中,会计科目"应交税金"改为"应交税费",全书同。

任务四　特殊业务的处理

【任务引例】

在实务中,随着内、外环境激烈的变化和市场竞争的加剧,企业面临诸多不稳定的因素,这些不稳定的因素导致企业危机的发生频率和危害程度与日俱增。而在沙盘模拟中的企业也同样会面临一些生产经营战略、策略失误等所造成的经营危机,在本任务中,我们将介绍一些特殊的方法,帮助企业渡过难关。

【知识准备与业务操作】

新创业者沙盘中特殊业务包括贴现、紧急采购、出售库存、厂房贴现、订单信息和间谍,这些事项在操作时不受正常流程运行顺序的限制,只要有需要就可以实现。这些操作可分为两大类:第一类为运行类操作,可以改变企业资源的状态,如将固定资产变为流动资产;第二类为查询类操作,不改变任何资源状态,只能查询资源情况。

【工作任务——特殊业务处理】

【任务分析与操作步骤】

一、贴现

点击"贴现",弹出"贴现"对话框(如图 4-42 所示)。弹出框中显示可以贴现的应收款金额,选好贴现期,在"贴现额"一列输入要贴现的金额。点击"确认",系统根据不同贴现期扣除不同贴息,并将贴现金额计入现金。

贴现

剩余账期	应收款	贴现额
1季	0W	0 W
2季	0W	0 W
剩余账期	应收款	贴现额
3季	0W	0 W
4季	0W	0 W

确认　　取消

图 4-42　贴现

【注意】

（1）应收款贴现是最常见的紧急融资办法，模拟企业在运营过程中几乎都会用到。

（2）贴现是提前收回未到期的应收款。该应收款并非正常到期收回，贴现时须支付相应的贴现利息。贴现利息＝贴现金额×贴现率，贴现率由教师在系统参数中设定。

（3）贴现利息在实物沙盘中放入贴息费用栏，年末记账时不能计入损失，与长、短贷利息一样计入财务费用。

（4）一般在企业短期存在现金短缺，且无法通过成本更低的正常贷款取得现金流时，才考虑使用贴现。

二、紧急采购

点击"紧急采购"，弹出"紧急采购"对话框（如图 4-43 所示）。显示当前企业的原料、产品的库存数量以及紧急采购价格，在"订购量"一列输入数值，点击"确认采购"即可。

原料	现有库存	价格	订购量
R1	30	2W	2
R2	19	2W	3
R3	39	2W	4
R4	40	2W	0

确认采购

产品	现有库存	价格	订购量
P1	0	6W	0
P2	2	9W	0
P3	7	12W	0
P4	10	15W	0

确认采购

图 4-43　紧急采购

【注意】

企业原材料订购不足或产品未能按时生产,均可能造成产品订单不能按时交货,从而导致订单违约,失去该订单收入并支付违约损失。为避免该项损失,企业可紧急采购少量的短缺原材料或产品,以满足生产或交货的需要,促使产品订单按时交货,由此取得相应的销售利润。

三、出售库存

点击"出售库存",弹出"出售库存"对话框(如图4-44所示)。显示当前企业的原料、产品的库存数量以及出售价格,在"出售数量"一列输入数值。点击"出售产品"或"出售原料"即可。

产品	库存数量	销售价格	出售数量
P1	0	2.0W/个	0
P2	2	3.0W/个	2
P3	7	4.0W/个	0
P4	10	5.0W/个	0

出售产品

原料	库存数量	销售价格	出售数量
R1	30	0.8W/个	10
R2	19	0.8W/个	10
R3	39	0.8W/个	0
R4	40	0.8W/个	0

出售原料

图4-44 出售库存

【注意】

企业为了进行紧急融资,除了贴现,还可以出售库存的原材料或者产成品。出售库存时,企业一般会在成本的基础上打折销售,出售价由教师设定。因此,企业一般只有在资金极度短缺时才会考虑出售库存。

四、厂房贴现

点击"厂房贴现",弹出"厂房贴现"对话框(如图4－45所示)。弹出框中显示可以贴现的厂房信息,选择某一厂房,点击"确认"即可。

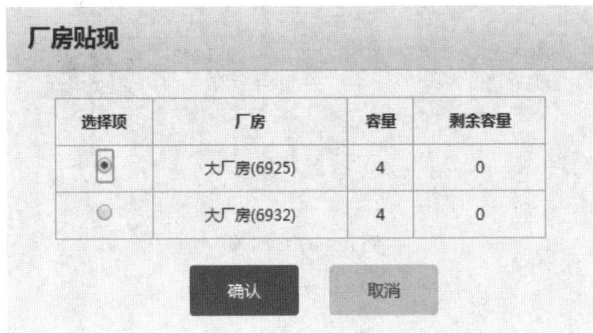

图4－45 厂房贴现

【注意】

(1) 系统根据每类厂房出售价格贴现,如果有生产线则扣除该厂房的租金以保证继续经营。

(2) 厂房贴现是指将厂房卖出(买转租)产生的应收款直接贴现取得现金。它与"厂房处理"中的卖出(买转租)的区别在于,"卖出(买转租)"操作时产生的应收款并未直接贴现,而厂房贴现则直接将"卖出(买转租)"产生的应收款同时贴现。

五、订单信息

点击"订单信息",弹出"订单信息"对话框(如图4－46所示)。弹出框中显示当前企业所有年份获得的订单,可以查询每条订单的完成时间、状态等信息。

订单编号	市场	产品	数量	总价	状态	得单年份	交货期	账期	ISO	交货时间
7-0002	本地	P1	4	20W	未到期	第2年	4季	2季	-	-
7-0010	本地	P2	3	21W	未到期	第2年	4季	2季	-	-
7-0024	区域	P2	3	22W	未到期	第2年	4季	1季	-	-

图4－46 订单信息

六、间谍

点击"间谍",弹出"间谍"对话框(如图4－47所示)。点击"确认下载",即可获得自己企业或其他企业的信息。

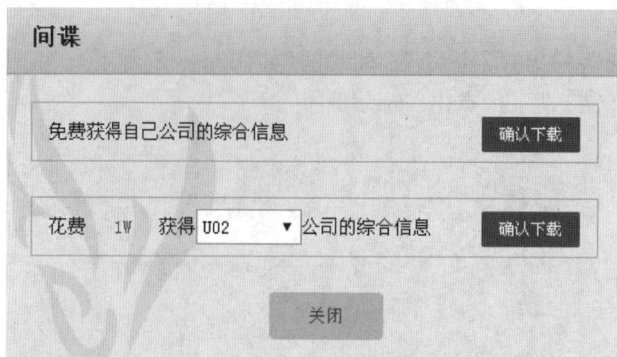

图 4-47　间谍

【注意】

关于自己企业的信息可免费获取,以 Excel 表格形式查阅或保存。而关于其他企业的信息,则须支付教师在参数设置中设定的"间谍费",如此才能以 Excel 表格形式查询其他企业任一组的数据。

项 目 小 结

本项目主要介绍了新道新创业者环境下教师和学生的工作任务,学生在教师预设的经营规则和市场预测下,制定企业的发展战略,严格按照企业流程,结合手工沙盘在软件中模拟企业年初运营、每季度运营、年末运营和特殊业务的操作步骤,在活动中领悟科学管理的规律,提升经营管理能力。

其目的是要培养树立学生工作的事业心、责任心,艰苦奋斗勇于创造的精神以及建立良好的人际关系等。项目运营过程中,学生可以了解到企业价值观决定的企业精神、职业道德,以及企业理念、经营哲学等。这些是企业文化的核心内容。

项 目 训 练

(1) 季度内的运营流程有哪些步骤?

(2) 流程外的运营操作有哪些?

项目五 分析经营成果
（以 8 组数据为例）

◆ **知识目标**

1. 掌握企业战略选择和调整的知识。

2. 掌握计算产能、安排生产计划和原材料订购计划的知识。

3. 掌握分析市场和合理安排营销的知识。

4. 掌握合理运用筹资方式,保证企业正常运行的知识。

◆ **职业技能目标**

1. 根据规则和市场情况,制定合理经营策略。

2. 能分析竞争者基本情况(产品开发、产能等)。

3. 能根据内外部环境,调整经营方案,作好经营预算。

4. 具备综合分析能力和集体决策力。

◆ **素养目标**

1. 协作完成任务,培养团队协作能力。

2. 树立资源计划意识,合理利用各类资源,培养节约意识。

3. 分析市场和合理安排营销战略,提升认识高度。

知识导图

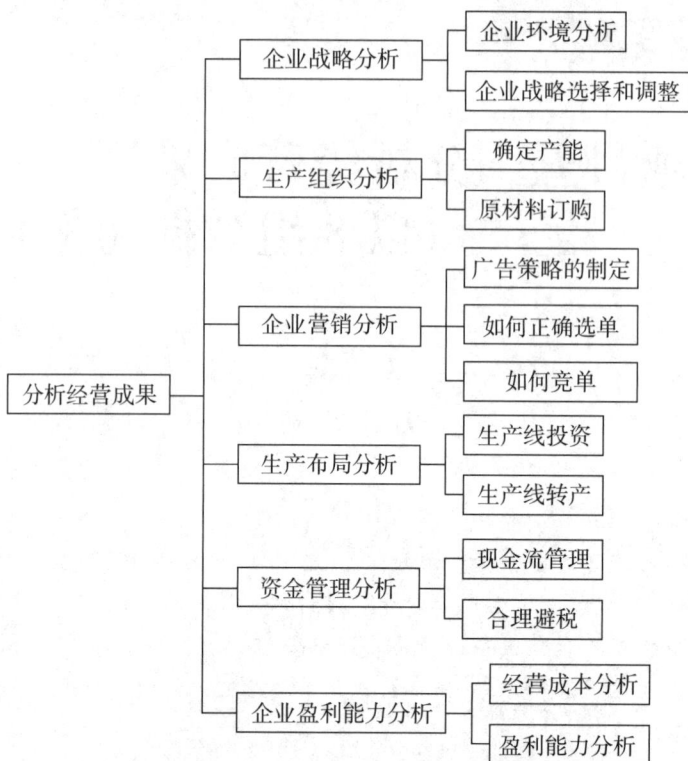

【引导案例】

北大方正集团,是一家曾经在IT领域独占鳌头的高新科技公司,作为中国最大的校企,最终还是在多元化跨行业经营和对创造资本帝国的妄想中轰然倒塌。二十多年的高层内斗,耗尽了方正的实力,过去的叱咤风云不复存在,留下的只有巨额的债务。随着越来越多的借款到期,方正集团频频违约。最终,方正集团于2020年2月宣布申请破产重组。

当我们仔细梳理一下北大方正的经历,便不难看出它最终的结局也在情理之中,这枚定时炸弹其实早在20多年前就已经被方正高层深深埋下:① 核心高管领导层长达几十年的内斗。企业高层内斗是北大方正集团失败的原因之一,由于是核心领导层的动荡不稳定,进而损害了方正集团的元气,集团负责人没有把主要的精力放在企业集团的核心利益上,浪费了宝贵的时间,反而给竞争对手有了喘息发展的机会。试想一下,作为一个自负盈亏的法人企业,为了生存和进步,在如此激烈且充满火药味的市场环境下,不居安思危,不想办法保护核心技术,增加市场份额,提高销量,而是以逸待劳,不思进取,整天把心思放在无关集团利益的琐事上,结果很可能就是公司破产。② 多元化战略下的盲目扩张。方正集团放弃了核心技术的发展,追求大而广,舍去了做一个强而专的高科技公司的目标。不切合自身实际,盲目追求资本扩张,摊子太大,分散过多精力,最后难以协调经营。

案例思考

北大方正集团失败的根源在哪里？如果你是北大方正集团的主要负责人，你将采取哪些措施去拯救北大方正集团？

任务一 企业战略分析

【任务引例】

不走多元化发展的道路，华为选择了只做设备供应商，选择的是专业化的发展战略。它定位于"做世界级的、领先的通信设备供应商"，并将其写入《华为基本法》，以制度的形式确定下来。战略核心是将非核心业务外包出去和打造专业化产品体系。为保障核心任务的完成，华为制定了以下战略：

1. 低成本战略

华为的低成本战略是充分利用中国的劳动力资源和原材料成本优势，保证产品物美价廉。

2. 差异化战略

华为通过提供优质的产品、差别化售后服务优势和快速的反应速度，使自己的产品有了强有力的竞争力。

3. 混合型战略

混合型战略是指低成本地提供优质的差异化产品，然后利用成本优势制定比竞争对手产品更低的价格，通过为买方提供超值的价值来建立竞争优势的战略。华为长期以来一直坚持实施"不卖最贵，只卖最好"的战略。

华为选择的这个战略有自己的优势。2004年，华为以低于竞争对手20%的价格赢得法国第二大网络运营商 Neuf 的青睐。华为还在适当的时候直接投资、参股合作或选择被对方参股，在资本层面上与合作对象相互融合，为买方提供超值服务。

【知识准备与业务操作】

一、企业战略管理

企业战略，是企业根据其外部环境和内部资源及能力状况，为谋求长期生存和稳定发展，并不断地获得新的竞争优势，对企业发展目标、达成目标的途径和手段所进行的总体谋划。

二、企业目标分析

（一）企业生存

我国公司法律制度规定，企业因经营管理不善造成严重亏损，不能清偿到期债务的，可以依法宣告破产。这从另外一个角度告诉我们，在6年的模拟经营中，如表5-1所示，出现以下两种情况，企业将宣告破产。

表 5-1　企业破产情况表

序号	破产表现	说　　明
1	权益为负	企业所取得的收入不足以弥补其支出,导致所有者权益为负时,企业将宣告破产
2	现金断流	企业在运营过程中,无力偿还借款、无力支付原材料货款等,使现金流断裂,企业将宣告破产

因此,企业生存是企业发展的基础。

(二) 企业盈利

企业是以盈利为目的的经济组织,企业经营的本质是股东权益最大化,即盈利。而从利润表的利润构成中不难看出,盈利的主要途径一是扩大销售(开源),二是控制成本(节流),如表 5-2 所示。

表 5-2　企业盈利的主要途径

序号	盈利途径	分　　析
1	扩大销售	利润主要来自销售收入,而销售收入由销售数量和产品单价两个因素决定。提高销售数量有以下方式: (1)扩建或改造生产设施,提高产能; (2)研发新产品; (3)扩张现有市场,开拓新市场; (4)合理加大广告投放力度,进行品牌宣传。 提高产品单价受很多因素制约,在沙盘模拟经营中,市场环境是给定的,企业可以选择生产单价较高的产品或主打单价较高的市场来达到目的
2	控制成本	产品成本分为直接成本和间接成本,控制成本的方法主要有以下两种: (1)降低直接成本。直接成本主要包括构成产品的原料费和人工费。原料费由产品的 BOM 结构决定,在不考虑替代材料的情况下没有降低的空间;用不同生产线生产同一产品的加工费也是相同的,因此,在创业者模拟沙盘中,产品的直接成本是固定的; (2)降低间接成本。间接成本分为投资性支出和费用性支出两类。投资性支出包括购买厂房、投资新的生产线等,这些投资是为了扩大企业的生产能力而必须发生的;费用性支出包括营销广告、贷款利息等,通过有效筹划可以节约部分间接成本

三、企业战略制定

(一) 企业环境分析

企业环境分析包括外部环境分析和内部条件分析。

1. 企业外部环境分析

企业外部环境由存在于组织外部、短期内通常不为企业高层管理人员所控制的变量所构成。企业外部环境分析具体包括：宏观环境分析和微观环境分析。

（1）宏观环境分析。一般认为企业的宏观环境因素有四类，即政治和法律环境、经济环境、社会文化环境以及技术环境。

① 政治和法律环境，是指那些制约和影响企业的政治要素和法律系统，以及其运行状态。政治环境包括国家的政治制度、权力机构、颁布的方针政策、政治团体和政治形势等因素。法律环境包括国家制定的法律、法规、法令以及国家的执法机构等因素。政治和法律因素是保障企业生产经营活动正常开展的基本条件。

② 经济环境，是指构成企业生存和发展的社会经济状况及国家的经济政策，包括社会经济结构、经济体制、发展状况、宏观经济政策等要素。衡量经济环境的指标通常有国内生产总值、就业水平、物价水平、消费支出分配规模、国际收支状况，以及利率、通货供应量、政府支出、汇率等国家货币和财政政策等。经济环境对企业生产经营的影响更为直接、具体。

③ 社会文化环境，是指企业所处的社会结构、社会风俗和习惯、信仰和价值观念、行为规范、生活方式、文化传统、人口规模与地理分布等因素的形成和变动。自然环境，是指企业所处的自然资源与生态环境，包括土地、森林、河流、海洋、生物、矿产、能源、水源、环境保护、生态平衡等方面的发展变化。这些因素对企业确定投资方向、产品改进与革新等重大经营决策具有重大影响。

④ 技术环境，是指企业所处的环境中的科技要素及与该要素直接相关的各种社会现象的集合，包括国家科技体制、科技政策、科技水平和科技发展趋势等。技术环境决定企业能否及时调整战略决策以获得新的竞争优势。企业技术实力是企业技术构成要素共同作用的综合表现，它反映了一个企业技术水平的高低，成功的技术创新只有在一定技术实力的推动与制约下方可发生。

（2）微观环境分析。企业的微观环境主要包括产业环境和市场环境两个方面。

产业环境分析经常使用的分析对象有：产业的生命周期、产业的五种竞争力、产业内的战略群体等。市场需求与竞争的经济学分析能够深化对微观环境的理解与认识。下面我们进行简要介绍。

① 产业的生命周期。在一个产业中，企业的经营状况取决于其所在产业的整体发展状况以及该企业在产业中所处的竞争地位。分析产业发展状况的常用方法是认识产业所处的生命周期的阶段。产业的生命周期阶段可以用产品的周期阶段来表示，分为开发期、成长期、成熟期和衰退期。只有了解产业目前所处的生命周期阶段，才能决定企业在某一产业中采取进入、维持或撤退策略的合理性，才能作出新的正确的投资决策，才能对企业在多个产业领域的业务进行合理组合，提高整体盈利水平。

② 波特五力模型。波特五力模型是迈克尔·波特（Michael Porter）于 20 世纪 80 年代初提出的，他认为行业中存在着决定竞争规模和程度的五种力量，这五种力量综合起来影响着产业的吸引力以及现有企业的竞争战略决策。五种力量分别为同行业内现有竞争者的竞争能力、潜在竞争者进入的能力、替代品的替代能力、供应商的讨价还价能力、购买者的议价能力。

潜在竞争者的进入威胁在于降低了市场集中程度，激发了现有企业间的竞争，并且瓜分了原有的市场份额。替代品作为新技术与社会新需求的产物，对现有产业的"替代"威胁的严重性十分强烈，但几种替代品长期共存的情况也很常见，替代品之间的竞争规律仍然是"价值高的产品获得竞争优势"。购买者、供应者讨价还价的能力取决于各自的实力,比如卖(买)方的集中程度、产品差异化程度与资产专用性程度、纵向一体化程度以及信息掌握程度等。产业内现有企业的竞争,即一个产业内的企业为市场占有率而进行的竞争,通常表现为价格竞争、广告战、新产品引进以及增进对消费者的服务等。

③ 产业内的战略群体。确定产业内所有主要竞争对手战略方面的特征是产业分析的一个重要方面。一个战略群体是指某一个产业中在某一战略方面采用相同或相似战略的各企业组成的集团。战略群体分析有助于企业了解自己的相对战略地位和企业战略变化可能产生的竞争性影响,使企业更好地了解战略群体间的竞争状况、发现竞争者,了解各战略群体之间的"移动障碍",了解战略群体内企业竞争的主要着眼点,预测市场变化和发现战略机会等。

④ 市场需求状况。可以从市场需求的决定因素和需求价格弹性两个角度分析市场需求。人口、购买力和购买欲望决定着市场需求的规模,其中,生产企业可以把握的因素是消费者的购买欲望,而产品价格、差异化程度、促销手段、消费者偏好等影响着购买欲望。影响产品需求价格弹性的主要因素有产品的可替代程度、产品对消费者的重要程度、购买者在该产品上的支出在总支出中所占的比重、购买者转换到替代品的转换成本、购买者对商品的认知程度以及对产品互补品的使用状况等。

2. 企业内部条件分析

企业内部条件分析应关注以下几个方面:企业目前的战略运行效果;企业面临哪些资源优势和弱势;企业价值链;企业核心能力;企业产品竞争力及市场营销状况;企业经济效益状况;企业面临的战略问题。

常用的分析方法包括:SWOT 分析法和波士顿矩阵法。

(1) SWOT 分析法。SWOT 分析法是用来确定企业自身的竞争优势、竞争劣势、机会和威胁,从而将企业的战略与企业公司内部资源、外部环境有机地结合起来的一种科学的分析方法。

S(strengths)是优势、W(weaknesses)是劣势、O(opportunities)是机会、T(threats)是威胁。按照企业竞争战略的完整概念,战略应是一个企业"能够做的"(即组织的强项和弱项)和"可能做的"(即环境的机会和威胁)的有机组合。如表 5-3 所示,企业可以分析优势、劣势、机遇和挑战,形成 SO、WO、ST、WT 战略。

表 5-3　SWOT 分析

机遇(O)与挑战(T)	优势(S)	劣势(W)
机遇(O)	SO 战略 1. …… 2. …… 发挥优势、利用机遇	WO 战略 1. …… 2. …… 克服劣势、利用机遇
挑战(T)	ST 战略 1. …… 2. …… 利用优势、应对挑战	WT 战略 1. …… 2. …… 减少劣势、应对挑战

（2）波士顿矩阵法。波士顿矩阵法使用"销售增长率-市场占有率"区域图，对企业的各个业务单位进行分类和评估，如图 5-1 所示。

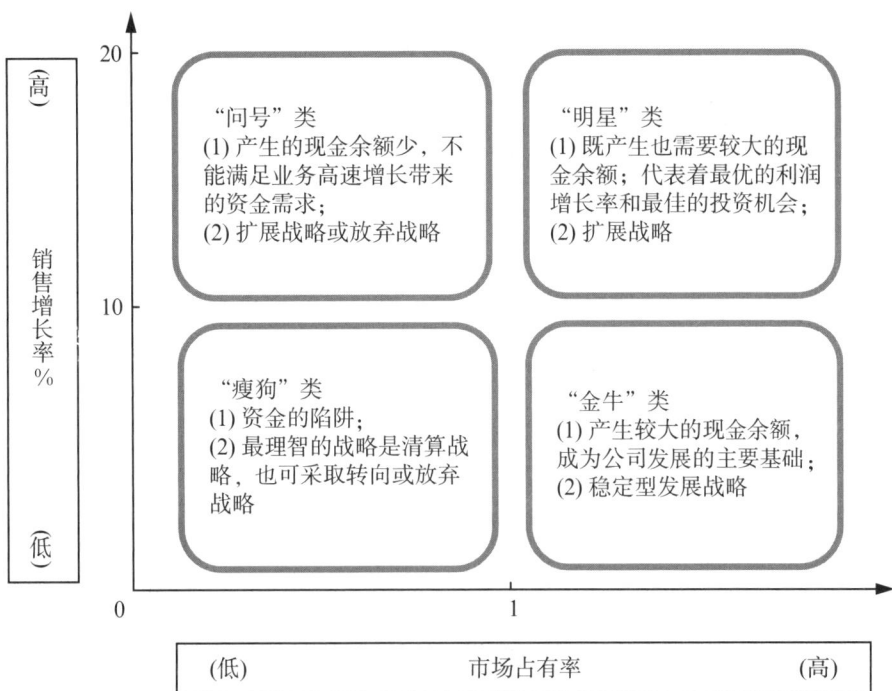

图 5-1 波士顿矩阵

图 5-1 中纵轴表示销售增长率，即产品销售额的年增长速度，以 10%（也可以设为其他临界值）为临界线分为高低两部分，横轴表示业务单位的市场占有率与最大竞争对手市场占有率之比，称为相对市场占有率，以 1-0 为分界线分为高低两个部分。销售增长率反映产品的成长机会和发展前途；相对市场占有率则表明企业的竞争实力。图中的四个象限分别代表以下四类不同的业务单位。

① "问号"类。销售增长率高而相对市场占有率低的业务单位。大多数业务单位最初都处于这一区域，这类业务单位需要较多的投入以赶上最大竞争对手和适应迅速增长的市场需求，但是它们又都前途未卜，难以确定前景。企业必须慎重考虑，是对它们继续增加投入，还是维持现状，或者淘汰。

② "明星"类。问号类业务如果经营成功，就会成为明星类业务。该业务单位的销售增长率和相对市场占有率都较高，因其销售增长迅速，企业必须大量投入资源以支持其快速发展，需要大量的现金投入，是企业业务中的"现金使用者"。待其销售增长率下降时，这类业务就从"现金使用者"变为"现金提供者"，即变为"金牛"类业务单位。

③ "金牛"类。销售增长率低，相对市场占有率高的单位。由于销售增长率放缓，不再需要大量资源投入；又由于相对市场占有率较高，这些业务单位可以产生较高的收益，支援其他业务的生存和发展。"金牛"业务是企业的财源，这类业务单位越多，企业的实力越强。

④"瘦狗"类。销售增长率和相对市场占有率都较低的业务单位。它们或许能提供一些收益,但往往盈利甚少甚至带来亏损,因而不应再追加资源投入。

(二)企业战略形态

企业战略形态是指企业采取的战略方式及战略对策,按表现形式可以分为:拓展型战略、稳健型战略和收缩型战略。

1. 拓展型战略

拓展型战略是指采用积极进攻态度的战略形态,主要适合行业龙头企业、有发展后劲的企业及新兴行业中的企业。

具体的战略形式包括:市场渗透战略、多元化经营战略、联合经营战略。

(1)市场渗透战略。市场渗透战略是指实现市场逐步扩张的拓展战略,该战略可以通过扩大生产规模、提高生产能力、增加产品功能、改进产品用途、拓宽销售渠道、开发新市场、降低产品成本、集中资源优势等单一策略或组合策略来开展,其战略核心体现在两个方面:利用现有产品开辟新市场实现渗透,向现有市场提供新产品实现渗透。

市场渗透战略是比较典型的竞争战略,主要包括:成本领先战略、差异化战略、集中化战略。市场渗透战略典型战略形式如表5-4所示。

表5-4　市场渗透战略典型战略形式

名　称	战略描述
成本领先战略	通过加强成本控制,使企业总体经营成本处于行业最低水平
差异化战略	企业采取有别于竞争对手经营特色(如产品、品牌、服务方式、发展策略等方面)的战略
集中化战略	通过集中资源形成专业化优势(服务专业市场或立足某一区域市场等)

(2)多元化经营战略。多元化经营战略是指一个企业同时经营两个或两个以上行业的拓展战略,又可称为"多行业经营",适合大中型企业。该战略能充分利用企业的经营资源,提高闲置资产的利用率,通过扩大经营范围,缓解竞争压力,降低经营成本,分散经营风险,增强综合竞争优势,加快集团化进程。实施多元化战略时,企业应考虑选择行业的关联性、企业控制力及跨行业投资风险。

(3)联合经营战略。联合经营战略是指两个或两个以上独立的经营实体横向联合成一个经营实体或企业集团的拓展战略,它是社会经济发展到一定阶段的必然形式。实施该战略有利于实现企业资源的有效组合与合理调配,扩大经营资本规模,实现优势互补,增强集合竞争力,加快拓展速度,促进规模化经济的发展。

2. 稳健型战略

稳健型战略是采取稳定发展态度的战略形态,主要适合中等及以下规模的企业或经营不景气的大型企业,可分为:无增长战略(维持产量、品牌、形象、地位等水平不变)、微增长战略(竞争水平在原基础上略有增长)。该战略强调保存实力,能有效控制经营风险,但发展速度缓慢,竞争力量弱小。

3. 收缩型战略

收缩型战略是采取保守经营态度的战略形态,主要适合处于市场疲软、通货膨胀、产品进入衰退期、管理失控、经营亏损、资金不足、资源匮乏、发展方向模糊的危机企业选择,可分为:转移战略、撤退战略、清算战略。

转移战略是通过改变经营计划、调整经营部署,转移市场区域(主要是从大市场转移到小市场)或行业领域(从高技术含量向低技术含量的领域转移)的战略;撤退战略是通过削减支出、降低产量,退出或放弃部分地域或市场渠道的战略;清算战略是通过出售或转让企业部分或全部资产以偿还债务或停止经营活动的战略。

收缩型战略的优点是通过整合有效资源,优化产业结构,保存有生力量,能减少企业亏损,延续企业生命,并能通过集中资源优势,加强内部改制,以图新的发展。其缺点是容易荒废企业部分有效资源,影响企业声誉,导致士气低落,造成人才流失,威胁企业生存。调整经营思路、推行系统管理、精简组织机构、优化产业结构、盘活积压资金、压缩不必要开支是该战略需要把握的重点。

(三) 企业战略选择和调整

在充分掌握市场预测的前提下,企业应将战略加以细化,具体解决以下问题:

1. 企业的生产战略

(1) 产品战略:研发何种产品,主打产品是什么,辅助产品是什么。

(2) 设备管理:厂房如何选择,生产线如何购置,生产线是否转型。

2. 企业的营销战略

(1) 如何开拓市场。

(2) 如何投放广告。

3. 企业的融资策略

企业的外部环境和竞争状态是动态发展的,因此,企业战略不能一成不变,我们应检验企业战略的合理性,根据实际情况进行调整。

四、企业战略评估

在实际工作中,企业战略评估是指在战略执行的过程中对战略实施的结果从财务指标、非财务指标进行全面的衡量。它本质上是一种战略控制手段,即通过战略实施成果与战略目标的对比分析,找出偏差并采取措施加以纠正。最常用工具为平衡计分卡。

平衡计分卡以平衡为目的,寻求企业短期目标与长期目标之间、财务度量绩效与非财务度量绩效之间、落后指标与先进指标之间、内部成长与外部顾客需求满足之间的平衡状态,是全面衡量企业战略管理绩效、进行战略控制的重要工具和方法。

平衡计分卡包括四个方面:财务、顾客、企业内部流程、员工的学习与成长。

平衡计分卡逻辑图如图 5-2 所示。

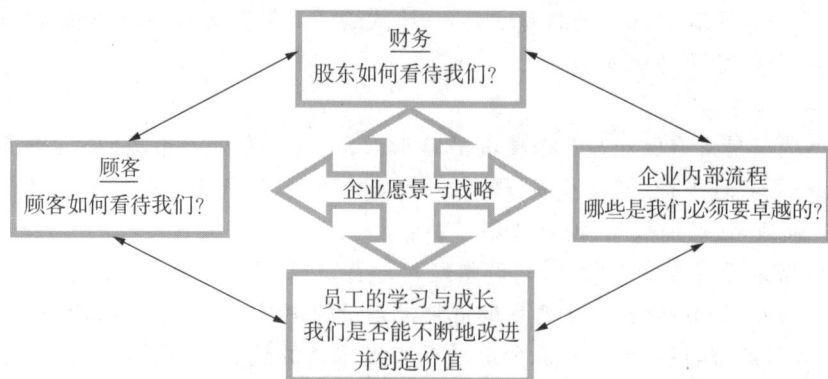

图5-2　平衡计分卡

岗位说明

　　企业战略的制定是一项综合性工作,既需要各成员通力合作、共同讨论,利用各自领域中掌握的信息,分析竞争格局,同时更需要总经理协同管理团队,根据讨论信息制定发展战略、确定经营指标、进行全面预算、分析企业绩效、分配成员业务并及时总结。

赛题链接

2021年某省职业院校技能大赛

"沙盘模拟企业经营"(中职组)

1. 融资、初始资本及管理费用参数(表5-5)

表5-5　融资、初始资本及管理费用参数表

贷款类型	贷款时间	贷款额度	年息	还款方式
长期贷款	每年年初	所有长贷和短贷之和不能超过上年权益的3倍	10%	年初付息,到期还本
短期贷款	每季度初		5%	到期一次还本付息
资金贴现	任何时间	视应收款额	8%(1季,2季),10%(3季,4季)	贴现各账期分开核算,分开计息
库存拍卖	原材料八折,成品按成本价计算			

　　注:初始资本为77万元、管理费为每季1万元。

2. 厂房参数(表5-6)

表5-6　厂房参数

厂房	买价/W	年租金/W	售价/W	容量/条
大厂房	36	4	36	5
中厂房	30	3	30	4
厂房	15	2	15	2

3. 生产线参数(表 5-7)

表 5-7　生产线参数

生产线	购置费/W	安装周期/Q	生产周期/Q	总转产费/W	转产周期/Q	年维修费/W	残值/W
超级手工线	5	0	2	0	0	·1	2
自动线	12	2	1	1	1	2	3
柔性线	15	3	1	0	0	2	3
租赁线	0	0	1	2	1	7	−7

4. 生产线折旧(平均年限法)(表 5-8)

表 5-8　生产线折旧(平均年限法)　　　　　单位:W

生产线	购置费	残值	建成第 1 年	建成第 2 年	建成第 3 年	建成第 4 年
超级手工线	5	2	0	1	1	1
自动线	12	3	0	3	3	3
柔性线	15	3	0	4	4	4

5. 产品研发与结构参数(表 5-9)

表 5-9　产品研发与结构参数

名称	开发费用/W	开发总额/W	开发周期/Q	加工费/W	直接成本/W	产品组成
P1	1	2	2	1	2	R1
P2	4	4	1	1	3	R3＋R4
P3	3	6	2	2	4	R2
P4	2	8	2	2	6	R2＋R3＋2R4

6. ISO 资格认证参数(表 5-10)

表 5-10　ISO 资格认证参数

ISO 类型	每年研发费用/W	年限/年	全部研发费用/W
ISO9000	2	1	2
ISO14000	1	2	2

5

7. 市场开拓参数(表 5-11)

表 5-11 市场开拓参数

市场	每年开发费/W	年限/年	全部开发费用/W
本地	1	1	1
区域	1	1	1
国内	1	1	1
亚洲	1	2	2
国际	2	3	6

8. 原料参数(表 5-12)

表 5-12 原料参数

名称	购买价格/W	提前期/Q
R1	1	1
R2	2	2
R3	1	2
R4	1	2

9. 市场需求量、均价及单数(表 5-13、表 5-14、表 5-15)

表 5-13 市场需求量

年份	市场	产品			
		P1	P2	P3	P4
第2年	本地	29	24	20	0
	区域	29	24	0	13
	国内	45	23	18	15
第3年	本地	32	28	20	0
	区域	33	0	22	17
	国内	0	27	23	18
	亚洲	42	27	0	27
第4年	本地	37	30	26	0
	区域	31	28	24	21
	国内	34	35	0	20
	亚洲	0	29	27	17
	国际	22	0	16	12

5

表 5-14　均价

年份	市场	产品			
		P1	P2	P3	P4
第2年	本地	5.31	7.08	8.20	0
	区域	5.24	7.13	0	10.62
	国内	5.56	7.04	8.33	10.80
第3年	本地	5.41	7.36	8.35	0
	区域	5.42	0	8.59	11.12
	国内	0	7.11	8.22	11.00
	亚洲	5.00	7.33	0	11.00
第4年	本地	5.41	7.43	8.73	0
	区域	5.42	7.50	8.79	10.43
	国内	5.68	7.63	0	10.50
	亚洲	0	7.38	8.67	10.76
	国际	4.64	0	7.50	11.50

表 5-15　单数

年份	市场	产品			
		P1	P2	P3	P4
第2年	本地	12	10	8	0
	区域	12	10	0	6
	国内	14	9	7	6
第3年	本地	13	11	8	0
	区域	13	0	9	7
	国内	0	10	10	7
	亚洲	12	9	0	9
第4年	本地	14	12	10	0
	区域	12	11	10	9
	国内	13	13	0	8
	亚洲	0	10	9	7
	国际	11	0	8	6

根据以上赛题,进行市场竞争预判,制定初步经营战略。

说明:以上所有的规定和各项参数只用于【赛题链接】。不对本书其他理论知识中各项规则和参数有影响。

5

【工作任务一——企业环境分析】

【任务分析】

企业环境分析分为外部环境分析和内部条件分析两部分。新创业者是各个企业在同一个市场环境下开展模拟经营的电子沙盘,因此,企业环境分析也是动态的,企业需要充分掌握竞争对手的情况,综合自身特点进行经营。

【操作步骤】(表5-16)

表5-16 企业环境分析操作步骤

任务	操作要点及步骤
企业外部环境分析	通过"间谍"或观盘,在掌握市场竞争对手的情况下,分析企业外部环境: (1) 各企业生产什么产品? 与本企业主要产品相同的企业有多少? (2) 各企业主攻什么市场? 与本企业主攻市场相同的企业有多少? (3) 各企业拥有什么生产线? 分别生产什么产品? (4) 各企业订购了什么原材料,是否有扩大生产的意图
企业内部条件分析	(1) 企业产品竞争力及市场营销状况分析; (2) 企业经济效益状况分析; (3) 企业面临的战略问题分析

【工作任务二——企业战略选择和调整】

【任务分析】

企业的战略选择和调整在年度规划会议中得以确立,重点是随着企业运营时间的推移,市场环境可能会发生变化,企业总经理应会同团队中的采购、生产、销售负责人在充分分析企业外部环境和内部条件的基础上将企业营销战略、生产战略、融资策略等加以明细化。

【操作步骤】(表5-17)

表5-17 企业战略选择和调整的操作步骤

任务	操作人	操作要点及步骤
企业战略选择和调整	总经理	制定发展战略,在分析企业外部环境和内部条件的基础上,适当调整战略: (1) 企业生产什么产品? (2) 市场重心应放在哪个市场? (3) 何时增大企业自身的产能? 应增加多少条生产线
	营销总监	选择和调整销售计划: (1) 是否调整主产产品? 是否调整主攻市场? (2) 如何投放广告? (3) 何时开发新市场? 何时开发新产品

任务	操作人	操作要点及步骤
企业战略选择和调整	生产总监	选择和调整生产计划: (1) 生产什么产品? 生产多少? 安排何时生产? (2) 现有生产设备下企业的产能是多少? (3) 根据发展规划购进设备后的产能是多少
	采购总监	选择和调整采购计划: 根据生产计划,准确计算何时下原材料订单,订什么原材料,订多少原材料
	财务总监	选择和调整资金计划: (1) 根据销售计划准备好广告费,根据生产计划准备好加工费,根据采购计划准备好原料费,根据产能的扩大准备资金购买设备; (2) 考虑到期债务、管理费、设备维修费、市场开发费的支付事宜

任务二　生产组织分析

【任务引例】

生产管理共有九大模块:计划管理、采购管理、制造管理、品质管理、效率管理、设备管理、库存管理、士气管理及精益生产管理。在这九大模块中,精益生产管理是一个独特的存在,也是生产型企业孜孜以求的目标。

精益生产是由美国麻省理工提出的,他们在一项名为"国际汽车计划"的研究项目中,通过对日本企业大量调查、对比发现,日本丰田汽车公司的生产组织管理方式是最适用于现代制造的一种生产方式,这种生产方式目标是降低生产成本,提高生产过程的协调度,彻底杜绝企业中的一切浪费现象,从而提高生产效率,称之为"精益生产"。

精益生产。精,即少而精,不投入多余的生产要素,只是在适当的时间生产必要数量的市场急需产品;益,即所有经营活动都要有益有效,具有经济性。精益生产是当前工业界最佳的一种生产组织体系和方式。

精益生产可以提高企业的生产效率,增强企业的竞争力。它的主要特点:

1. 拉动式准时化生产

以最终用户的需求为生产起点,强调物流平衡,追求零库存,要求上一道工序加工完成的零件立即进入下一道工序。

2. 全面质量管理

生产过程中对质量的检验与控制在每一道工序都进行,如果在生产过程中发现质量问题,根据情况可以立即停止生产,直到解决问题。

3. 团队工作法

组织团队的原则并不完全按行政组织来划分,而是根据业务需求来划分。

5

4. 并行工程

在产品的设计开发期间,将概念设计、结构设计、工艺设计、最终需求等结合起来,保证以最快的速度按照要求的质量完成。

精益生产管理的最终目标是七零目标,即七零极限目标:零切换、零库存、零浪费、零不良、零故障、零停滞、零事故。

【知识准备与业务操作】

一、生产管理

生产管理是指对一个生产系统的设计、运作、评价和改进的管理,它涉及对从有形产品和无形产品的研究开发到加工制造、销售、服务、回收、废弃的全寿命过程所作的系统管理。

典型的生产管理案例有:泰勒的科学管理法(工厂管理法);福特的大批量生产方式(标准化、简单化、专门化);通用汽车公司的全面质量管理(Total Quality Management,TQM);丰田的准时化生产方式(Just in Time,JIT);精益生产方式(消除一切浪费)等。具体涉及以下几个方面:

(一)生产能力

生产能力是指企业在一定时期内,在合理的、正常的技术组织条件下,所能生产的一定种类产品的最大数量。

扩大企业的生产能力,可以通过采用不同的策略来实现,通常有激进型策略和保守型策略。

激进型策略是指针对增长的需求,企业扩大生产能力的时间略超前于需求到来的时间,每次生产能力扩大的幅度较大。保守型策略采取稳扎稳打的方针,在需求增长以后再扩大企业的生产能力,每次扩大的幅度较小。

(二)产能确定

正确计算企业的产能,是企业参加订货会和竞单会取得可接单量的基础工作。为了准确计算产能,必须了解不同类型生产线的生产周期、年初在制品状态以及原材料订购情况,计算本年能够完工产品的数量。结合企业的生产线及库存情况,计算出可承诺量。

当年某产品可接单量=期初库存+本年产量+可能的手工线加工产量

例如,各类型生产线产能表如表 5-18 所示。

表 5-18 各类型生产线产能表

生产线类型	年初在制品状态	各季度完成的生产				年最大生产能力
		1 季度	2 季度	3 季度	4 季度	
手工线	○ ○ ○	生产			▲	1
	● ○ ○			▲		1
	○ ● ○		▲			1
	○ ○ ●	▲			▲	2

续　表

生产线类型	年初在制品状态	各季度完成的生产				年最大生产能力
		1 季度	2 季度	3 季度	4 季度	
半自动	○　○	生产		▲		1
	●　○		▲		▲	2
	○　●	▲		▲		2
自动线/柔性线	○	生产	▲	▲	▲	3
	●	▲	▲	▲	▲	4

【注意】

(1) ○代表年初无在制品;●代表在制品的位置;▲代表产品完工下线。

(2) 手工线、柔性线转产均不会引发转产周期,转产并不影响产能。

(3) 半自动、自动线转产会引发 1 Q 转产周期,转产会影响产能。

(4) ATP 并不是一个定数,而是一个区间范围。由于手工线、柔性线既不会引发转产周期,也不会引发转产费用,在计算产能时,我们就要充分考虑转产的可能。同时要考虑紧急采购、加建生产线、向其他企业采购的可能性。

【举例】

A 企业在第 1 年第 2 季度开始建设了 3 条自动线生产 P1,第 2 年第 1 季度自动线建成,第 1 季度开始生产,此时,线上无在产品,第 2、第 3、第 4 季度各能下线一个产品,第 2 年固定产能为 9 个(3×3)。可能的手工线加工产量是指本企业在市场上拿到多于固定产能之外的订单,这时可以通过手工线生产线完成产品生产的计划。如果 A 企业生产 P1 产品,固定产能为 9 个,却在选单市场上拿到 10 个 P1,为了交单,可以在年初建一条手工线生产 P1,这条手工线可以在当年第 4 季度下线 1 个产品。

(三) 生产计划

生产计划是生产过程的安排,包括长期、中期和短期计划。

企业生产总监应与营销总监配合,在充分考虑市场需求的基础上,以最大限度地提高产能为目标,结合财务投资情况,制订合理的长期生产计划。

依据本年度的订单,在产能总量能满足订单数量的前提下,制订中期生产计划,以便控制成本和减少采购的复杂性。此外,适量的产品库存以及手工线的使用能使中期生产计划具有更强的灵活性。

细化的中期生产计划就是短期生产计划,主要内容是安排哪条生产线生产何种产品。

企业主要有 5 个计划层次:经营规划、销售与运作规划、主生产计划、物料需求计划和能力需求计划。这 5 个层次的计划实现了由宏观到微观、由粗到细的深化过程。

主生产计划是宏观向微观的过渡性计划,是沟通企业前方(市场、销售等需求方)和后

5

方(制造、供应等供应方)的重要环节。物料需求计划是主生产计划的具体化,能力需求计划是对物料需求计划做能力上的平衡和验证。从数据处理逻辑上,主生产计划与其他计划层次之间的关系如图5-3所示。

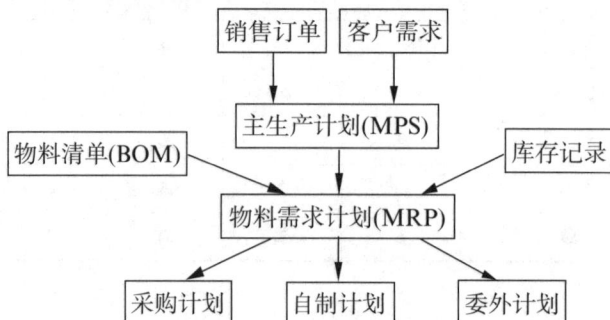

图5-3 主生产计划与其他计划层次之间的关系

具体如下:

(1) 主生产计划(MPS)主要解决"生产什么、生产多少、何时生产"的问题。

(2) 物料清单(BOM)主要解决"需要什么来进行生产"的问题。

(3) 库存记录明确企业已经拥有的原材料和半成品。

(4) 物料需求计划(MRP)主要解决"还需要什么"的问题。

生产总监在确定产能时需要参照企业主生产计划。

【举例】

A企业第1年第1季度建设2条半自动线,连续投资两个季度,于第1年第3季度建成;第1年第2季度开始建设1条自动线生产P2,连续投资三个季度,于第2年第1季度建成;第3季度建设1条手工线生产P1。生产计划和产能计算表如表5-19所示。

表5-19 生产计划和产能计算表　　　　单位:个

生产线类型及产品			第1年				第2年				第3年				……
			1Q	2Q	3Q	4Q	1Q	2Q	3Q	4Q	1Q	2Q	3Q	4Q	
生产计划	自动线	P1													
		P2					1	1	1	1	1	1	1	1	
	半自动	P1			2		2		2		2		2		
		P2													
	手工线	P1			1			1			1			1	
		P2													

续 表

生产线类型及产品			第1年				第2年				第3年				……
			1Q	2Q	3Q	4Q	1Q	2Q	3Q	4Q	1Q	2Q	3Q	4Q	
确定产能	自动线	P1													
		P2					1	1	1	1	1	1	1		
	半自动	P1					2		2		2		2		
		P2													
	手工线	P1						1			1				1
		P2													
产能合计		P1					2	1	2		3		2		1
		P2					1	1	1	1	1	1	1		

【注意】

(1) 在任何时间点上,每条生产线上只能有一个产品在产,产品只能在研发完成后才能生产。

(2) 需要充分考虑手工线、柔性线的转产可能。

二、采购计划

采购计划要解决三个问题:订购原材料种类、订购数量、订购时间。

(一) 订购原材料种类

从前图 5-3 中可以看出,采购计划的制定与物料需求计划直接相关,并直接上溯到主生产计划。根据主生产计划,减去产品库存,并按照产品的 BOM 结构展开,就可以明确为满足生产所需的物料采购需求。

(二) 订购数量

明确了订购原材料种类后,还要计算订购数量,这与物料库存和采购批量有直接联系。

(三) 订购时间

要达到"既不出现物料短缺,又不出现库存积压"的管理境界,就要考虑采购提前期、采购政策等相关因素。

【举例】

承表 5-19,生产 1 个 P1 需要 1 个 R1,生产 1 个 P2 需要 1 个 R2,R1、R2 都必须提前一个季度订货。下面,我们编制企业生产计划和原材料订购表,如表 5-20 所示。

表 5 – 20 企业生产计划和原材料订购表　　　单位:个

生产线类型及产品			第1年				第2年				第3年				……
			1Q	2Q	3Q	4Q	1Q	2Q	3Q	4Q	1Q	2Q	3Q	4Q	
生产计划	自动线	P1													
		P2					1	1	1	1	1	1	1	1	1
	半自动	P1			2		2		2		2		2		2
		P2													
	手工线	P1			1		1				1			1	
		P2													
生产计划合计		P1			3		2	1	2		3		2	1	2
		P2					1	1	1	1	1	1	1	1	1
原材料订购		R1		3		2	1	2		3	2	1	2		…
		R2				1	1	1	1	1	1	1	1		…
		R3			1	1	1	1	1	1	1	1	1		…

【注意】

由于手工线、柔性线转产无周期且不会引发费用,如果下一年第1季度可能涉及转产,则需要提前订购转产产品的原材料。

岗位说明

生产管理主要由生产主管负责,负责产品研发,ISO 管理体系认证,固定资产投资,编制生产计划,根据总体情况平衡生产能力,日常工作中对生产车间进行管理,维修和变更生产设备,成品库存管理,从而保证销售产品的数量和质量。

赛题链接

继任务一【赛题链接】,企业第1年结束后后台数据如表5-21—表5-23所示。

表 5 – 21 第1年综合费用表　　　单位:W

事项	用户										
	ht01	ht02	ht03	ht04	ht05	ht06	ht07	ht08	ht09	ht10	ht11
管理费	4	4	4	4	4	4	4	4	4	4	4
广告费	0	0	0	0	0	0	0	0	0	0	0
设备维护费	0	0	0	10	0	5	8	4	6	6	

续　表

事项	用户										
	ht01	ht02	ht03	ht04	ht05	ht06	ht07	ht08	ht09	ht10	ht11
转产费	0	0	0	0	0	0	0	0	0	0	0
租金	0	0	3	0	0	4	7	0	3	5	4
市场准入开拓	6	6	6	6	6	6	6	6	6	6	6
产品研发	14	6	12	14	12	16	14	6	10	10	12
ISO认证资格	3	3	3	3	3	1	1	1	3	3	3
信息费	0	0	0	0	0	0	0	0	0	0	0
其他	0	0	0	0	0	0	0	0	0	0	0
合计	27	19	33	27	35	31	37	25	30	34	35

表5-22　第1年利润表　　　单位:W

事项	用户										
	ht01	ht02	ht03	ht04	ht05	ht06	ht07	ht08	ht09	ht10	ht11
销售收入	0	0	0	0	0	0	0	0	0	0	0
直接成本	0	0	0	0	0	0	0	0	0	0	0
毛利	0	0	0	0	0	0	0	0	0	0	0
综合管理费用	27	19	33	27	35	31	37	25	30	34	35
折旧前利润	−27	−19	−33	−27	−35	−31	−37	−25	−30	−34	−35
折旧	0	0	0	0	0	0	0	0	0	0	0
支付利息前利润	−27	−19	−33	−27	−35	−31	−37	−25	−30	−34	−35
财务费用	0	0	0	0	0	0	0	0	0	0	0
税前利润	−27	−19	−33	−27	−35	−31	−37	−25	−30	−34	−35
所得税	0	0	0	0	0	0	0	0	0	0	0
净利润	−27	−19	−33	−27	−35	−31	−37	−25	−30	−34	−35

表5-23　第1年资产负债表　　　单位:W

事项	用户										
	ht01	ht02	ht03	ht04	ht05	ht06	ht07	ht08	ht09	ht10	ht11
类型	系统	系统	系统	系统	系统	系统	系统	系统	系统	系统	系统
现金	49	33	21	0	9	29	39	8	11	35	26
应收款	0	0	0	0	0	0	0	0	0	0	0
在制品	0	0	10	0	14	0	15	16	7	6	8
产成品	0	0	0	0	14	0	0	0	7	6	8
原材料	0	0	0	0	0	0	0	8	0	0	0
流动资产合计	49	33	31	0	37	29	54	32	25	47	42

续　表

事项	用户										
	ht01	ht02	ht03	ht04	ht05	ht06	ht07	ht08	ht09	ht10	ht11
土地和建筑	45	51	30	60	45	0	0	30	36	0	15
机器与设备	0	0	25	0	60	0	25	48	24	36	36
在建工程	72	84	36	96	12	75	48	0	69	36	36
固定资产合计	117	135	91	156	117	75	73	78	129	72	87
资产总计	166	168	122	156	154	104	127	110	154	119	129
长期负债	0	0	0	0	0	0	0	0	0	0	0
短期负债	116	110	78	106	112	58	87	58	107	76	87
特别贷款	0	0	0	0	0	0	0	0	0	0	0
应交税金	0	0	0	0	0	0	0	0	0	0	0
负债合计	116	110	78	106	112	58	87	58	107	76	87
股东资本	77	77	77	77	77	77	77	77	77	77	77
利润留存	0	0	0	0	0	0	0	0	0	0	0
年度净利	−27	−19	−33	−27	−35	−31	−37	−25	−30	−34	−35
所有者权益合计	50	58	44	50	42	46	40	52	47	43	42
负债和所有者权益总计	166	168	122	156	154	104	127	110	154	119	129

我们可以根据以上数据和巡盘资料分析各企业的基本情况,掌握市场竞争情况,核算各企业产能。

【工作任务一——确定产能】

【任务分析】

正确计算企业的产能,是企业参加订货会和竞单会取得可接订单量的基础数据。为了准确计算产能,必须要了解不同类型生产线的生产周期、年初在制品状态以及原材料订购情况,计算本年能够完工的产品数量。

【操作步骤】

参考表5-18各类型生产线产能表,完成确定产能工作任务,产能确定步骤如表5-24所示。

表5-24　确定产能操作步骤

任务	操作人	操作要点及步骤
确定产能	生产总监	(1) 企业拥有多少条生产线?什么类型? (2) 每种生产线生产什么产品? (3) 下一年是否打算新建或出售生产线? 基于上述信息计算企业每一季度的产能; 完成表5-24的填列

表 5-25　企业生产计划和产能计算表　　　　单位:个

生产线类型及产品		第1年				第2年				第3年				第4年				第5年				第6年			
		1Q	2Q	3Q	4Q	1Q	2Q	3Q	4Q	1Q	2Q	3Q	4Q	1Q	2Q	3Q	4Q	1Q	2Q	3Q	4Q	1Q	2Q	3Q	4Q
生产计划	手工线 P1																								
	P2																								
	P3																								
	P4																								
	半自动线 P1																								
	P2																								
	P3																								
	P4																								
	自动线 P1																								
	P2																								
	P3																								
	P4																								
	柔性线 P1																								
	P2																								
	P3																								
	P4																								
生产计划合计	P1																								
	P2																								
	P3																								
	P4																								
确定产能	手工线																								
	半自动																								
	自动线																								
	柔性线																								
产能合计	P1																								
	P2																								
	P3																								
	P4																								

5

【工作任务二——原材料订购】

【任务分析】

采购计划的制订与物料需求计划直接相关,可直接上溯到主生产计划。根据主生产计划,减去产品库存,并按照产品的 BOM 结构展开,我们计算出为了满足生产需要,应采购哪些原材料。

【操作步骤】

参考表 5-24,由采购总监根据生产计划填列原材料订购表,如表 5-26 所示。

表 5-26 企业生产计划和原材料订购表

单位:个

时间		原材料订购				生产计划			
		R1	R2	R3	R4	P1	P2	P3	P4
第 1 年	1 Q								
	2 Q								
	3 Q								
	4 Q								
第 2 年	1 Q								
	2 Q								
	3 Q								
	4 Q								
第 3 年	1 Q								
	2 Q								
	3 Q								
	4 Q								
第 4 年	1 Q								
	2 Q								
	3 Q								
	4 Q								
第 5 年	1 Q								
	2 Q								
	3 Q								
	4 Q								
第 6 年	1 Q								
	2 Q								
	3 Q								
	4 Q								

任务三　企业营销分析

【任务引例】

一、进军"东方之珠"

肯德基家乡鸡首次在香港推出时,配合了声势浩大的宣传攻势。电视广告迅速引起了消费者的注意。电视和报刊、印刷品的主题,都采用了家乡鸡世界性的宣传口号:"好味到舔手指"。虽然"大家乐"和"美心快餐店"均早于家乡鸡开业,但当时规模较小,未形成连锁店,不是肯德基的竞争对手,看似肯德基在香港前景光明。

二、惨遭"滑铁卢"

肯德基在香港并没有风光多久。1975年2月,首批进入香港的肯德基全军覆没,全部关门停业。失败原因很明显,不仅是租金问题,主要原因是没吸引住顾客。

当时的香港评论家曾大量讨论此事,最后认为导致肯德基全盘停业的原因,是鸡的味道和宣传服务出了问题。家乡鸡首次进入香港败在未对香港的环境文化加以深入的了解。

三、卷土重来

1985年,家乡鸡准备再度进军香港。随着竞争对手的增多,肯德基要想重新占据市场已经比较困难。开业以前,公司的营销部门进行了市场调查和预测,预测结果前景乐观。

这一次,家乡鸡开拓市场更为谨慎,在营销策略上按香港的情况进行了适当的变更。

首先,对家乡鸡店进行了市场细分,明确了目标市场。其次,在食品项目上,对家乡鸡产品进行一些革新。在价格上,公司将家乡鸡以较高的议价出售,而其他杂项商品如薯条、沙拉和玉米等以较低的竞争价格出售。在广告上,家乡鸡把1973年的广告口号"好味到舔手指"改为"甘香鲜美好口味"。家乡鸡店第二次在香港登陆时,公司认为主攻方向是调整市场策略以适应香港人的社会心理和需求。

四、香港终于接受了它

家乡鸡店重新开业后数月,公司进行了一次调查。家乡鸡连锁店针对调查结果,对营销策略又进行了一些改变,如增开新店时,尽量开设在人流较大的地方,以方便顾客购买,同时扩大营业面积,改变消费者拥挤的状况,以及增加菜的种类。可见,无论对于新店还是老店,营销策略的制定是多么重要。

【知识准备与业务操作】

一、如何制订广告策略

投放广告,一定要目标明确,经济高效,讲求策略。企业的广告费投入数量一定要适当,过多会使企业元气大伤,造成不必要的资金浪费。从实际运营者的经验来看,产品和广告的数量比可以在 1∶1 左右;在某一个市场某一个产品的广告投放数量一般是 1～4 个(可假定一订单有 3 个产品)。制订广告投放计划时,一定要多分析市场预测表。

(一) 投放广告的目的

通过投放广告,企业希望在品牌、人气以及销售量等方面达成增长。在与竞争对手的广告比拼中,比的是谁的广告投放得性价比高,谁的广告能满足产能的需求,能抓准市场的需求,同时会对竞争对手的广告策略产生负面影响。当然,投放广告的主要目的是提高产品销售业绩,增加企业利润。因此,销售业绩的改变在很大程度上直接决定广告投放的效果。

ERP 沙盘模拟经营中,广告投放的时间是每年的年初,在开订货会前。广告投放的目标在有"市场老大"和没有"市场老大"的情况下是不同的。

1. 在有"市场老大"的前提下投放广告的目标

(1) 走高端产品路线进行大生产的企业,集中市场销售争取到一个"市场老大"地位,并加大在新市场的广告投入,把一部分销售放到新市场去,将新市场的"市场老大"地位争取过来,这样在扩张生产时利用"市场老大"拥有的优先选单权,大幅度减少该市场的广告投入。

(2) 走低端产品路线进行大生产的企业,只需将市场多开放一些,在每个市场都投放一些广告,多点开发市场,不用太在意对"市场老大"地位的争取,因为低端产品的销售额很难超过高端产品,所以在转型前广告的压力是比较小的。

2. 在没有"市场老大"的前提下投放广告的目标

在每年选择订单时,销售额在广告排序时还有一定的作用,但是它的优先性低于单个市场单个产品的广告额,以及单个市场的总广告额。因此,对"间谍"的要求提高了,对原来大生产企业的广告要求也提高了。

(二) 广告投放策略

要将广告投放得既经济又有效,策略是必不可少的,这离不开以下工作。

1. 分析计算企业的产能

对于自己企业的生产线每年能生产多少的产品,固定品种的产品产能是多少,浮动(可变品种)产量的上限和下限是什么,营销总监与生产总监要保持沟通。

2. 分析企业的资金预算结构

长期借款比较多的企业,每年年初需要支付利息费用,加上上年支付过管理费、维护费等,在现金上对广告不会留出太多的预算。另外,应收账款周转不及时、刚开始铺设生产线、有产品库存的情况时,是压缩广告投放规模,还是靠应收账款贴现继续实行轰炸式的广告投放策略,营销总监需要与财务总监、CEO 进行沟通,对市场和对手进行再分析,最终确定策略。

对于短期借款较多或者长、短贷结合的企业,年初的现金压力不是很大,这是因为这个压力已经分散到各个季度中去了。对于每个需要偿还短期借款的季度,现金要求都是客观存在的,因此,对订货会上的订单选择要求就提高了,对应收账款的管理要求也相应变高,营销总监和财务总监要多交流,在能还清当年第 1 季度短期借款的情况下,尽量扩大广告费用预算。

3. 分析对手的风险偏好

在没有"市场老大"的情况下,前几年广告投放很多的队伍往往后劲不足,这是对市场分析不深入造成的。从第 4 年开始,每一年的广告投放都很关键,这个时候就需要注意分析前几年广告投放比较好的队伍的广告投入产出比,投入产出比低的那些企业基本已经进入了恶性循环,在分析其现金流后可以判断它们各自的风险偏好。

4. 奇偶数广告费

广告费用是奇是偶,其确定也是一种策略。一般来说,投奇数广告费的队伍比投偶数的多,如 3 W 广告费最容易出现。在这个级别上,投 4 W 或者 2 W 比投 3 W 或者 1 W 更好。在竞争激烈的市场中多投 1 W 的广告费,基本保证可以拿到订单或者拿到效益更好的订单。在后几年,在现金流宽裕的情况下,要尽量加大广告投入,那时广告费的奇偶数所产生的影响已经没有准确选择市场重要了。

5. 分析市场预测

拿到市场预测后,首先应做的就是将图表信息转换成易于理解的数据表,通过转换,可以明确地看出各产品、各市场、各年度的需求和毛利;弄清不同时期市场的"金牛"产品;更重要的是,通过市场总需求与不同时期全部队伍的产能比较,可判断出该产品是"供大于求"还是"供不应求"。我们还可以将总需求量除以参赛队数,从而得到平均需求量。如果打算出售的产品数量大于平均值,就意味着需要投入更多的广告费用去抢占市场份额;反之,则可以少投广告费用。

6. 利用选单规则

要考虑整体广告方案,吃透并利用规则。若在同一产品上有多家企业的广告投入相同,则按该市场上全部产品的广告投入之和决定选单顺序;若市场的广告投入量也相同,则按上年该市场销售额排名决定选单顺序。在某一市场整体广告费用较高,或者前一年度销售额相对较高的情况下,可以适当优化部分产品的广告费用,从而达到整体最优。

ERP 沙盘模拟经营的经验告诉我们,要立于不败之地,广告投放就要做到"准、狠、快"。"准"就是对广告的投放力求做到少浪费;"狠"就是力求对广告进行集中投放;"快"就是力求在广告投放的前几年抢占先机。

5

二、选单技巧分析

获取订单的途径主要有两种:一种是每年都进行的选单(第 1 年无订单);另一种是竞单。

在选单之前,我们通常会先计算好自己的产能,详细到每个季度可以生产多少个产品,有多少个产品是可以通过转产来实现灵活调整的。

为了让客户了解企业,了解企业的产品和服务,企业会投入大量的资金和人力用于品牌和产品的宣传,以争取到数量尽可能多、质量尽可能高的客户订货。在ERP沙盘模拟经营中,企业在营销环节所做的种种努力都体现在"广告费"上。

各企业都要根据市场地位、竞争对手、产品开发等情况来投放广告,目的是获得与企业发展相适应的订单。订单的好坏直接影响企业在下一个年度的经营状况,看清市场,选单得力,在市场竞争中,才能占据优势。

在对自己的产能情况了如指掌后,通过分析市场预测,明确准备在某个市场出售多少产品,同时决定相应的广告费。

(一) 广告费

投1 W广告费可以获得一次选单机会,每增加2 W,即可多一次选单的机会。广告费投放规模也可以为2 W、4 W等。

广告投放时间。投广告,只规定最晚时间,没有最早时间,即在当年结束后可以马上投放广告。

(二) 选单顺序

(1) 在有"市场老大"的情况下,由上一年该市场的"市场老大"最先选择(上一年该市场中持最高销售额的企业)。

(2) 在没有"市场老大"的情况下,按本市场本产品广告额投放大小顺序依次选单;如果两组本市场产品广告额相同,则看本市场广告投放总额;如果本市场广告总额也相同,则看上年本市场销售排名;如果仍无法决定,先投广告者先选单。

市场开单方式和顺序:选单时,两个市场同时开单(可单独市场开单),各组需要同时关注两个市场的选单进展。

客户订单。企业取得订单后,按照交货期交货,也可以提前交货,但不可以推迟。比如,交货期为3 Q的订单,可以在1 Q、2 Q和3 Q的任一时间段内交货,但不可以在4 Q交货。如果由于产能或其他原因,本年不能交货,企业会受到处罚:① 在有"市场老大"的情况下,取消下一年"市场老大"资格;② 无论有无"市场老大",扣除该张订单总额20%的违约金。

因此,在营销总监接单时,一定要考虑到每个季度的产品类型和产能。订货会结束后,营销总监要将客户订单登记在订单登记表中,以备按订单记录市场、产品、数量、收入、成本、毛利率等基本信息,为今后的销售分析提供数据。

(三) 订单的选取

选择最有价值的订单,对企业来说有很重要的意义,营销总监不仅要有敏锐的洞察力和准确的判断力,发现市场上的变化、把握住稍纵即逝的商机,更要能结合本企业的产能情况、市场定位、财务状况和产品差异等因素,果断合理地作出选单的决策。

(1) 在广告投放前,对市场预测加以详细分析,保证产品价格变化趋势、订单数量大小和分布情况已成竹在胸,主要关注:哪个市场竞争激烈,订单质量好,应该集中资金拿下;哪些市场可以采用遍地开花策略,即多个市场投入少量广告费,"捡"到订单。

(2) 要了解企业的产能情况,依据产能大小接单,防止出现违约行为。同时,还要结合企业财务状况,争取用最低的广告费获取最大的利润,并保证现金及时回流。

(3)营销总监选单时,不仅要关注订单里所含的信息,更要关注留意对手,观察对手的选单情况,了解对手的产品构造、市场定位以及广告投放喜好,做到知己知彼,充分掌握竞争对手的信息。

(4)选单时,应优先考虑的是交货期。交货期越长,企业越有时间调整产品配置和生产顺序。其次考虑产品的数量和总价,保证企业本年不留库存,尽可能增长权益。接下来看产品的单价和应收账款的账期,毕竟在缺少现金时,应收账款是可以贴现的,但是会引发财务费用。

总之,订单选取的好坏直接决定了一个企业的发展,企业的生存和发展离不开市场,谁赢得了市场,谁就赢得了竞争。

三、竞单技巧分析

竞单也称为竞拍或者招标,是从第四届沙盘国赛开始存在的一种选单模式。它打破了原先订单总价、交货期、账期都是事先规定好的限制,通过"暗标"的方式来获取市场订单。

竞单会的时间由裁判设定。竞单时,一次放 3 张订单同时竞标。参与竞标的订单标明了订单编号、市场、产品、数量、ISO 要求等,而总价、交货期、账期三项为空。各个企业根据自己的情况填写竞单上的总价、交货期、账期。

投标企业资质。参与投标的企业需要有相应的市场准入资格、ISO 认证的资质,但不必有生产资格。

费用。中标的企业需为该单支付 1 W 标书费,在竞标会结束后一次性扣除,计入广告费。

为防止恶意竞单,对竞得单张数进行限制,如果{已竞得单数>ROUND(3×该年竞单总数÷参赛队数)},则不能继续竞单。

公式中的 ROUND 表示四舍五入;如上式为"等于",可以继续参与竞单;参赛队数指经营中的队伍,破产继续经营的队伍也算在其内,破产退出经营的则不算在其内。

(一)为什么对竞单张数进行限制

这主要是为了防止恶意串谋。如 2016 年某省省赛,某校 B 队在出线无望的情况下,为了支持同校的 A 队,最后一年让 A 队在选单市场中"吃饱",可以销售掉所有产品,在竞单环节,B 队所有订单都出最低价拿到,导致其他多所院校队最后一年库存积压。最后,B 队破产,A 队成功晋级。如果当年限制竞单张数,B 队就不可能以低价获得那么多订单,也就无法变相支持 A 队。

(二)为什么竞单时不允许紧急采购,也不允许市场"间谍"

这主要是为了防止某些队蓄意破坏或串谋,他们可能先恶意以低价竞得订单,然后通过紧急采购或有偿"间谍"行为减少持有现金,导致其竞得的订单作废。这样,一则可能蓄意搅乱市场,二则可能对某些对手进行"陷害",从而达到支持某队的目的。

以 2011 年某省省赛为例,如果没有这个规则,赛场可能会出现极富戏剧性的变化。第 5 年经营结束时,某队由于产能不太理想,在正常情况下,极可能排在第三名,失去国赛出线资格。最后一年该队沉着冷静,仔细分析,制定了一套神奇的策略,使自己成功晋级。

该队分析,对手主要以 P4 产品为主,并且在选单市场 P4 未"吃饱",显然准备在竞单市场中大显身手。选手们暗自庆幸机会来了,他们在竞单市场将 P4 产品均以最低价全部竞得。原来,该校在竞得 P4 产品后,马上进行有偿"间谍"行为,使自己的现金迅速减少,总共损失了 13 W(60 W 初始资金),且系统在派发竞单时,由于现金不够,其竞到的 P4 订单全部作废。最后对手损失惨重,由稳居第二变成屈居第三,痛失国赛机会。

(三) 竞单风险分析

竞单规则中,由于每种产品都可以卖出直接成本 3 倍的价格,巨大的利润对每支参赛队来说都是一种无法抗拒的诱惑,甚至可能出现极端的情况,将所有销售全部押在竞单市场上。但是由于市场竞单的数量有限,必然有个别组因为无法拿到足够的订单而导致大量产品库存积压;也会因为竞争太激烈而打价格战,出现大幅降价倾销的情况,这种种不确定性都大大增加了竞单市场的风险。

既然风险这么高,那是不是最好就不竞单了,只要在选单市场稳稳地接单销售,保持稳定增长就可以了呢? 当然,如果采取保守策略,风险可以得到规避,但很有可能眼睁睁地看着别人"一夜暴富"。以 P2 产品为例,假设你与另一组同为 P2 的专业户,第 4 年结束你方权益高于对手 5~10 W。纵观大部分市场预测,P2 后期在各个市场中的毛利极低,平均在 3~4 W,而在竞单中,其最大毛利可以达到令人垂涎的 6 W。假设你全部在订货会上进行销售,而对方选择竞单市场销售,那么只要成功在竞单市场以最高限价卖出 3~4 个 P2 产品,毛利就会比选单市场多 8~10 W,实现权益反超。事实上,大家仔细看第四届国赛的数据就会发现,某校正是充分利用了第 5 年和第 6 年的竞单市场规则,才使最后两年权益有了质的飞越,最终成功问鼎。

根据往年国赛的经验,竞单信息会提前 1 年下发给各组,这以便各组留出充分的时间考虑参与竞单会的策略。竞单会是在选单以后举行的,这就意味着一旦没有通过竞单销售完产品,将没有其他途径获得订单,那么只会造成产品库存积压。这就需要提前考虑好竞单产品的品种、数量和价格,以及交货期及账期等因素。尤其在分配竞单会和选单会比例上非常关键,留下来参与竞单的产品数量越小,其风险就越小,但相对来说收益也可能就越小;反之亦然。

因此,竞单环节的引入,大大提高了比赛的博弈性,要在作好周密预算的基础上,充分吃透规则、因势利导、运筹帷幄,才能达到出其不意的效果。通过技巧性的违约和紧急采购行为,可以相对平衡风险和利润,达到灵活多变的效果,最终获取更高的利润。

(四) 交货期、应收账款与总价的关系分析

在竞单中,有 3 个变量是需要我们手工填写的:总价、交货期和应收账款的账期。取得订单的条件是根据公式"得分=100+(5-交货期)×2+应收账期-8×总价÷(该产品直接成本×数量)",或"得分=100+(5-交货期)×2+应收账期-8×单价÷该产品直接成本"计算出来的,得分最高者中标,如果计算分数相同,那么先提交者中标。如果总价很低、账期很长、交货期很短,得分虽然高了,但是收益相对来说就非常低了;相反,总价很高、账期很短、交货期很长,会导致得分很低从而无法获得该订单。因此,除了利用市场准

入、ISO限制等常规条件造成相对垄断的情况外,如何设置这3个变量,找到得分和收益的最佳平衡点是竞单成败的关键。

下面以表格形式说明为保证得分不变,不同产品交货期减少一季对单价的影响,及应收账款增加一季对单价的影响,如表5-27所示。

表5-27　交货期、应收账期变动与单价的关系　　　　单位:W

产品	直接成本	交货期减1对单价的影响	应收账期增加1对单价的影响
P1	2	+0.5	+0.25
P2	3	+0.75	+0.375

通过分析,我们可以在订货会上尽量选择交货期靠后的单子,尽可能将交货期早的产品留在竞单市场以谋取更高的利润。同时,交货期的另一个影响要素是产能,产能越大,相对来说可以早交货的产品就越多。因此,大产能是在竞单市场中获得高利润的法宝。

岗位说明

根据各类数据进行市场分析、明确市场进入策略、确定品种发展策略、运用广告投放规则合理进行广告宣传,以市场订单制定销售计划,按照销售计划和各订单账期调整订单交货时间,以此进行应收款管理,最后分析销售绩效。

赛题链接

继任务二【赛题链接】的经营第1年结束后数据如表5-28所示。

表5-28　经营第1年结束后数据　　　　单位:个

ht01 广告投放情况					
产品	本地	区域	国内	亚洲	国际
P1	3	0	3	0	0
P2	2	1	2	0	0
P3	0	0	0	0	0
P4	0	2	4	0	0

ht02 广告投放情况					
产品	本地	区域	国内	亚洲	国际
P1	1	3	4	0	0
P2	4	4	2	0	0
P3	0	0	0	0	0
P4	0	0	0	0	0

5

ht03 广告投放情况				
产品	本地	区域	国内	亚洲	国际
P1	1	1	1	0	0
P2	1	1	1	0	0
P3	3	0	1	0	0
P4	0	0	0	0	0

ht04 广告投放情况				
产品	本地	区域	国内	亚洲	国际
P1	1	3	2	0	0
P2	4	3	3	0	0
P3	0	0	0	0	0
P4	0	7	4	0	0

ht05 广告投放情况				
产品	本地	区域	国内	亚洲	国际
P1	2	1	4	0	0
P2	4	3	2	0	0
P3	4	0	4	0	0
P4	0	0	0	0	0

ht06 广告投放情况				
产品	本地	区域	国内	亚洲	国际
P1	1	1	1	0	0
P2	1	1	1	0	0
P3	3	0	1	0	0
P4	0	2	3	0	0

ht07 广告投放情况				
产品	本地	区域	国内	亚洲	国际
P1	1	0	4	0	0
P2	5	0	2	0	0
P3	0	0	0	0	0
P4	0	0	14	0	0

续　表

ht08 广告投放情况					
产品	本地	区域	国内	亚洲	国际
P1	0	0	0	0	0
P2	0	0	0	0	0
P3	2	0	3	0	0
P4	0	0	0	0	0

ht09 广告投放情况					
产品	本地	区域	国内	亚洲	国际
P1	0	0	0	0	0
P2	3	3	6	0	0
P3	6	0	5	0	0
P4	0	0	0	0	0

ht10 广告投放情况					
产品	本地	区域	国内	亚洲	国际
P1	1	4	3	0	0
P2	0	0	0	0	0
P3	0	0	0	0	0
P4	0	7	1	0	0

ht11 广告投放情况					
产品	本地	区域	国内	亚洲	国际
P1	5	3	2	0	0
P2	2	3	0	0	0
P3	4	0	3	0	0
P4	0	0	0	0	0

　　根据以上广告投放数量情况,了解各组广告投放策略,快速了解自己的排名,根据详单预判自己可以选择的订单范围,有策略地进行选单。

【工作任务一——广告策略的制订】

　　广告怎么投? 该投多少? 这往往是初学者经常遇到的一个问题,很多人都希望得到一个通用的公式。沙盘比赛中,真正博弈交锋的战场就是市场选单,而产品、市场的选择都集中反映在广告投放策略上。

5

【任务分析】

广告投放的主要目的是提高产品销售业绩,增加企业利润。销售业绩的改变在很大程度上直接决定广告投放的效果。

【工作任务二——如何正确选单】

在选单环节,要求每组队员对自己的产能情况了如指掌,通过分析市场预测,明确准备在某个市场出售多少产品,同时决定相应的广告费。

【任务分析】

市场预测和客户订单是企业制订生产计划的依据。ERP沙盘模拟经营中的企业是一个"以销定产、以产定料"的生产型企业。客户订单的获得对企业的影响很大。

【工作任务三——如何竞单】

竞标是为某项工程建设或大宗商品买卖,邀请愿意承包或交易的厂商出价以从中选择承包者或交易者的行为。投标是与招标相对应的概念,它是指投标人应招标人的邀请,按照招标的要求和条件,在规定的时间内向招标人投价,争取中标的行为。

【任务分析】

竞单也称为竞拍或者招标,它是从第四届国赛开始存在的一种选单模式,打破了原先订单总价、交货期、账期都是事先规定好的限制,在此背景下,我们可以通过"暗标"的方式来获取市场订单。

任务四 生产布局分析

【任务引例】

自2003年开始,顺丰便充分借势航空"飞一般"的速度,凭借包机和租赁客机腹舱资源的"轻资产"运营方式,很快在业内树立起"快"的品牌优势。2012年,国内1 671个早航班中,顺丰就包用了843个,超过50%,晚航班顺丰也包用了将近40%,2013年,顺丰包用2 000多个航班的储藏资源进行快递的运转,形成一定规模的垄断优势。

为了进一步加大早先形成的品牌竞争优势,得到更大的扩展自主性,顺丰又在2009年自组货运航空公司,2014年其航空货运量实现83万吨,几乎占到整个国内航空货运量的20%。

顺丰作为一个民营企业,能在航空快递(货运)领域取得如此耀眼的成绩,也是竞争对手反应稍慢的结果。国内这一领域有竞争实力和潜力的传统企业较多,但它们视野狭窄,思路守旧,经营粗放,反应过慢,可佐证的数据是,2011年全国竟然仅有99架全货机。换句话讲,其他航空快递(货运)在中国发展太滞后。

顺丰正是抓住这一有利时机,以前瞻性的眼光及一贯低调的姿态,悄悄发力,连续四年,不断壮大自己的机队规模,仅2011年,就自购5架飞机投入运营。2015年,顺丰速运旗下顺丰航空有限公司与美国飞机制造商波音公司达成一笔总数达到25架的全货机订单。2009年正式成立的顺丰航空,经过短短六年时间的发展,就已经成长为中国最大的航空货运公司。

【知识准备与业务操作】

新创业者沙盘涉及四种生产线,生产线一览表如表5-29所示。

表 5 - 29　生产线一览表

生产线	购置费/W	安装周期/Q	生产周期/Q	维修费/(W/年)	残值/W	转产周期/Q	转产费/W	分值
手工线	5	无	3	0	1	无	无	5
半自动线	10	1	2	1	2	1	2	7
自动线	15	3	1	2	3	1	2	9
柔性线	20	4	1	2	4	无	无	10

根据创业者沙盘中生产线的规则设定,我们可以归纳总结四种生产线的优缺点,生产线优缺点对比表如表5-30所示。

表 5 - 30　生产线优缺点对比表

生产线	价格	生产效率	灵活性	分值
手工线	低	低	高	低
半自动线	一般	一般	低	一般
自动线	较高	高	低	高
柔性线	高	高	高	最高

企业在运营过程中,根据市场环境和自身情况,可能会选择不同类型的生产线。各企业在选择生产线时,须认真计算生产线的性价比。

规则中规定手工线生产一个产品需要3个季度,半自动线需要2个季度,自动线和柔性线仅需要1个季度。手工线和柔性线均无转产周期和转产费用,半自动和自动线转产周期和费用相同。因此,可以得出"3条手工线的产能等于1条柔性线的产能,2条半自动线的产能等于1条自动线的产能"的结论。表5-31记载了各生产线的性价比。

表 5 - 31　生产线性价比表

项目	3条手工线/W	1条柔性线/W	2条半自动线/W	1条自动线/W
折旧费	3	4	4	3
维修费	0	2	2	2
厂房租金分摊	3	1	2	1
合计	6	7	8	6

由表5-30可见,自动线和手工线是性价比最高的。

手工线购置费用低,无维修费,无转产周期和转产费用。在企业初始资金较少、相对拥挤的市场环境下有一定的优势。但是随着时间的推移,可以开拓的市场越来越多,企业的厂房是有数量上限的,最多可以建设四个厂房、16条生产线。手工线生产效率低下、分值低的劣势在经营后期会显现出来。因此,企业需要考虑继续生产线投资和转产的问题。

柔性线的优势在于转产,自动线转产一次需要停产一个周期,同时支付2W的转产费。由于柔性线比自动线多一个安装周期,停产一个周期也相当于基本持平。如果自动线开始第二次转产,又会引发停产一个周期和2W的转产费,那么很显然,柔性线可以比自动线多生产出一个产品,自然更具优势。

因此,从性价比的角度看,自动线是最划算的,如果同一条生产线需要转产两次以上,柔性线比自动线更为划算。另外,如果柔性线较多,利用柔性线可以随意转产的特性,我们可以集中生产某产品,从而灵活调整交单的顺序和时间,最大限度地避免贴现的发生。

岗位说明

　　生产布局主要由生产主管负责,该人员需要根据企业战略制定产品研发,规划质量管理体系认证和固定资产投资,编制生产计划,平衡生产能力,对成品库存进行管理。

赛题链接

　　继任务三【赛题链接】,经营四年后(第一名)生产信息数据如表5-32所示。

表5-32　经营四年后(第一名)生产信息数据

厂房信息								
ID	名称	状态	容量/个	购价/W	租金/W	售价/W	最后付租	置办时间
3062	中厂房	购买	4	30	3	30	—	第1年1季
3067	小厂房	购买	2	15	2	15	—	第1年1季
0242	中厂房	租用	4	30	3	30	第4年3季	第2年3季
2740	大厂房	租用	5	36	4	36	第4年3季	第3年3季

生产线信息									
ID	名称	厂房	产品	状态	累计投资/W	开产时间	转产时间	剩余时间/Q	建成时间	开建时间
2753	自动线	大厂房(2740)	P2	空闲	12	—	—	0	第4年1季	第3年3季
2746	自动线	大厂房(2740)	P1	空闲	12	—	—	0	第4年1季	第3年3季

续　表

生产线信息										
ID	名称	厂房	产品	状态	累计投资/W	开产时间	转产时间	剩余时间/Q	建成时间	开建时间
2749	自动线	大厂房(2740)	P2	空闲	12	—	—	0	第4年1季	第3年3季
2766	自动线	大厂房(2740)	P2	空闲	12	—	—	0	第4年1季	第3年3季
2783	自动线	大厂房(2740)	P2	空闲	12	—	—	0	第4年1季	第3年3季
3192	自动线	小厂房(3067)	P3	空闲	12	—	—	0	第2年1季	第1年3季
2417	半自动	中厂房(0242)	P4	空闲	0	—	—	0	第3年1季	第3年1季
0257	自动线	中厂房(0242)	P4	空闲	12	—	—	0	第3年1季	第2年3季
0252	自动线	中厂房(0242)	P3	空闲	12	—	—	0	第3年1季	第2年3季
0248	自动线	中厂房(0242)	P3	空闲	12	—	—	0	第3年1季	第2年3季

根据第一名建线信息与购买厂房情况,我们可以结合现金流量表分析其中的优点和不足之处。

【工作任务一——生产线投资】

【任务分析】

随着企业经营时间的推进,可以进入的市场越来越多,市场需求提高。同时,随着企业盈利和所有者权益的增加,企业可贷款数量提高,需要考虑投资生产线以扩大产能,保证企业的市场占有率。

【操作步骤】

生产线投资是在新年度规划会议中,在营销总监市场分析的基础上,由生产总监和采购总监提出,并在经营中具体实施的。生产线操作步骤如表5-33所示。

5

表 5-33 生产线投资操作步骤

任务	操作人	操作要点及步骤
生产线投资	营销总监	分析市场环境和竞争情况 (1)下一年市场可以消化多少新增加的产能? (2)主要增加哪些产品产能
	生产总监	(1)企业是否要新建厂房?买还是租? (2)新建什么生产线?生产什么产品? (3)是否要考虑换线,何时换线,换自动线还是柔性线
	采购总监	根据生产总监制订的生产计划,完成企业生产计划和原材料订购表
	财务总监	企业现金流是否支持完成上述操作
	总经理	团队有争议时拍板决定

【工作任务二——生产线转产】

【任务分析】

综合市场预测和竞争对手的情况、产品利润分析以及当年订单获得情况,企业可以对生产线进行转产。

【操作步骤】

在营销总监根据订单情况和市场分析确定交货规划和下一年产品营销策略的基础上,生产总监和采购总监应完成生产线转产操作,生产线转产操作步骤如表 5-34 所示。

表 5-34 生产线转产操作步骤

任务	操作人	操作要点及步骤
生产线转产	营销总监	确定本年订单情况,分析下一年市场环境和竞争情况 (1)企业本年度每一季度交什么货? (2)下一年产品市场环境是否宽松?哪些产品市场环境拥挤? (3)是否改变产品营销策略
	生产总监	根据营销总监制定的交货规划和营销策略确定: (1)转产哪种生产线; (2)转产哪种产品; 完成企业生产计划和产能计算表
	采购总监	需要注意: (1)转产是否有足够原材料; (2)是否需要紧急采购原材料; (3)是否需要紧急采购产成品
	财务总监	企业现金流是否支持完成上述操作
	总经理	团队有争议时拍板决定

任务五 资金管理分析

【引例】

新创公司具有资金回笼速度慢,资金循环周期长等特点,为了更好地适应公司的发展和经营状况,其营运资金结构具有以下特点:

(1)流动资产比(流动资产÷固定资产)比值很大,为90%左右。

(2)流动负债比(流动负债÷非流动负债)比值非常高,为65%。

(3)流动资产周转率较低,为0.30。

(4)流动资产各项目中,存货的金额较大,占流动资产的比例较大。

(5)流动负债各项目中,预收账款和应付账款金额较大,占流动负债比例较大。

一、新创公司营运资金管理存在以下四个问题

(1)收入预算和支出预算不合理。

(2)应收账款事中、事后的管理不善。

(3)应付账款结算不及时,导致负债增加;新创公司每一个项目的金额占用都很大,这就使得很多希望能与公司长期合作的单位给予了更多的优惠条款,也就必然增加一大笔应付账款,即一笔高额的负债。

(4)存货资金沉淀,效率不高。

二、新创公司资金管理的改善措施

(一)完善现金管理举措

新创公司加强和完善公司的现金预算管理制度,以科学的方法编制现金预算,以现金收支法对预算期内现金收入和现金支出分别进行列示。它主要包括的内容有:预算期内现金收入总额、预算期内现金支出总额以及对现金不足或多余确定之后的处理。

(二)保持高比例流动资产,注意资金安全

新创公司应加强对应收账款的管理。新创公司逾期应收账款乃至呆滞账款过大,应当采取相应的优惠政策,缩短应收账款的周期,但同时也要加强对合作伙伴以及销售对象的信誉度审核,尽量降低坏账率,保持流动资金的安全。

(三)加快企业资金周转

(1)加强中小型项目的设计和开发,中小型项目更加适应国家政策和市场需要,有利于销售和回笼资金;中小型项目开发周期较短,资金占用相对较少,因此可以加快企业的周转速度,完善企业营运资金管理能力。

(2)随着行业整合的深入,企业竞争的核心更多归功于专业能力方面的竞争。因此,公司应结合自身优势,找准市场定位,专注于行业中某一项或几项领域,提高相应开发与

资金周转速度。随着其专业化水平的加强,其在该领域的管理和开发水平相应提高,开发项目从立项到交付使用的周期缩短,资金周转速度加快。

(四) 合理计算信用期,适度运用应付账款

企业需要在各种方案中选出最优的方案,完善信誉体系,选择最合理的付款期限和方式,努力树立良好的企业形象,同时提高企业的信誉度,提高未来的融资能力。

综上所述,营运资金管理是企业资金管理中的基础,营运资金管理的目标在于保持适当的偿债能力并不断提高盈利能力,同时,营运资金的流动性较强,成为企业日常生产经营活动的润滑剂和基础。各个企业要持有一定数量的适合企业自身情况的营运资金,特别是在客观上存在现金流入量与流出量不同步和不确定的现实情况下,这十分重要。因此,企业营运资金管理在现代企业的财务管理工作中始终保持着举足轻重的地位。

【知识准备与业务操作】

一、现金流的管理

在企业运营过程中,资金是一个非常重要的因素。资金安排不当,轻则造成浪费,将盈利拱手让人,重则造成企业的破产,多年的苦心经营毁于一旦。解决办法就是"开源节流,精打细算"。财务总监要进行严格的现金管理,在沙盘中,可以在每年拿到订单后编制现金预算表,试图达到现金管理的目的。

(一) 财产投资计划

投资活动是公司生存和发展的前提。公司的投资活动分为两类:一类是对内投资,即公司为了其简单再生产和扩大再生产而在固定资产、无形资产等方面进行的非流动资产购建活动,以及在库存现金、应收账款和存货等方面进行的资金安排;另一类则是对外投资,如购买某公司的股票、债券等。投资活动的目的就是再生产和扩大再生产。

在 ERP 沙盘模拟经营中的企业的投资活动可以简单分为厂房投资、生产线投资、市场开发投资、产品研发投资和各种认证投资。投资生产线的目的是扩大生产规模,增加企业的销售额,起到开源的作用,在该过程中,我们也要考虑根据市场对产品的要求进行相应的认证投资。更重要的是生产线投资和产品投资的搭配方法,用何种生产线生产何种产品?多长时间可以收回成本?这是财产投资计划中需要作出的决策。

1. 厂房投资计划与厂房选择处理

厂房是企业开展经营活动的载体,是企业进行生产经营活动的必备前提。在 ERP 沙盘模拟企业经营中,有大、小两种厂房供企业管理层选择,企业管理层可以选择购买或者租赁不同的厂房。

(1) 购买厂房。不考虑折旧,在资金充足的情况下购买厂房,可以节省租金、减少费用,所有者权益将保持不变,仅仅是资金形式发生了变化,由原来的库存现金变成了固定资产。不大量铺设生产线或者是以租赁生产线开局的队伍,可以在第 1 年把库存现金转变成厂房等固定资产。费用支出少了,权益下降相应也减少,第 2 年贷款额度必然会增加,有利于第 2 年的发展。

（2）租用厂房。租用厂房扣除租金，租金计入费用，降低权益。但是在资金不充足的情况下，租用厂房，可以缓解本年紧张的现金流。有的队用贷款方式购买厂房，第1年购买厂房，仅能在第2年多贷120 W（40 W的3倍），而厂房在第2年还是要出售的。

（3）厂房选择。厂房分为大、小两类，容量分别为6条生产线和4条生产线。如果采用租赁的方式，则分摊到每条生产线上的租金分别为0.83 W、0.75 W。这看似小厂房划算，但当企业发展到后几年，开拓出所有市场时，营销总监能明显感受到市场很大，可接的订单很多，而因为小厂房的容量只有4条生产线，所以选择小厂房会严重降低企业产能，成为企业发展的桎梏。只要有市场，就应该尽量选择容量大的厂房。

（4）厂房处理。在ERP沙盘模拟企业的经营中，对厂房的处理有两种方式：一是厂房贴现，相当于直接将厂房按4Q的应收账款贴现，得到现金，同时扣除厂房租金，本操作可随时进行；二是厂房处理操作，包括"卖出""退租"和"租转买"。

2. 市场开拓与产品研发投资计划

在ERP沙盘模拟企业的经营中，市场开拓和产品研发投资都是同时进行的。产品是随着市场的变化而变化的，如果只进行产品研发的投资却没有开拓市场，那么产品不能在该市场销售，新产品研发的功效就大打折扣。

在开拓市场时，是集中开拓还是全面开拓？根据"拳头总比巴掌有力"这一个浅显的道理，无论是平时训练还是参加大赛，人们一般都全面开拓市场。每一支队伍的产能都是逐年加大的，为了将其生产出的大量产品销售出去，只能多开拓市场以拿到足量的订单。

一个企业可以只生产、销售单一产品，也可以同时生产销售多种产品。单一产品或不同产品组合各有特点：单一产品在生产采购方面比较简单，销售方面就表现在广告费比较集中这一特点上，单一产品能减少广告费用。但是如果市场竞争激烈，在与其他多种产品搭配销售的企业比拼时，单一产品销售就有较大风险，产能比较大，需要大订单，那么就需要投入较多的广告费以取得大订单。

3. 生产线投资计划

企业要增加利润，就必须要扩大销售，扩大销售就必须以提高产能为保证。而要增加产量就必须要购建新的生产线。上新的生产线就会产生一系列的决策问题，如上哪种生产线更好？用新生产线生产什么产品？产品的产能达到多少为宜？上述问题应在沙盘模拟企业的经营中对其进行逐一分析后，再加以决策。本项目任务四中已对此作出详述。

（二）财务融资计划

融资策略，不仅直接影响企业的财务费用，更直接影响企业的现金流。很多初学者没有合理安排好长、短贷的融资策略，结果要么是被高额的财务费用削减了大部分的利润，要么就是因为无法偿还到期的贷款而导致现金断流、企业破产。

在分析融资策略之前，必须明确几个基本概念。我们贷款的目的是赚钱，通俗地说，利用借来的钱所赚的要比支付的利息多，在此种情况下只要允许，借得越多就赚得越多；

相反,如果赚的钱还不够支付利息,那么借得越多就亏得越多。这就是财务杠杆的作用,因此,我们可以简单得到结论,不贷款绝不是经营企业最好的策略。

那么怎样的融资策略才是合理的呢?绝大部分教材告诉我们,长期借款是用来做长期投资的,比如新建厂房和生产线、市场产品的研发投资等;短期借款是供短期周转的,比如原材料采购、产品加工费用等。这是最稳妥的方法,但是在高水平的比赛中,如果仅采用这样保守的方案,就不一定会获得最大的收益。

长期借款利率通常比短期借款利率高,因此,尽量多地使用短贷的方式来筹集资金,可以有效地减少财务费用。在具体操作上,有以下两个技巧:

(1)短期借款的利率为5%,且利息计算时为四舍五入,借款以(20N+9)为最佳,其中N为正整数,因为"9"部分对应利息为0.45,根据四舍五入规则,恰好可以不计利息。

(2)短期借款尽量分散在一年的四个季度中,且只要够用,贷款时间应尽量推后;只要权益有保证,就提前一季借新的短期借款归还到期的短期借款,从而保证以贷养贷策略的顺利实施。但这也是风险相当高的一种贷款模式,如果经营失误或预算不准,权益下降,那么紧接着贷款额度的下降将导致无法用新的借款来弥补资金缺口,会陷于现金断流而破产的境地。

前期大量使用长期借款,会导致财务费用过高,从而大量削减企业利润,使得企业发展缓慢。有的团队一开始就拉满长期借款,到了第6年要还款的时候,无法一次性筹集大量的现金,最终导致现金断流而破产。

这并不是说全部长期借款策略就一定会失败。如果可以充分利用长期借款还款压力小的特点,前期用大量资金扩大产能、控制市场和产品,那么凭借惊人的产能和对市场的绝对控制权,可以创造巨额利润,加上利用分年长贷的方式(即第4、第5、第6年各还一部分长贷本金),也可以达到意想不到的效果。

另外,长期借款的使用还有一个小技巧,其利率一般为10%,且利息计算四舍五入取整,与短期借款类似,其当年计算利息本金数以(10N+4)为最佳,其中N为正整数,因为"4"部分对应的利息为0.4,根据四舍五入规则,恰好可以不计利息。

企业整体战略决策加上精准财务预算,是决定长短期借款比例最重要的因素。合理调节好长、短期借款的比例,把每一分钱都投入到最需要的地方,让它变成盈利的工具,就可以让借来的钱为我们服务,创造出更多的利润。

关于应收账款贴现,很多人都认为是增加财务费用的罪魁祸首,只有在资金周转不顺畅的时候,才会无奈地选择它,因此对贴现都抱有"能不贴就不贴"的态度。

但是否真如此呢?其实未必。与长短期借款相似,贴现只是一种融资方式。贴现可以分为两种情况:一种是在现金流遇到困难时,迫不得已去将应收账款或者厂房作贴现处理,如果不贴,会导致资金断流,属于被动贴现;另一种是主动贴现,如在市场宽松、资金不足的情况下,主动贴现以换取宝贵的资金用于投入生产线的建设和产品的研发,从而达到迅速占领市场、扩大企业产能和市场份额的目的。

在被动贴现的情况下,企业一直处于以贴还债的境地,这个季度的现金不够了,就要将下一个季度的应收款贴现,虽然这个季度过去了,可是下个季度又会出现财务危机需要再次贴现,将陷入连环贴现的怪圈之中。

而主动贴现则不同,往往都是用于扩大企业生产规模和市场份额,追求效益最大化。贴息和利息一样都属于财务费用。从财务角度来看,只要其创造出比财务费用更高的利润,就是有价值的。

(三) 资金预算

1. 资金流入分析

资金预算管理是资金控制的重要环节,资金预算能有效地控制企业资金运营,为企业战略规划提供重要信息。资金流入和流出项目一览表如表 5-35 所示。

表 5-35　资金流入和流出项目一览表

资金流入项目	金额	资金流出项目	金额
1. 长期借款和短期借款		1. 应交所得税	
2. 股东投资		2. 广告费用	
3. 固定资产变卖收入		3. 贴现费用	
4. 应收账款收回		4. 长期借款利息以及偿还到期借款	
5. 贴现收入		5. 原材料采购	
6. 拍卖库存商品收入		6. 转产费用	
7. 拍卖原材料收入		7. 生产线投资	
8. 厂房买转租		8. 工人工资	
9. 变卖生产线		9. 购买建筑物	
		10. 融资租赁	
		11. 产品研发投资	
		12. 管理费用	
		13. 设备维护费	
		14. ISO 认证	
		15. 市场开拓	
		16. 其他支出	

根据这些项目,进行资金流入和流出管理,具体如下。

(1) 长期借款和短期借款。二者是借款资金成本较低、风险也较低的一种筹资方式,ERP 沙盘模拟经营中,合理运用长、短期借款结合的借款方式,不但可以缓解企业现金压力,帮助企业投资再生产,还可以在很大程度上降低财务费用,是一种比较理想的筹资方式。

（2）固定资产变卖收入。ERP沙盘模拟经营中可变卖的固定资产有厂房和生产线两类。

（3）应收账款收回。资金流入控制中最重要的环节是销售收入，企业得以生存主要依赖销售收入的实现。ERP沙盘模拟经营作资金预算时，财务总监要根据企业资金的需要，及时告知营销总监企业资金缺口。

（4）拍卖库存商品和原材料收入。ERP沙盘模拟经营规则规定可以按原价出售库存商品或者按八折出售原材料。虽然看起来无利润可得，甚至拍卖原材料的损失还要计入营业外支出、折扣权益，但是，当企业未完成预期销售指标、剩余大量库存商品，并在现金流紧张的情况下，变卖多余的库存商品、防止库存商品占用过多的现金也不失为一个良策。

（5）厂房买转租。这是以金融租赁为企业筹资的一种方式。

（6）变卖生产线。从企业可持续发展角度考虑，不建议采用。

2. 资金流出分析

（1）原材料采购。在原材料采购方面，财务总监要监督生产总监的工作，督促其尽量保持原材料的零库存，不要预订过多的原材料，使原材料库存占用过多的现金。

（2）转产费用。生产总监在铺设生产线和转产两者之间进行选择时，财务总监应以令人信服的数据为其判断提供依据。

（3）生产线投资。企业要做大做强，没有雄厚的生产能力是不行的。但是，在扩张生产能力的同时，也要考虑企业的资金使用情况。

（4）购买建筑物与融资租赁。企业的现金已经无处可以投资，但留着充足的现金不进行投资是非常不理智的行为，企业可以用现金来购买厂房等建筑物。

（5）产品研发投资。一般情况下，企业会根据已制定的策略进行适时的产品研发，但有时财务上出现问题，不能按原计划开发产品也是可能的。

（6）ISO认证。ISO的认证费用不能削减。

（7）市场开拓。市场开拓的费用需要正常支付。

（8）其他支出。其他支出一般产生于原材料折价拍卖、生产线变卖、紧急采购、订单违约等情况。

（四）资金预算表的编制

企业在经营过程中总是会面对各种机会，如市场开拓、产品开发、扩建生产线等，我们往往会带着一种美好的愿景作出决策。但是，结果有时会事与愿违，使美好的愿望不能实现，更可能由于一时的冲动，导致资金紧张，出现材料无法按时购买、开发的产品不能如期生产、生产线被迫停工甚至可能连产品都无法出售等情况，从而导致企业资金无法回收。症结何在？关键是对资金缺乏有力的控制和科学的预算。做好资金预算，最好的方式就是编制现金预算表，如表5-36所示。

预算的内容主要包括经营预算、财务预算和专门预算。

经营预算是与企业日常经营活动有关的预算，主要包括销售预算、生产预算、直接材料预算、直接人工预算、制造费用预算、单位生产成本和期末存货预算、销售及管理费用预算。财务预算是与企业现金收支、经营成果和财务状况有关的预算,主要包括现金收支预算、预计利润表、预计资产负债表。专门预算是与企业的固定资产投资有关的预算,也称为资本支出预算。

表 5-36 资金预算表 单位:W

项 目	1	2	3	4
期初库存现金				
支付上年应交税				
市场广告投入				
贴现费用				
利息(短期借款)				
支付到期短期借款				
原料采购支付现金				
转产费用				
生产线投资				
工人工资				
产品研发投资				
收到现金前的所有支出				
应收款到期				
购买新建筑物				
支付管理费用				
利息(长期借款)				
支付到期长期借款				
设备维护费用				
租金				
市场开拓投资				
ISO 认证投资				
其他				
库存现金余额				
明年初需要偿还的短期借款及利息				
收入合计				
支出合计				

1. 预计各季度的现金流入

企业的现金收入来源主要是销售产品,除此以外还包括出售厂房、生产线收到的现金等。ERP沙盘模拟经营中,销售产品一般形成应收账款,会在以后的某个季度转变为现金。企业可以根据产品下线情况,结合订单,确定每个季度的产品销售收入以及对应的账期,从而确定每个季度有多少应收账款到期,收到多少现金。同时,企业在实现规划时,可以确定出售生产线的时间,从而确定现金流入情况。另外,厂房贴现也能马上得到现金。值得注意的是,出售厂房得到的是4Q的应收账款。

2. 预计各季度的现金流出

(1) 明确各期应支付的固定费用。ERP沙盘模拟经营中的固定费用包括广告费、管理费用、设备维护费、厂房租金等。这些费用基本上在年初就能确定下来。

(2) 根据产品开发或生产线投资规划,确定各期产品开发或生产线投资的现金流出量。企业的产品开发或生产线投资规划草案可以在编制资金预算表之前确定,也可以结合编制资金预算表的时间一起制定。如果事先已经编制了产品开发或生产线投资预案,则该产品开发或生产线投资规划应该在现金允许的范围内进行,否则就可能出现现金断流的危险。企业在进行产品开发或生产线投资而发生现金支出后,如果出现现金危机,而且这种危机不能通过其他融资途径来解决,或者虽然可以通过其他途径来解决,但带来的风险很大,这种情况下,就应该暂时停止该产品的开发或生产线的投资。

(3) 制订生产计划及采购计划,确定企业各项应投入的产品加工费。在每一年年末,企业已经基本确定了第2年产品的生产情况,包括投产的产品品种、投产数量和投产时间,企业可以根据这些资料明确各期发生的加工费支出。

在确定了每个季度资金流入和资金流出的情况以后,就可以确定每个季度的资金短缺或盈余。如果资金短缺,就应该考虑筹集资金以解决资金缺口。

二、合理避税

合理避税不同于偷税、漏税,它不是对法律的违背和践踏,而是以尊重税法、遵守税法为前提,以对法律和税收的详尽理解、分析和研究为基础,对现有规则允许下的盈利空间的发现和利用。

(一) 所得税的计算方法

很多初学者对于沙盘中的所得税的计算方法不是很清楚,什么时候该缴纳所得税,什么时候不需要缴纳所得税,常常存在疑惑。

所得税在沙盘中是一个综合概念,大概可以理解成模拟企业经营盈利部分所要缴的税费。缴税需满足以下两个条件:

(1) 经营当年盈利(税前利润为正)。

(2) 弥补了前面最多5年的亏损后,仍盈利。

以利润表为计算依据最为清晰,下面以实例说明,所得税计算表如表5-37所示。

表 5-37　所得税计算表　　　　　　　　单位：W

项目	第 1 年	第 2 年	第 3 年	第 4 年	第 5 年	第 6 年
税前利润	－19	－4	7	9	33	11
所得税	0	0	0	0	7	3
年度净利润	－19	－4	7	9	26	7

第 1 年、第 2 年亏损，当然不缴纳所得税，第 3 年、第 4 年分别盈利 7 W、9 W，因为要弥补以前年度的亏损，也不缴税。第 5 年要缴纳所得税了，但仍是要先弥补以前年度的亏损 26 W（7＋9＋33－19－4＝26），弥补以前年度的亏损后缴纳所得税 7 W（26×25％＝6.5）。因为所得税的计征原则是四舍五入取整，所以第 5 年缴纳所得税 7 W。第 6 年的税前利润不需要再弥补以前年度的亏损，直接用税前利润 11 W 计算，当年应缴纳的所得税为 3 W（11×25％＝2.75）。

总之，从当年开始，与前面连续无所得税年份（最多 5 年）的税前利润累加，得到应税利润，若大于零，则须缴纳所得税。

（二）合理避税

（1）了解如何计算所得税后，自然就会想到利用"四舍五入"这一规则进行合理避税。假设系统采用 25％的所得税税率政策，通过预算发现当年应税利润是（4N＋2），其中 N 为正整数，可以主动贴现，增加一个贴息，将应税利润减少到（4N＋1），所得税将由（N＋1）减少到 N。在此情况下，年度净利润相同，但后者增加了资金流动性，保证了年初广告费的充裕。

（2）在 ERP 沙盘模拟经营的过程中，一般情况下，前 3 年的资金较为紧张，仅是生产什么产品，便研发什么产品。但经营 6 年后，每个组，无论是否全线生产所有产品，必须要研发全部的产品，否则难以得分。这种情况下，如果通过预算得知当年应缴纳所得税额，并且还有未研发的产品，就可以研发本不想生产的产品，增加综合费用，降低纳税比例。

（三）所得税的纳税时间

所得税是在年底算出来的，但是税款不是在当年结束时支付的，因此，报表中"所得税"一项是通过负债项目体现出来的。直到下一年投放广告时，所得税会连同到期长贷本息和广告费一起支付，这在系统里有明确的提示。在投放广告时，系统提示资金不足，无法投放广告，其原因就是除了广告费用外，企业还要扣除所得税及长贷本息。

岗位说明

财务主管主要负责日常财务记账和登账，日常现金管理，编制财务报表，并向税务部门报税，根据战略规划制定企业融资策略，并严格控制成本费用，并提示各部门本企业所面临的财务风险。

5

赛题链接

继任务四【赛题链接】,经营四年结束后(第一名)现金流信息数据如表5-38所示。

表5-38 经营四年结束后(第一名)现金流信息数据表

现金流量表

ID	动作	资金/W	余额/W	时间	备注
1	初始化资本金	77	77	第1年1季	公司成立
2	短贷	29	106	第1年1季	短贷29 W
3	厂房购买	-30	76	第1年1季	花费30 W购买中厂房(3062)
4	厂房购买	-15	61	第1年1季	花费15 W购买小厂房(3067)
5	新建生产线	-6	55	第1年1季	自动线(3089)P1
6	新建生产线	-6	49	第1年1季	自动线(3095)P1
7	新建生产线	-6	43	第1年1季	自动线(3100)P2
8	新建生产线	-6	37	第1年1季	自动线(3105)P2
9	新建生产线	-6	31	第1年1季	自动线(3109)P3
10	产品研发	-4	27	第1年1季	P1、P3
11	支付行政管理费	-1	26	第1年1季	
12	短贷	25	51	第1年2季	短贷25 W
13	在建生产线	-6	45	第1年2季	自动线(3089)
14	在建生产线	-6	39	第1年2季	自动线(3095)
15	在建生产线	-6	33	第1年2季	自动线(3100)
16	在建生产线	-6	27	第1年2季	自动线(3105)
17	在建生产线	-6	21	第1年2季	自动线(3109)
18	产品研发	-8	13	第1年2季	P1、P2、P3
19	支付行政管理费	-1	12	第1年2季	
20	短贷	29	41	第1年3季	短贷29 W
21	更新原材料	-8	33	第1年3季	2R3、1R2、2R4、2R1
22	新建生产线	-6	27	第1年3季	自动线(3192)P3
23	开始下一批生产	-1	26	第1年3季	自动线(3100)生产P2
24	开始下一批生产	-1	25	第1年3季	自动线(3105)生产P2
25	开始下一批生产	-1	24	第1年3季	自动线(3089)生产P1
26	开始下一批生产	-1	23	第1年3季	自动线(3095)生产P1
27	开始下一批生产	-2	21	第1年3季	自动线(3109)生产P3

续　表

现金流量表

ID	动作	资金/W	余额/W	时间	备注
28	支付行政管理费	−1	20	第1年3季	
29	短贷	29	49	第1年4季	短贷29 W
30	更新原材料	−8	41	第1年4季	1R2、2R1、2R4、2R3
31	开始下一批生产	−1	40	第1年4季	自动线(3100)生产P2
32	开始下一批生产	−1	39	第1年4季	自动线(3105)生产P2
33	开始下一批生产	−1	38	第1年4季	自动线(3089)生产P1
34	开始下一批生产	−1	37	第1年4季	自动线(3095)生产P1
35	开始下一批生产	−2	35	第1年4季	自动线(3109)生产P3
36	在建生产线	−6	29	第1年4季	自动线(3192)
37	ISO投资	−2	27	第1年4季	ISO9000投资,花费2 W
38	ISO投资	−1	26	第1年4季	ISO14000投资,花费1 W
39	市场开拓	−6	20	第1年4季	本地、区域、国内、亚洲、国际
40	支付行政管理费	−1	19	第1年4季	
41	支付设备维修费用	−2	17	第1年4季	自动线(3095)
42	支付设备维修费用	−2	15	第1年4季	自动线(3089)
43	支付设备维修费用	−2	13	第1年4季	自动线(3105)
44	支付设备维修费用	−2	11	第1年4季	自动线(3100)
45	支付设备维修费用	−2	9	第1年4季	自动线(3109)
46	厂房贴现	24	33	第2年1季	中厂房贴现,因有生产线,厂房买转租,贴现24 W,支付租金3 W
47	厂房贴现	11	44	第2年1季	小厂房贴现,因有生产线,厂房买转租,贴现11 W,支付租金2 W
48	广告投放	−24	20	第2年1季	支付广告费24 W
49	长贷	14	34	第2年1季	3年期长贷14 W
50	短贷利息	−1	33	第2年1季	支付短贷利息1 W
51	归还短贷	−29	4	第2年1季	归还短贷29 W
52	短贷	29	33	第2年1季	短贷29 W
53	更新原材料	−10	23	第2年1季	2R1、2R2、2R3、2R4
54	开始下一批生产	−1	22	第2年1季	自动线(3100)生产P2
55	开始下一批生产	−1	21	第2年1季	自动线(3105)生产P2

5

现金流量表

ID	动作	资金/W	余额/W	时间	备注
56	开始下一批生产	−1	20	第2年1季	自动线(3089)生产 P1
57	开始下一批生产	−1	19	第2年1季	自动线(3095)生产 P1
58	开始下一批生产	−2	17	第2年1季	自动线(3192)生产 P3
59	开始下一批生产	−2	15	第2年1季	自动线(3109)生产 P3
60	订单交货	7	22	第2年1季	(QZ21−078)1P2
61	产品研发	−2	20	第2年1季	P4
62	支付行政管理费	−1	19	第2年1季	
63	贴现	9	28	第2年2季	贴现4账期应收款10 W,贴息1 W
64	短贷利息	−1	27	第2年2季	支付短贷利息1 W
65	归还短贷	−25	2	第2年2季	归还短贷25 W
66	短贷	25	27	第2年2季	短贷25 W
67	更新原材料	−10	17	第2年2季	2R3、2R2、2R4、2R1
68	开始下一批生产	−1	16	第2年2季	自动线(3100)生产 P2
69	开始下一批生产	−1	15	第2年2季	自动线(3105)生产 P2
70	开始下一批生产	−1	14	第2年2季	自动线(3089)生产 P1
71	开始下一批生产	−1	13	第2年2季	自动线(3095)生产 P1
72	开始下一批生产	−2	11	第2年2季	自动线(3192)生产 P3
73	开始下一批生产	−2	9	第2年2季	自动线(3109)生产 P3
74	应收款更新	7	16	第2年2季	应收款更新7 W
75	订单交货	17	33	第2年2季	(QZ21−059)3P1
76	产品研发	−2	31	第2年2季	P4
77	支付行政管理费	−1	30	第2年2季	
78	短贷利息	−1	29	第2年3季	支付短贷利息1 W
79	归还短贷	−29	0	第2年3季	归还短贷29 W
80	短贷	29	29	第2年3季	短贷29 W
81	更新原材料	−10	19	第2年3季	2R2、2R4、2R1、2R3
82	开始下一批生产	−1	18	第2年3季	自动线(3100)生产 P2
83	开始下一批生产	−1	17	第2年3季	自动线(3105)生产 P2
84	开始下一批生产	−1	16	第2年3季	自动线(3089)生产 P1
85	开始下一批生产	−1	15	第2年3季	自动线(3095)生产 P1

续 表

现金流量表

ID	动作	资金/W	余额/W	时间	备注
86	开始下一批生产	−2	13	第2年3季	自动线(3192)生产 P3
87	开始下一批生产	−2	11	第2年3季	自动线(3109)生产 P3
88	贴现	11	22	第2年3季	贴现1账期应收款12 W,贴息1 W
89	厂房租用	−3	19	第2年3季	花费3 W租用中厂房(0242)
90	新建生产线	−6	13	第2年3季	自动线(0248)P3
91	新建生产线	−6	7	第2年3季	自动线(0252)P3
92	新建生产线	−6	1	第2年3季	自动线(0257)P4
93	应收款更新	24	25	第2年3季	应收款更新24 W
94	订单交货	11	36	第2年3季	(QZ21−005)2P1
95	产品研发	−2	34	第2年3季	P4
96	支付行政管理费	−1	33	第2年3季	
97	短贷利息	−1	32	第2年4季	支付短贷利息1 W
98	归还短贷	−29	3	第2年4季	归还短贷29 W
99	短贷	29	32	第2年4季	短贷29 W
100	更新原材料	−10	22	第2年4季	2R1,2R4,2R2,2R3
101	在建生产线	−6	16	第2年4季	自动线(0248)
102	在建生产线	−6	10	第2年4季	自动线(0252)
103	在建生产线	−6	4	第2年4季	自动线(0257)
104	贴现	9	13	第2年4季	贴现4账期应收款10 W,贴息1 W
105	开始下一批生产	−1	12	第2年4季	自动线(3100)生产 P2
106	开始下一批生产	−1	11	第2年4季	自动线(3105)生产 P2
107	开始下一批生产	−1	10	第2年4季	自动线(3089)生产 P1
108	开始下一批生产	−1	9	第2年4季	自动线(3095)生产 P1
109	开始下一批生产	−2	7	第2年4季	自动线(3192)生产 P3
110	开始下一批生产	−2	5	第2年4季	自动线(3109)生产 P3
111	应收款更新	7	12	第2年4季	应收款更新7 W
112	市场开拓	−3	9	第2年4季	亚洲、国际
113	ISO投资	−1	8	第2年4季	ISO14000投资,花费1 W

5

续　表

现金流量表

ID	动作	资金/W	余额/W	时间	备注
114	产品研发	−2	6	第 2 年 4 季	P4
115	贴现	11	17	第 2 年 4 季	贴现 2 账期应收款 12 W,贴息 1 W
116	支付行政管理费	−1	16	第 2 年 4 季	
117	支付设备维修费用	−2	14	第 2 年 4 季	自动线(3095)
118	支付设备维修费用	−2	12	第 2 年 4 季	自动线(3089)
119	支付设备维修费用	−2	10	第 2 年 4 季	自动线(3105)
120	支付设备维修费用	−2	8	第 2 年 4 季	自动线(3100)
121	支付设备维修费用	−2	6	第 2 年 4 季	自动线(3109)
122	支付设备维修费用	−2	4	第 2 年 4 季	自动线(3192)
123	贴现	11	15	第 3 年 1 季	贴现 1 账期应收款 12 W,贴息 1 W
124	贴现	11	26	第 3 年 1 季	贴现 2 账期应收款 12 W,贴息 1 W
125	贴现	9	35	第 3 年 1 季	贴现 3 账期应收款 10 W,贴息 1 W
126	贴现	11	46	第 3 年 1 季	贴现 1 账期应收款 12 W,贴息 1 W
127	贴现	9	55	第 3 年 1 季	贴现 4 账期应收款 10 W,贴息 1 W
128	广告投放	−48	7	第 3 年 1 季	支付广告费 48 W
129	长贷利息	−1	6	第 3 年 1 季	支付长贷利息 1 W
130	归还长贷	0	6	第 3 年 1 季	归还长贷 0 W
131	长贷	30	36	第 3 年 1 季	3 年期长贷 30 W
132	短贷利息	−1	35	第 3 年 1 季	支付短贷利息 1 W
133	归还短贷	−29	6	第 3 年 1 季	归还短贷 29 W
134	短贷	49	55	第 3 年 1 季	短贷 49 W
135	更新原材料	−24	31	第 3 年 1 季	4R3、6R2、2R1、6R4
136	新建生产线	0	31	第 3 年 1 季	半自动(2417)P4
137	开始下一批生产	−2	29	第 3 年 1 季	自动线(0248)生产 P3
138	开始下一批生产	−1	28	第 3 年 1 季	半自动(2417)生产 P4
139	开始下一批生产	−1	27	第 3 年 1 季	自动线(3100)生产 P2
140	开始下一批生产	−1	26	第 3 年 1 季	自动线(3105)生产 P2
141	开始下一批生产	−1	25	第 3 年 1 季	自动线(0257)生产 P4

5

续　表

现金流量表

ID	动作	资金/W	余额/W	时间	备注
142	开始下一批生产	−1	24	第3年1季	自动线(3089)生产 P1
143	开始下一批生产	−2	22	第3年1季	自动线(0252)生产 P3
144	开始下一批生产	−1	21	第3年1季	自动线(3095)生产 P1
145	开始下一批生产	−2	19	第3年1季	自动线(3192)生产 P3
146	开始下一批生产	−2	17	第3年1季	自动线(3109)生产 P3
147	应收款更新	3	20	第3年1季	应收款更新 3 W
148	订单交货	14	34	第3年1季	(QZ21−115)1P2
149	支付行政管理费	−1	33	第3年1季	
150	厂房租金	−3	30	第3年1季	厂房 ID:3062
151	厂房租金	−2	28	第3年1季	厂房 ID:3067
152	短贷利息	−1	27	第3年2季	支付短贷利息 1 W
153	归还短贷	−25	2	第3年2季	归还短贷 25 W
154	短贷	49	51	第3年2季	短贷 49 W
155	更新原材料	−24	27	第3年2季	2R1、6R2、4R3、6R4
156	开始下一批生产	−2	25	第3年2季	自动线(0248)生产 P3
157	开始下一批生产	−1	24	第3年2季	半自动(2417)生产 P4
158	开始下一批生产	−1	23	第3年2季	自动线(3100)生产 P2
159	开始下一批生产	−1	22	第3年2季	自动线(3105)生产 P2
160	开始下一批生产	−1	21	第3年2季	自动线(0257)生产 P4
161	开始下一批生产	−1	20	第3年2季	自动线(3089)生产 P1
162	开始下一批生产	−2	18	第3年2季	自动线(0252)生产 P3
163	开始下一批生产	−1	17	第3年2季	自动线(3095)生产 P1
164	开始下一批生产	−2	15	第3年2季	自动线(3192)生产 P3
165	开始下一批生产	−2	13	第3年2季	自动线(3109)生产 P3
166	应收款更新	18	31	第3年2季	应收款更新 18 W
167	支付行政管理费	−1	30	第3年2季	
168	短贷利息	−1	29	第3年3季	支付短贷利息 1 W
169	归还短贷	−29	0	第3年3季	归还短贷 29 W

续 表

现金流量表

ID	动作	资金/W	余额/W	时间	备注
170	短贷	29	29	第 3 年 3 季	短贷 29 W
171	更新原材料	−24	5	第 3 年 3 季	6R2、2R1、4R3、6R4
172	贴现	11	16	第 3 年 3 季	贴现 1 账期应收款 12 W,贴息 1 W
173	贴现	44	60	第 3 年 3 季	贴现 2 账期应收款 48 W,贴息 4 W
174	开始下一批生产	−2	58	第 3 年 3 季	自动线(0248)生产 P3
175	开始下一批生产	−1	57	第 3 年 3 季	半自动(2417)生产 P4
176	开始下一批生产	−1	56	第 3 年 3 季	自动线(3100)生产 P2
177	开始下一批生产	−1	55	第 3 年 3 季	自动线(3105)生产 P2
178	开始下一批生产	−1	54	第 3 年 3 季	自动线(0257)生产 P4
179	开始下一批生产	−1	53	第 3 年 3 季	自动线(3089)生产 P1
180	开始下一批生产	−2	51	第 3 年 3 季	自动线(0252)生产 P3
181	开始下一批生产	−1	50	第 3 年 3 季	自动线(3095)生产 P1
182	开始下一批生产	−2	48	第 3 年 3 季	自动线(3192)生产 P3
183	开始下一批生产	−2	46	第 3 年 3 季	自动线(3109)生产 P3
184	厂房租用	−4	42	第 3 年 3 季	花费 4 W 租用大厂房(2740)
185	新建生产线	−6	36	第 3 年 3 季	自动线(2746)P1
186	新建生产线	−6	30	第 3 年 3 季	自动线(2749)P2
187	新建生产线	−6	24	第 3 年 3 季	自动线(2753)P2
188	新建生产线	−6	18	第 3 年 3 季	自动线(2766)P2
189	新建生产线	−6	12	第 3 年 3 季	自动线(2783)P2
190	订单交货	15	27	第 3 年 3 季	(QZ21−098)3P1
191	支付行政管理费	−1	26	第 3 年 3 季	
192	厂房租金	−3	23	第 3 年 3 季	厂房 ID:0242
193	贴现	22	45	第 3 年 4 季	贴现 2 账期应收款 24 W,贴息 2 W
194	短贷利息	−1	44	第 3 年 4 季	支付短贷利息 1 W
195	归还短贷	−29	15	第 3 年 4 季	归还短贷 29 W
196	短贷	29	44	第 3 年 4 季	短贷 29 W

5

续 表

现金流量表

ID	动作	资金/W	余额/W	时间	备注
197	更新原材料	−24	20	第3年4季	6R2、4R3、2R1、6R4
198	贴现	11	31	第3年4季	贴现2账期应收款12 W,贴息1 W
199	在建生产线	−6	25	第3年4季	自动线(2746)
200	在建生产线	−6	19	第3年4季	自动线(2753)
201	在建生产线	−6	13	第3年4季	自动线(2783)
202	在建生产线	−6	7	第3年4季	自动线(2766)
203	在建生产线	−6	1	第3年4季	自动线(2749)
204	贴现	11	12	第3年4季	贴现2账期应收款12 W,贴息1 W
205	贴现	11	23	第3年4季	贴现2账期应收款12 W,贴息1 W
206	开始下一批生产	−2	21	第3年4季	自动线(0248)生产P3
207	开始下一批生产	−1	20	第3年4季	半自动(2417)生产P4
208	开始下一批生产	−1	19	第3年4季	自动线(3100)生产P2
209	开始下一批生产	−1	18	第3年4季	自动线(3105)生产P2
210	开始下一批生产	−1	17	第3年4季	自动线(0257)生产P4
211	开始下一批生产	−1	16	第3年4季	自动线(3089)生产P1
212	开始下一批生产	−2	14	第3年4季	自动线(0252)生产P3
213	开始下一批生产	−1	13	第3年4季	自动线(3095)生产P1
214	开始下一批生产	−2	11	第3年4季	自动线(3192)生产P3
215	开始下一批生产	−2	9	第3年4季	自动线(3109)生产P3
216	应收款更新	38	47	第3年4季	应收款更新38 W
217	市场开拓	−2	45	第3年4季	国际
218	支付行政管理费	−1	44	第3年4季	
219	支付设备维修费用	−2	42	第3年4季	自动线(3095)
220	支付设备维修费用	−2	40	第3年4季	自动线(3089)
221	支付设备维修费用	−2	38	第3年4季	自动线(3105)
222	支付设备维修费用	−2	36	第3年4季	自动线(3100)
223	支付设备维修费用	−2	34	第3年4季	自动线(3109)

5

续 表

现金流量表

ID	动作	资金/W	余额/W	时间	备注
224	支付设备维修费用	−2	32	第3年4季	自动线(3192)
225	支付设备维修费用	−2	30	第3年4季	自动线(0248)
226	支付设备维修费用	−7	23	第3年4季	半自动(2417)
227	支付设备维修费用	−2	21	第3年4季	自动线(0257)
228	支付设备维修费用	−2	19	第3年4季	自动线(0252)
229	贴现	77	96	第4年1季	贴现2账期应收款84 W,贴息7 W
230	广告投放	−83	13	第4年1季	支付广告费83 W
231	缴纳所得税	−8	5	第4年1季	
232	长贷利息	−4	1	第4年1季	支付长贷利息4 W
233	归还长贷	0	1	第4年1季	归还长贷0 W
234	长贷	103	104	第4年1季	3年期长贷103 W
235	短贷利息	−2	102	第4年1季	支付短贷利息2 W
236	归还短贷	−49	53	第4年1季	归还短贷49 W
237	短贷	49	102	第4年1季	短贷49 W
238	更新原材料	−33	69	第4年1季	3R1、6R2、8R3、10R4
239	开始下一批生产	−2	67	第4年1季	自动线(0248)生产P3
240	开始下一批生产	−1	66	第4年1季	半自动(2417)生产P4
241	开始下一批生产	−1	65	第4年1季	自动线(3100)生产P2
242	开始下一批生产	−1	64	第4年1季	自动线(2753)生产P2
243	开始下一批生产	−1	63	第4年1季	自动线(2783)生产P2
244	开始下一批生产	−1	62	第4年1季	自动线(3105)生产P2
245	开始下一批生产	−1	61	第4年1季	自动线(0257)生产P4
246	开始下一批生产	−1	60	第4年1季	自动线(3089)生产P1
247	开始下一批生产	−2	58	第4年1季	自动线(0252)生产P3
248	开始下一批生产	−1	57	第4年1季	自动线(3095)生产P1
249	开始下一批生产	−1	56	第4年1季	自动线(2766)生产P2
250	开始下一批生产	−2	54	第4年1季	自动线(3192)生产P3
251	开始下一批生产	−1	53	第4年1季	自动线(2749)生产P2

续　表

现金流量表

ID	动作	资金/W	余额/W	时间	备注
252	开始下一批生产	−2	51	第4年1季	自动线(3109)生产 P3
253	开始下一批生产	−1	50	第4年1季	自动线(2746)生产 P1
254	应收款更新	22	72	第4年1季	应收款更新 22 W
255	厂房处理	−30	42	第4年1季	中厂房(3062)租转买,花费 30 W
256	厂房处理	−15	27	第4年1季	小厂房(3067)租转买,花费 15 W
257	支付行政管理费	−1	26	第4年1季	
258	贴现	11	37	第4年2季	贴现 2 账期应收款 12 W,贴息 1 W
259	贴现	11	48	第4年2季	贴现 2 账期应收款 12 W,贴息 1 W
260	贴现	11	59	第4年2季	贴现 2 账期应收款 12 W,贴息 1 W
261	短贷利息	−2	57	第4年2季	支付短贷利息 2 W
262	归还短贷	−49	8	第4年2季	归还短贷 49 W
263	短贷	49	57	第4年2季	短贷 49 W
264	更新原材料	−33	24	第4年2季	8R3、3R1、10R4、6R2
265	开始下一批生产	−2	22	第4年2季	自动线(0248)生产 P3
266	开始下一批生产	−1	21	第4年2季	半自动(2417)生产 P4
267	开始下一批生产	−1	20	第4年2季	自动线(3100)生产 P2
268	开始下一批生产	−1	19	第4年2季	自动线(2753)生产 P2
269	开始下一批生产	−1	18	第4年2季	自动线(2783)生产 P2
270	开始下一批生产	−1	17	第4年2季	自动线(3105)生产 P2
271	开始下一批生产	−1	16	第4年2季	自动线(0257)生产 P4
272	开始下一批生产	−1	15	第4年2季	自动线(3089)生产 P1
273	开始下一批生产	−2	13	第4年2季	自动线(0252)生产 P3
274	开始下一批生产	−1	12	第4年2季	自动线(3095)生产 P1
275	开始下一批生产	−1	11	第4年2季	自动线(2766)生产 P2
276	开始下一批生产	−2	9	第4年2季	自动线(3192)生产 P3
277	开始下一批生产	−1	8	第4年2季	自动线(2749)生产 P2
278	开始下一批生产	−2	6	第4年2季	自动线(3109)生产 P3

续 表

现金流量表				
ID	动作	资金/W	余额/W	时间	备注
279	开始下一批生产	−1	5	第4年2季	自动线(2746)生产 P1
280	应收款更新	22	27	第4年2季	应收款更新 22 W
281	订单交货	7	34	第4年2季	(QZ21−283)1P2
282	订单交货	23	57	第4年2季	(QZ21−291)3P2
283	支付行政管理费	−1	56	第4年2季	
284	短贷利息	−1	55	第4年3季	支付短贷利息 1 W
285	归还短贷	−29	26	第4年3季	归还短贷 29 W
286	短贷	29	55	第4年3季	短贷 29 W
287	更新原材料	−33	22	第4年3季	10R4、3R1、8R3、6R2
288	开始下一批生产	−2	20	第4年3季	自动线(0248)生产 P3
289	开始下一批生产	−1	19	第4年3季	半自动(2417)生产 P4
290	开始下一批生产	−1	18	第4年3季	自动线(3100)生产 P2
291	开始下一批生产	−1	17	第4年3季	自动线(2753)生产 P2
292	开始下一批生产	−1	16	第4年3季	自动线(2783)生产 P2
293	开始下一批生产	−1	15	第4年3季	自动线(3105)生产 P2
294	开始下一批生产	−1	14	第4年3季	自动线(0257)生产 P4
295	开始下一批生产	−1	13	第4年3季	自动线(3089)生产 P1
296	开始下一批生产	−2	11	第4年3季	自动线(0252)生产 P3
297	开始下一批生产	−1	10	第4年3季	自动线(3095)生产 P1
298	开始下一批生产	−1	9	第4年3季	自动线(2766)生产 P2
299	开始下一批生产	−2	7	第4年3季	自动线(3192)生产 P3
300	开始下一批生产	−1	6	第4年3季	自动线(2749)生产 P2
301	开始下一批生产	−2	4	第4年3季	自动线(3109)生产 P3
302	开始下一批生产	−1	3	第4年3季	自动线(2746)生产 P1
303	应收款更新	6	9	第4年3季	应收款更新 6 W
304	支付行政管理费	−1	8	第4年3季	
305	厂房租金	−3	5	第4年3季	厂房 ID:0242
306	厂房租金	−4	1	第4年3季	厂房 ID:2740

5

续　表

现金流量表

ID	动作	资金/W	余额/W	时间	备注
307	贴现	22	23	第4年4季	贴现2账期应收款24 W,贴息2 W
308	贴现	11	34	第4年4季	贴现2账期应收款12 W,贴息1 W
309	短贷利息	−1	33	第4年4季	支付短贷利息1 W
310	归还短贷	−29	4	第4年4季	归还短贷29 W
311	出售生产线	15	19	第4年4季	自动线(3100)、自动线(3105)、自动线(3089)、自动线(3095)、自动线(3109)
312	应收款更新	70	89	第4年4季	应收款更新70 W
313	支付行政管理费	−1	88	第4年4季	
314	支付设备维修费用	−2	86	第4年4季	自动线(3192)
315	支付设备维修费用	−7	79	第4年4季	半自动(2417)
316	支付设备维修费用	−2	77	第4年4季	自动线(0257)
317	支付设备维修费用	−2	75	第4年4季	自动线(0252)
318	支付设备维修费用	−2	73	第4年4季	自动线(0248)
319	支付设备维修费用	−2	71	第4年4季	自动线(2753)
320	支付设备维修费用	−2	69	第4年4季	自动线(2746)
321	支付设备维修费用	−2	67	第4年4季	自动线(2749)
322	支付设备维修费用	−2	65	第4年4季	自动线(2766)
323	支付设备维修费用	−2	63	第4年4季	自动线(2783)
324	订单违约支付罚金	−5	58	第4年4季	订单号:QZ21−273

我们可以根据其经营业务进行复盘,了解其现金流的各种控制方法,掌握优秀企业经营经验。

【工作任务一——现金流管理】

在初期沙盘模拟企业的经营过程中,由于资金断流而破产的情况经常出现。要维持企业的长期生存,一个重要的因素是要看经营人员能否作出有效决策以保持足够的现金运营。为了行之有效地对资金作出正确的管理,我们必须编制现金预算表,其操作步骤如表5-39所示。

【任务分析】

企业经营者在进行现金管理时,要考虑现金的管理目标。现金管理目标有三个:

(1) 必须持有足够的现金以满足各种业务往来的需要。

(2) 将闲置现金减少到最低限度。

(3) 在资金短缺时,用最少的代价筹集所需资金。

【操作步骤】

表 5-39 现金预算表编制步骤

任务	操作人	操作要点及步骤
编制现金预算表	总经理	制订财产投资计划: 厂房是购买还是租赁
	营销总监	制订销售计划: (1) 销售什么产品?计划在什么市场销售? (2) 如何投放广告? (3) 何时开发新市场?何时开发新产品
	生产总监	制订生产计划: (1) 生产什么产品?生产多少?安排何时生产? (2) 现有生产设备下企业的产能是多少
	采购总监	制订采购计划: 根据生产计划,准确计算何时下原材料订单、订什么原材料、订多少数量
	财务总监	制订融资计划: (1) 采用何种形式的贷款组合? (2) 应收款是否需要贴现? (3) 资金不足时,是否需要出售厂房、出售生产线? (4) 把现金预算的结果填在相应的表内

5

【工作任务二——合理避税】

无论是刚入行的会计还是老"江湖",如何为企业做到合法的纳税筹划就要考验会计们的专业水准了。企业合理避税是在税法许可的范围内,通过不违法的手段,对经营活动和财务活动进行安排。必须满足税法条文所规定的条件,在此基础上,尽量达到减轻税收负担的目的。

【任务分析】

(1) 明确所得税的计算方法。

(2) 运用正确的方法合理避税。

任务六　企业盈利能力分析

【任务引例】

中国有色金属建设股份有限公司于 1983 年经国务院批准成立,主要从事国际工程承包和有色金属矿产资源开发。1997 年 4 月 16 日进行资产重组,剥离优质资产改制组建中色股份,并在深圳证券交易所挂牌上市。

以下节取了该公司 2007 年、2008 年、2009 年的财报分析。

一、资产有效率分析

1. 总资产周转率

总资产周转率反映了企业资产创造销售收入的能力。该企业的总资产周转率 2007 年为 0.87,2008 年为 0.59,2009 年为 0.52。从这些数据可以看出,该企业的总资产周转率是呈现逐年下降趋势的,尤其是 2008 年下降幅度最大,充分看出金融危机对该公司的影响很大。

2. 流动资产周转率

该企业的流动资产周转率 2007 年为 1.64,2008 年为 1.18,2009 年为 1.02。从这些数据可以看出,该企业的流动资产周转率是呈现逐年下降趋势的,尤其 2008 年下降幅度最大,仍然说明 2008 年的金融危机对该公司的影响很大。

3. 存货周转率

该企业的存货周转率 2007 年为 6.19,2008 年为 4.15,2009 年为 3.58。从这些数据可以看出,该企业的存货周转率同样是呈现逐年下降趋势的。

4. 应收账款周转率

该企业的应收账款周转率 2007 年为 8.65,2008 年为 5.61,2009 年为 4.91。从这些数据可以看出,该企业的应收账款周转率依然是呈现逐年下降趋势的。

二、获利能力分析

1. 销售利润率

该企业的销售利润率 2007 年为 22.54%,2008 年为 22.53%,2009 年为 19.63%。从这些数据可以看出,该企业的销售利润率比较平衡,但是 2009 年度有较大下降趋势。

2. 营业利润率

该企业的营业利润率 2007 年为 14.5%,2008 年为 6.39%,2009 年为 5.2%。从这些数据可以看出,该企业的营业利润率有明显下降趋势。

三、报酬投资能力分析

1. 总资产收益率

该企业的总资产收益率 2007 年为 15.99%,2008 年为 5.8%,2009 年为 5.4%。从这些数据可以看出,该企业的总资产收益率自 2008 年度以后有明显下降趋势。

2. 净资产收益率

该企业的净资产收益率 2007 年为 30.61%,2008 年为 6.1%,2009 年为 4.71%。从这些数据可以看出,该企业的净资产收益率也是自 2008 年度以后有较大幅度下降趋势。

3. 每股收益

该企业的每股收益 2007 年为 0.876,2008 年为 0.183,2009 年为 0.133。从这些数据可以看出,该企业的每股收益也是自 2008 年度以后有较大幅度下降趋势。

四、发展能力分析

1. 销售增长率

该企业的销售增长率 2007 年为 96.06%,2008 年为 −9.14%,2009 年为 −6.33%。从这些数据可以看出,该企业的销售增长率是自 2008 年度以后有较大幅度下降的趋势。

2. 总资产增长率

该企业的总资产增长率 2007 年为 89.14%,2008 年为 4.95%,2009 年为 9.02%。从这些数据可以看出,该企业的总资产增长率也是自 2008 年度以后有较大幅度下降的趋势,但是总体来看,还是增长的,说明企业还是在发展的,只不过是扩张的速度有所减缓,2007 年应该是高速扩张的一年。

【知识准备与业务操作】

一、运营成本分析

企业经营成本的高低,不仅影响企业自身的积累,也影响企业的盈利能力。经营成本是与企业经营过程相关的所有资金耗费,既包括会计计算的历史成本,也包括内部经营管理需要的现在和未来的成本。

(一)企业经营的目标

企业是营利性组织,其出发点和目标是获得利润。企业一旦成立,就会面临竞争,并始终处于生存和倒闭、发展和萎缩的矛盾之中。企业必须生存下去才能获利,只有不断发展才能求得生存。因此,企业经营的目标可以概括为生存、发展和获利三个方面。

1. 生存

只有先生存,才可能获得利润。企业在市场中生存下去的基本条件有两个:

(1)以收抵支。企业从市场获得的货币至少要等于付出的货币,以便维持继续经营,这是企业长期存续的基本条件。

(2)到期偿债。企业如果不能偿还到期债务,就可能被债权人接管或被法院判定破产。因此,企业生存的主要威胁来自两个方面:① 长期亏损,它是企业终止的内在原因。② 不能偿还到期债务,它是企业终止的直接原因。

亏损企业为维持运营被迫进行偿债性融资,借新款还旧债,如不能扭亏为盈,迟早会因借不到钱而无法周转,从而不能偿还到期债务。盈利企业也可能出现"无力支付"的情况,主要是借款扩大业务规模,冒险失败,为偿债必须出售不可或缺的厂房和设备,使生产经营无法持续下去。

2. 发展

企业是在发展中求生存的。企业的生产经营如逆水行舟,不进则退。企业的发展集中表现为扩大收入。扩大收入的根本途径是提高产品的质量,扩大销售的数量,这就要求企业不断更新设备、技术和工艺并不断提高各种人员的素质,也就是投入更多、更好的物质资源、人力资源并改进技术和管理。在市场经济中,各种资源的取得都需要付出货币,企业的发展离不开资金。

3. 获利

企业必须能够获利,才有存在的价值,企业的目的就是盈利。盈利不但体现了企业的出发点和归宿,而且可以概括其他目标的实现程度,有助于其他目标的实现。从财务上看,盈利就是使资产获得超过其投资的回报。在市场经济中,没有"免费使用"的资金,资金的每项来源都有成本。

(二) 企业经营的本质

企业利用一定的经济资源,通过向社会提供产品和服务,获取利润,目的是股东权益最大化。经营者要牢牢记住——企业经营的本质是一切行动的指南,企业经营的本质如图 5-4 所示。

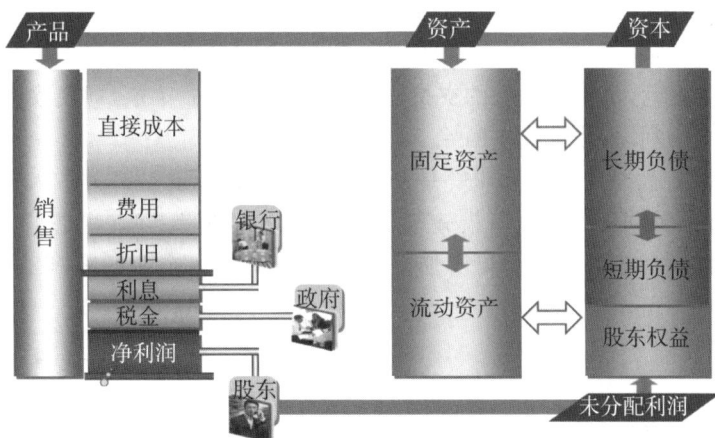

图 5-4　企业经营的本质

1. 企业资本构成的两个来源

(1) 负债。负债有二,一个是长期负债,一般是指企业从银行获得的长期贷款;另一个是短期负债,一般是指企业从银行获得的短期贷款。

(2) 所有者权益。所有者权益由两部分组成,一部分是指企业创建之初时,所有股东的集资,即股东资本,这个数字在 ERP 沙盘模拟经营的过程中是不会变的;还有一部分是未分配利润。

2. 未分配利润是所有者权益增加值的重要组成部分

企业在经营中产生的利润,除了支付银行利息和国家税款外,剩余归股东所有,如果股东不参与分配,在企业下一年的经营中,就形成未分配利润,也可以看成是股东的投资,成为所有者权益的重要组成部分。

3. 会计恒等式的应用

$$资产＝负债＋所有者权益$$

在企业筹集了资本后,进行采购厂房和设备、引进生产线、购买原材料、生产加工产品等活动,余下的资本就是企业的流动资金了。企业的资产就是由资本转化过来的,而且是等值转化。通俗地讲,资产表示企业的"钱"花在哪儿了,资本表示这"钱"是属于谁的。两者从价值上讲必然是相等的,在资产负债表中,会计等式的左边与右边的金额一定是相等的。

4. 净利润增加的途径

企业经营的目的是股东权益最大化,ERP沙盘模拟经营中,所有者权益增加值的来源只有一个,即净利润。净利润来自何处呢? 销售是一个重要途径,但销售所带来的不全都是利润。

在拿回销售款前,必须要采购原材料、支付工人工资,还有其他生产加工时必需的费用,最终生产出产品。当把产品卖掉、拿回销售额时,收入中要抵扣这些直接成本;还要抵扣企业为形成这些销售支付的各种费用,包括:产品研发费用、广告投入费用、市场开拓费用、设备维修费用、管理费等,这些费用也是在拿到收入之前已经预先支付的;机器设备在生产运作后会贬值,资产缩水了,这部分损失应当从销售额中得到补偿,这就是折旧。

经过以上三个方面的抵扣,剩下的部分形成支付利息前利润,归三方所有。

(1) 资本中有很大一部分来自银行的贷款,银行要收取利息作为回报,利息即财务费用。

(2) 企业的运营,离不开国家的支持,利润中的一部分归国家,即税收。

(3) 最后的净利润,才是股东的。

那如何才能扩大净利润? 无非就是开源和节流。开源就是努力扩大销售,可以通过开拓市场、增加品种和扩大产能等措施来增加企业的净利润;节流就是尽力降低成本,可以通过降低直接成本、间接成本和增加毛利等措施来增加企业的净利润。具体措施如图5-5和图5-6所示。

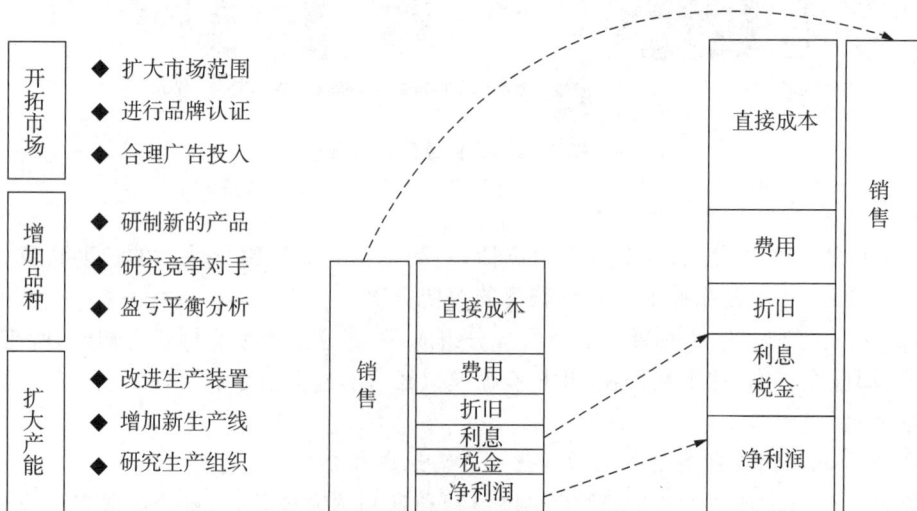

图5-5　开源——努力扩大销售

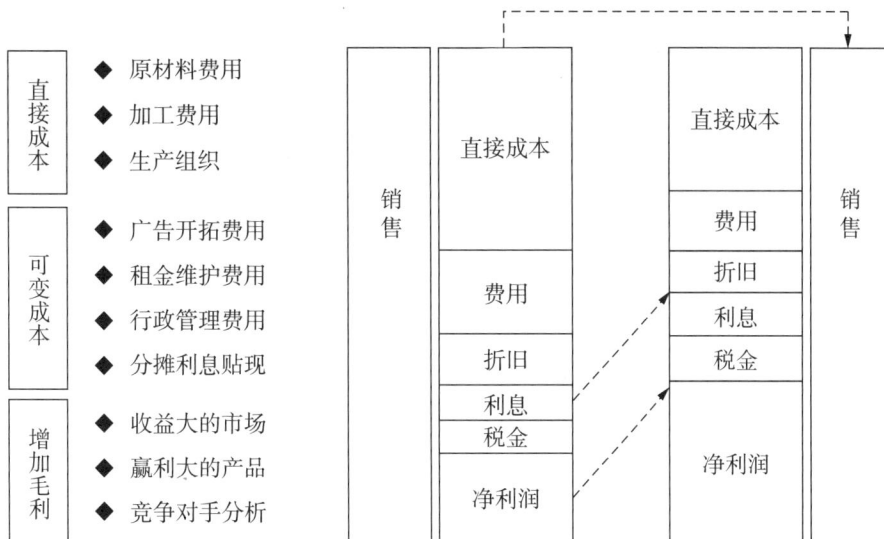

图 5 - 6　节流——尽力降低成本

(三) 企业的运营成本分析

在 ERP 沙盘模拟经营的过程中,几家起始状态完全一样的企业,经过几年的经营,会出现一定的差异,有的甚至已经破产倒闭。为什么会产生不同的结果? 这是学员们在模拟企业经营过程中从始到终一直在考虑的问题。在 ERP 沙盘推演的经营过程中,指导教师应根据学员每年的运营情况,进行有效的点评。

该企业的五年综合费用表和利润表(数据来源于电子沙盘,初始资金为 80 W)分别如表 5 - 40 和表 5 - 41 所示。

表 5 - 40　五年综合费用表　　单位:W

项　目	第 1 年	第 2 年	第 3 年	第 4 年	第 5 年	第 6 年
管理费用	4	4	4	4	4	4
广告费	0	6	9	8	12	14
维修费	0	3	5	5	5	5
损　失	0	0	0	0	0	0
转产费	0	0	0	0	0	0
厂房租金	5	5	5	8	8	8
新市场开拓	2	0	0	0	0	0
ISO 资格认证	3	3	0	0	0	0
产品研发	5	0	0	0	0	0
信息费	0	0	0	0	0	0
合　计	19	21	23	25	29	31

5

表 5 - 41 五年利润表 单位:W

项 目	第 1 年	第 2 年	第 3 年	第 4 年	第 5 年	第 6 年
销售收入	0	39	85	113	163	137
直接成本	0	18	33	46	75	67
毛 利	0	21	52	67	88	70
综合费用	19	21	23	25	29	31
折旧前利润	—19	0	29	42	59	39
折 旧	0	0	10	16	16	16
支付利息前利润	—19	0	19	26	43	23
财务费用	0	4	12	17	10	12
税前利润	—19	—4	7	9	33	11
所得税	0	0	0	0	7	3
年度净利润	—19	—4	7	9	26	8

从表 5 - 41 可以看出,除第 5 年以外,企业其余年份业绩平平,从第 3 年起,销售收入增长较快,但利润增长乏力。

1. 综合市场占有率——谁拥有市场主动权

谁拥有市场,谁就拥有主动权。市场的获得又与各企业的市场分析与营销计划相关。

市场占有率是企业能力的一种体现,企业只有拥有了市场才有获得更多收益的机会。

市场占有率指标可以按销售数量计算,也可以按销售收入计算,这两个指标综合评定了企业在市场中销售产品的能力和获取利润的能力。

综合市场占有率是指某企业在某个市场上全部产品的销售数量与该市场全部产品的销售数量之比,市场占有率样图如图 5 - 7 所示。

$$\text{某市场该企业的综合市场占有率} = \frac{\text{该企业在该市场上全部产品的销售数量(收入)}}{\text{全部企业在该市场上各类产品总销售数量(收入)}} \times 100\%$$

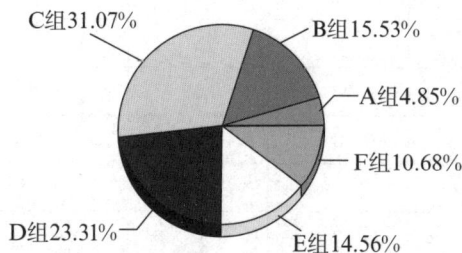

图 5 - 7 市场占有率样图

C组31.07%　B组15.53%　A组4.85%　F组10.68%　E组14.56%　D组23.31%

从图5-7中可以看出,在该市场中,C企业拥有最大的市场份额而成为市场领导者,而且遥遥领先于其他5个企业。在后面几年里,C企业的广告费就可以大幅节约,营销规划也更容易制定,这对于ERP沙盘模拟经营中最艰难的第3年和第4年来说无疑是一个好消息。

2. 全成本分析——钱花在哪里了

全成本分析属于企业盈利能力分析方法,分析各项费用占销售收入的比重,旨在从比例较高的那些费用支出入手,分析其发生的原因,提出控制费用的有效办法。

销售收入很多,但利润低,原因出在哪里呢?

前面提到,企业的利润增长主要与销售收入和费用有关,要想获得高利润,需开源节流。CEO和企业的管理人员通过对综合费用表和利润表的研究与分析发现,为了销售产品,企业发生了很多现金支出,这些支出包括损失、厂房租金、生产线维修费、产品研发、财务费用等,是它们耗用了企业的大量现金,降低了企业利润。进一步分析可以得出,这些费用主要是由以下原因造成的。

(1)选单发生了重大失误或者生产和销售没有衔接,用紧急采购弥补,出现损失,导致直接成本过高。

(2)盲目扩大生产线,只有通过不停地贴现,才能不发生现金断流,财务费用高,主要是因为对资金的把控能力不足。

(3)投入广告费高,拿到的订单总销量偏低,使得单位订单利润低。原因是对市场研究不透彻,销售决策出现失误。

知道钱花在哪里,查明企业成本升高的原因,控制企业大量不必要的浪费,接下来,就要分析哪个产品最盈利。

3. 产品贡献度——生产什么产品最划算

一个经营多种产品的企业,应该定期对其产品作贡献分析。对企业产品进行贡献分析,可以使企业清晰地看到每一种产品对企业效益贡献的程度,在资源有限的条件下,企业可以据此调整其产品结构,尽可能地将资源投入到对企业贡献大的产品上,实现企业效益最大化。

我们把各类产品按成本分类,将每种产品涉及的费用归类统计并计算出每个产品的各项成本分摊比例,按照前面全成本的计算原理,累计计算总成本。需要注意的是,经营费用、财务费用的分摊比例不是非常明确的,可以根据经验来确定。

产品贡献分析法,是对企业经营效果的事后分析,这种"事后分析"虽然不能改变企业的现状,但它可以让企业经营者知道原先的努力是否取得应有的成效,还可以告诉企业经营者哪些产品是盈利的,哪些产品是不盈利的,进而让企业经营者通过对企业内部资源作调整(产品调整),努力实现企业效益的最大化。因此,产品贡献分析是一项非常重要的分析工作。

二、盈利能力分析

企业经营的目的是股东权益最大化,在ERP沙盘模拟经营中,权益的来源就是净利润,净利润的多少,不仅和销售有关,而且也和为实现产品的生产、销售等一系列活动所产生的费用有关,两者的差额就是净利润。

(一) 分析企业的经营成果

1. 本量利分析——销售多少才能赚钱

本量利分析,全称产量成本利润分析,也叫保本分析或盈亏平衡分析法,它是根据成本、业务量(产量、销售量、销售额)、利润三者的关系,用来预测利润、控制成本的一种数学分析方法,是企业经营决策中常用的一种定量确定型决策方法。

本量利分析法的核心是盈亏平衡点的分析。盈亏临界点是指这样的销售量,适时,企业的销售收入等于总成本,即利润为零。以盈亏临界点为界,销售收入高于此点则企业盈利,反之则企业亏损。因此,企业在经营活动中,应掌握盈亏变化的规律,进而指导企业选择能够以最小的成本生产最多的产品并可使企业获得最大利润的经营方案。本量利分析逻辑如图 5-8 所示。

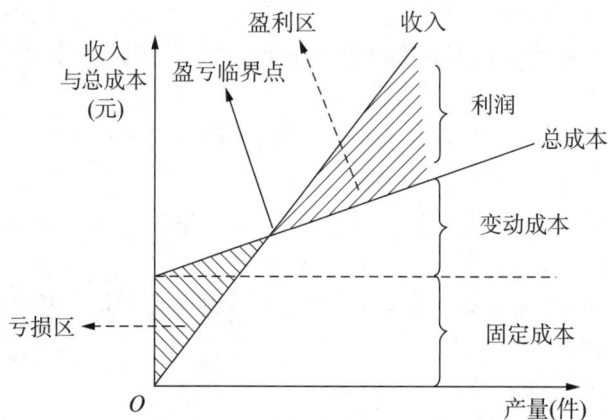

图 5-8 本量利分析逻辑

图 5-8 显示,销售额和销售数量成正比,而企业成本支出分为固定成本和变动成本。固定成本,如综合费用、折旧、利息等,和销售数量无关,成本曲线和销售金额曲线交点即盈亏临界点。利润与盈亏临界点销售量计算公式如下:

$$利润 = 销售额 - 变动成本 - 固定成本$$

$$= 单价 \times 数量 - 单位变动成本 \times 数量 - 固定成本$$

$$盈亏临界点销售量 = 固定成本 \div (单价 - 单位变动成本)$$

【举例】

P2 销售单价为 6 W,直接成本 3 W,固定成本 21 W,则:

临界点销售量 $= 21 \div (6-3) = 7$(个)

以上计算结果表明:如果 P2 产品销量不足 7 个,本产品本年度就亏损了。

从图 5-8 可见,盈利不佳是因为成本过高或产量不足,企业在从事经营活动过程中,应最大限度地缩小盈亏临界点的销量或销售收入,尽量提高盈利销量,实现企业利润最大化目标。

2. 杜邦分析体系——找出影响利润的因素

杜邦分析体系是一种比较实用的财务比率分析体系,在该体系中,企业经营的根本就是盈利,那如何衡量经营的好坏呢?有两个最关键的指标,即资产收益率和净资产收益率,而净资产收益率是股东最为关心的指标。

$$净资产收益率＝销售净利率×总资产周转率×权益乘数$$

杜邦体系分析法的基本思想就是将企业的净资产收益率逐级分解为多项财务比率乘积,综合地分析和评价企业的盈利能力和股东权益回报水平,有助于深入分析、比较企业经营业绩。杜邦分析体系如图 5-9 所示。甲、乙企业第 6 年杜邦体系图分别如图 5-10、5-11 所示。

杜邦体系分析图告诉我们,净资产收益率是杜邦分析的核心指标。这是因为,任何一个投资人投资某一特定企业,其目的都在于希望该企业能给他带来更多的回报。因此,投资人最关心的就是这个指标。这个指标是企业管理者制定各项财务决策的重要参考依据。

从图 5-10 和图 5-11 的数据可以看出,甲企业的净资产收益率为 13.9%,乙企业的净资产收益率为 44.5%。很明显,经营 6 年之后,乙企业发展状况要比甲企业好很多。到底是什么因素影响了我们对企业的综合评价呢?

通过杜邦分析,将影响净资产收益率指标的三个因素从幕后推向前台,可以使我们能够目睹它们的"庐山真面目"。

(1) 销售净利率。销售净利率反映了企业利润总额与销售收入的关系。提高销售净利率是提高企业盈利能力的关键所在。

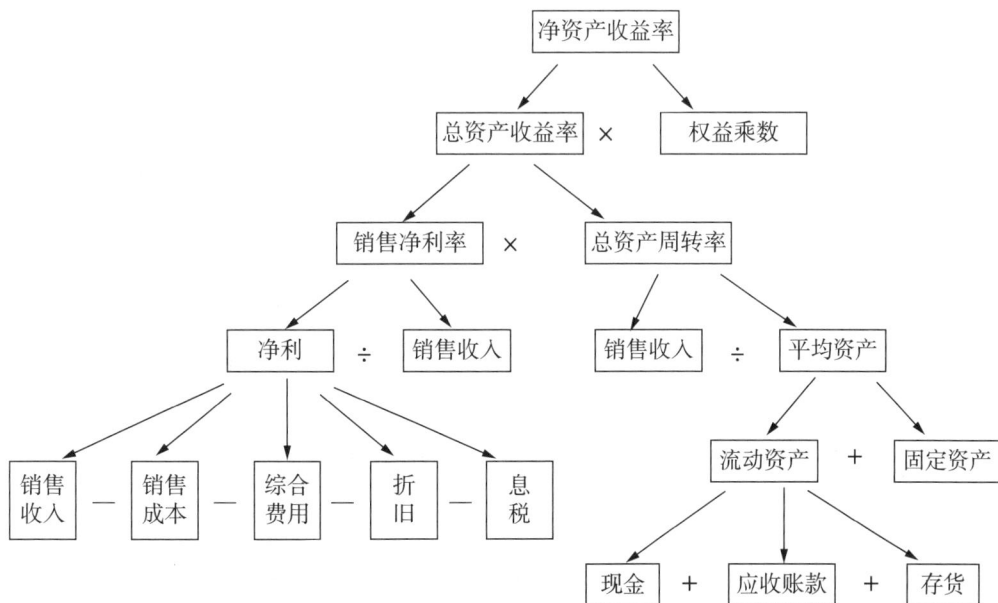

图 5-9 杜邦分析体系

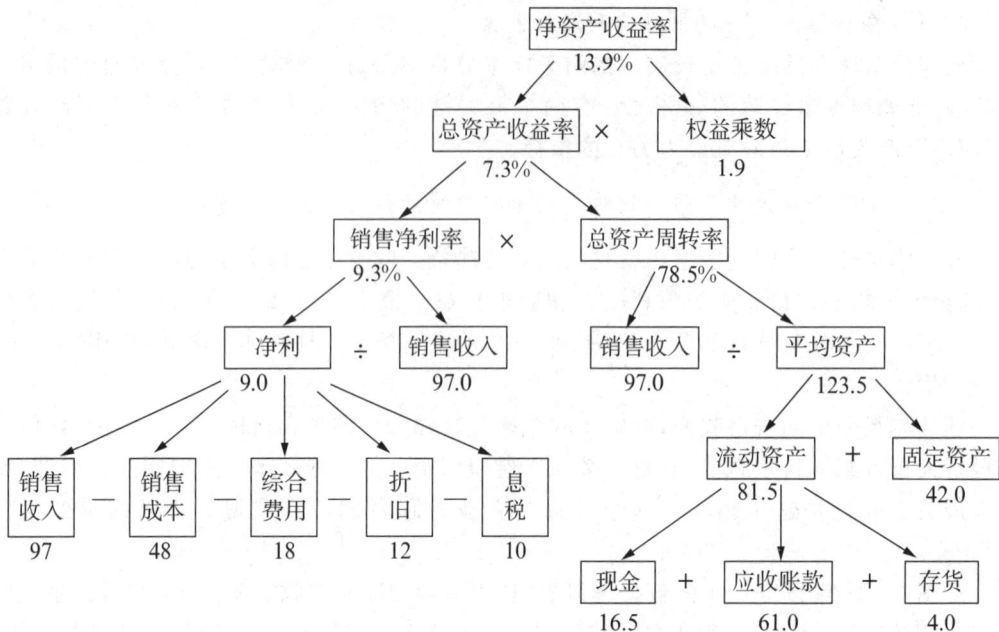

图 5-10 甲企业第 6 年的杜邦分析图

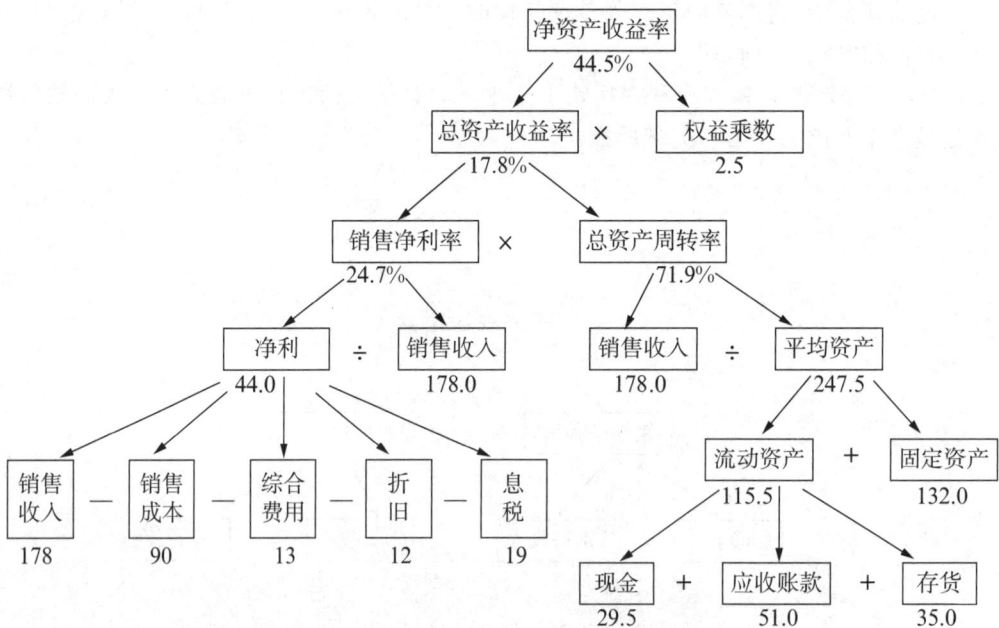

图 5-11 乙企业第 6 年的杜邦分析图

销售净利率公式为：

$$销售净利率 = 净利润 \div 销售收入 \times 100\%$$

从图 5-10 和图 5-11 的数据中可以看出,甲企业的销售净利率为 9.3%,乙企业的销售净利率为 24.7%。甲企业的销售收入为 97 W,净利润为 9 W;乙企业的销售收入为

178 W,净利润为 44 W。即甲企业产品没有乙企业的利润空间大。

经过以上分析可知:一个企业要想提高销售净利率,主要有两个途径:① 扩大销售收入(开源);② 降低成本费用(节流)。

而降低各项成本费用开支是企业财务管理的一项重要内容。对各项成本费用开支的列示,有利于企业进行成本费用的结构分析,加强成本控制,以便为寻求降低成本费用的途径提供依据。

(2)总资产周转率。总资产周转率揭示企业资产总额实现销售收入的综合能力,反映了企业资产的营运能力,既影响企业的获利能力,又影响企业的偿债能力。其公式为:

$$总资产周转率=销售收入÷资产总额×100\%$$

从图 5-10 和图 5-11 上的数据可以看出,甲企业的总资产周转率为 78.5%,乙企业的总资产周转率为 71.9%。甲企业的销售收入为 97 W,平均资产总额为 123.5 W;乙企业的销售收入为 178 W,平均资产总额为 247.5 W。即甲企业总资产周转率略高于乙企业总资产周转率,这是因为乙企业产品积压严重,大量应收款未能变现,库存现金留用过多。

经过以上分析可得知,一个企业要想提高总资产周转率,应当结合销售收入分析企业资产的使用是否合理,资产总额中的流动资产和非流动资产的结构安排是否适当。一般而言,流动资产直接体现企业的偿债能力和变现能力;非流动资产体现企业的经营规模和发展潜力。两者应保持一个合理的结构比率,如果企业持有的现金超过业务需要,就可能影响企业的获利能力;如果企业占用过多的存货和应收账款,则既会影响获利能力,又影响偿债能力。为此,就要进一步分析各项资产的占用数额和周转速度。对流动资产应重点分析存货是否有积压现象,货币资金是否闲置;对应收账款要分析客户的付款能力和有无变为坏账的可能性;对非流动资产则应重点分析企业固定资产是否得到了充分利用。

(3)权益乘数。权益乘数主要受资产负债率的影响,反映企业的负债能力。其公式为:

$$权益乘数=1÷(1-资产负债率)$$
$$资产负债率=负债总额÷资产总额×100\%$$

从图 5-10 和图 5-11 的数据可以看出,甲企业的权益乘数为 1.9,乙企业的权益乘数为 2.9。利用公式,可计算出甲企业的资产负债率为 37.5%;乙企业的资产负债率为 42.2%。即乙企业比甲企业的债务资金占用比较大,财务风险比较大,财务杠杆效应也比较明显,进而推断出甲企业的资金结构比较合理。

经过以上分析可知,一个企业的权益乘数指标值较高,说明该企业资产总额中的大部分是通过负债形成的,这样的企业将会面临较高的财务风险。权益乘数指标值较低,说明企业的财务政策比较稳健,较少负债,风险也小,但获得超额收益的机会也不会很多。因此,企业既要合理使用全部资产,又要妥善安排资本结构。

通过对以上三个因素的学习,我们认识到杜邦分析体系,既涉及企业获利能力方面的指标(净资产收益率、销售利润率),又涉及营运能力方面的指标(总资产周转率),同时还涉及举债能力指标(权益乘数)。可以说杜邦分析法是一种三足鼎立的财务分析方法。

5

无论是在手工沙盘还是在电子沙盘中,我们都可以直接查看各企业不同年份杜邦体系分析图,进而作出更好的经营决策。

(二) 企业行为模拟课程的评判

在本课程中,企业评价如何接近企业的真实价值,并且反映企业未来的发展和成长性,需要集中体现在总成绩计算算法中。在综合考虑各方面因素的基础上,我们定义企业决胜的算法如下:

$$总成绩＝所有者权益×(1＋企业综合发展潜力÷100)－罚分$$

1. 成绩评价思考的逻辑框架

对沙盘各个小组进行"公正"的评价,应当考虑两个方面的因素:

(1) 利润。盈利的"多与少"是各队沙盘经营综合决策的客观结果。但也有许多小组在经营的最后一年结束时将生产线全部卖掉,由此增加了"额外收入"并计入"利润"中,从而使积分提升。如若仅考虑利润因素,就会产生偏差。

(2) 综合考虑企业的未来发展。企业的固定资产(生产线、厂房等)、现金流状况(应收款、应付款、当前现金)、市场份额(总市场占有率、各个分市场占有率)、ISO认证、产品开发等因素应当综合考虑。

2. 权益评价因素分析

ERP沙盘模拟经营中各企业的权益结构为:所有者权益＝股东资本＋利润。

(1) 利润是利润留存(以前年度未分配利润)与当年净利润之和。当然,利润越大,意味着"盈利越多"。

(2) 股东资本是在企业经营之初,所有股东投入的资金。但在训练中,有些小组由于决策失误,资不抵债(权益为负)且"现金资本断流"时,出于训练的"延续性"考虑,需要对其进行"股东资本追加"。此时该小组股东资本＝股东原始资本＋追加股东资本。追加了股东资本后,权益加大。此时如果还按照权益去计算积分,显然对于未追加投资的小组而言是很不公平的。

(3) 变卖生产线增加的额外收入可以提高当年的利润,这样提高的"积分"属于"投机取巧"行为。

由以上分析可以看出,仅仅依赖权益进行考评,确实存在着"消极"和"不公正"的因素。

3. 综合因素评价分析

对各个小组的综合因素评价,主要考虑企业未来发展的潜力,此时评价的前提当然是如果下一年继续经营,要考虑企业已存在的各种有形资产和无形资产。

(1) 生产线数量。生产线数量决定了生产能力,生产线越多、越先进,企业未来的产能越大。

(2) 自主厂房(已购买)数量。自主厂房越多,意味着企业固定资产规模大,未来的生产经营租金费用越低,盈利能力强。

(3) ISO认证。ISO认证可以认为是一种投资回报。未来,有ISO认证需要的订单,其价格和应收款期限都比较有利,广告成本小,盈利能力强。

(4) 市场开拓数量。我们可以认为它是一种投资回报。未来市场宽广,拿订单易于达到"最大可销售量",降低库存,而且可以更好地定位于价格高的市场,加快资金周转,降低广告费用,增强盈利能力。

（5）产品开发种类。我们同样可以认为产品开发是一种投资回报。产品市场选择宽广,拿订单易于达到"最大可销售量",降低库存,而且可以更好地定位于价格高、毛利大的产品,加大"毛利率",降低广告费用分摊比率,增强盈利能力。

（6）市场销量。"销售最大"意味着在该市场占有主导地位,可以认为是一种优势,在有"市场老大"规则的情况下,可以降低广告费用,增强盈利能力。

（7）未到期应收账款提前收回。这方面体现的是在以往的运营过程中的"现金流"控制成效,财务预算与执行能力较强,财务成本较低。这样对未来的财务费用控制能力也可以有较高的预期。

岗位说明

　　财务主管通过企业的数据,分析企业账务状况,主攻产品营利贡献率,了解在本次竞赛环境中自己企业的成与败,并且利用本量利分析（销售多少才能赚钱）和杜邦分析体系（找出影响利润的因素）分析影响经营成果的因素。该角色应熟知沙盘模拟企业经营的评判规则,减少比赛中的各类失误。

赛题链接

继任务五【赛题链接】,经营四年结束后企业数据如表5-42所示。

表5-42　经营四年后的企业数据　　单位:W

用户名	ht01	ht02	ht03	ht04	ht05	ht06	ht09	ht10	ht11
管理费	4	4	4	4	4	4	0	4	4
广告费	46	42	47	88	83	38	54	50	48
设备维护费	28	22	14	36	25	33	0	18	12
转产费	0	0	0	0	0	1	0	0	0
租金	0	0	0	10	7	11	0	3	0
市场准入开拓	0	0	0	0	0	0	0	0	0
产品研发	0	0	0	0	0	0	0	0	0
ISO认证资格	0	0	0	0	0	0	0	0	0
信息费	0	0	0	0	0	0	0	0	0
其他	9	0	5	0	20	1	0	9	9
合计	87	68	70	138	139	88	54	84	73

第4年综合费用表

第4年利润表

用户名	ht01	ht02	ht03	ht04	ht05	ht06	ht10	ht11
销售收入	299	251	269	433	442	296	296	263
直接成本	151	104	115	198	194	143	142	115
毛利	148	147	154	235	248	153	154	148
综合管理费用	87	68	70	138	139	88	84	73
折旧前利润	61	79	84	97	109	65	70	75
折旧	18	33	17	24	12	20	15	12
支付利息前利润	43	46	67	73	97	45	55	63
财务费用	17	19	12	22	23	22	15	9
税前利润	26	27	55	51	74	23	40	54
所得税	7	7	14	13	19	5	10	14
净利润	19	20	41	38	55	18	30	40

第4年资产负债表

用户名	ht01	ht02	ht03	ht04	ht05	ht06	ht10	ht11
类型	系统	系统	系统	系统	系统	系统	系统	系统
(库存)现金	75	179	94	90	58	29	144	171
应收款	232	109	136	228	253	180	62	88
在制品	0	0	0	0	0	0	0	0
产成品	0	24	3	0	0	6	6	2
原材料	0	0	12	0	0	16	12	0
流动资产合计	307	312	245	318	311	231	224	261
土地和建筑	75	81	120	0	45	0	60	66
机器与设备	48	78	50	93	93	88	84	51
在建工程	0	0	0	0	0	0	0	0
固定资产合计	123	159	170	93	138	88	144	117
资产总计	430	471	415	411	449	319	368	378
长期负债	187	183	134	134	147	118	130	128
短期负债	116	150	136	136	127	104	116	115
特别贷款	0	0	0	0	0	0	0	0
应交税费/金	7	7	14	13	19	5	10	14

续　表								
第 4 年资产负债表：								
负债合计	310	340	284	283	293	227	256	257
股东资本	77	77	77	77	77	77	77	77
利润留存	24	34	13	13	24	−3	5	4
年度净利	19	20	41	38	55	18	30	40
所有者权益合计	120	131	131	128	156	92	112	121
负债和所有者权益总计	430	471	415	411	449	319	368	378

注：缺席组数已经破产。

利用以上主要数据，进行经营成果分析和盈利能力分析。

【工作任务一——经营成本分析】

本任务与下一个任务均从系统角度，先将本企业 6 年的综合费用表和利润表展示出来，并分别从成本分析、产品贡献度、本量利分析、市场占有率和杜邦分析体系等财务指标角度进行分析，让学生学会用数据说话，分析企业经营成果，找出影响企业利润的关键因素，进而掌握企业经营的成功之道。

【任务分析】

（1）了解企业经营的本质。

（2）明确生产与运营管理的基本方法。

（3）学会运用成熟的经营成本分析方法。

【工作任务二——盈利能力分析】

盈利能力就是企业资金增值的能力，它通常体现为企业收益数额的大小与水平的高低。

【任务分析】

（1）熟悉主要财务分析指标及其内涵。

（2）提高企业财务指标的分析能力。

项 目 小 结

企业战略，是企业根据其外部环境和内部资源及能力状况，为谋求长期生存和稳定发展，不断地获得新的竞争优势，对企业发展、达成经营目标的途径和手段的总体谋划。

企业环境分析包括外部环境分析和内部条件分析。企业外部环境分析具体包括：企业宏观环境分析和企业行业及竞争环境分析。企业应从内、外部环境进行系统分析,找出竞争环境基本情况(例如产品开发情况、生产线建线情况、市场开发情况、ISO认证情况、现金流情况等)。企业战略形态是指企业采取的战略方式及战略对策,按表现形式,可以分为:拓展型、稳健型、收缩型三种形态。企业战略选择和调整应根据竞争环境基本情况分析结果,制定应对策略(例如生产主要产品的确定、广告策略的制定等)。

生产管理是指对一个生产系统的设计、运作、评价和改进进行管理,它包含对从有形产品和无形产品的研究开发到加工制造、销售、服务、回收、废弃的全寿命过程所作的系统管理。生产能力是指企业在一定时期内,在合理的、正常的技术组织条件下,所能生产的一定种类产品的最大数量。正确计算企业的产能,是企业参加订货会和竞单会取得可接单量的基础数据,企业必须了解不同类型生产线的生产周期、年初在制品状态以及原材料订购情况,从而获得准确的产能数据。

企业营销应根据各类数据进行市场分析,明确市场进入策略,确定品种发展策略,运用广告投放规则合理进行广告宣传。企业接单时一定要考虑到每个季度的产品类型和产品产能,以市场订单制定销售计划,按照销售计划和各订单账期调整订单交货时间。

企业生产布局需要根据企业战略进行产品研发,规划质量管理体系认证,固定资产投资,编制生产计划,平衡生产能力。

在沙盘模拟企业经营中,为了保证资金不断流,必须对资金进行严格预算控制,综合考虑经营战略下,利用投资时间、筹资方式等具体业务的调整,达到现金流最佳状态。企业要合理进行纳税规划,通过对综合费用的控制,达到合理避税的目的。

项 目 训 练

完成本项目中六个任务中的【赛题链接】内容。

附 录

附录一　在不同专业开展 ERP 沙盘教学

文档:一、基础会计与 ERP 沙盘的结合教学

(一) 基础会计教学的问题

1. 基础会计重要吗?——重要
2. 基础会计容易教学吗?——易教学? 不易教学?
3. 会计学习的关键在哪里?——入门

(二) 学生学情分析

1. 未接触过企业
2. 不了解企业的部门和岗位设置
3. 不了解企业是怎样经营的
4. 不了解企业生产经营流程
5. 不了解企业到底要做哪些事(业务)
6. 不了解什么是管理

(三) 借助 ERP 沙盘引导学生

1. 认识沙盘模拟企业——制造企业(附图 1-1)

文档:企业模拟经营电子
沙盘(创业者)翻转课堂
活动设计表格

文档:云技术条件下
沙盘专业教学拓展

附图 1-1　新商战模拟训练分析系统

6

通过盘面介绍制造企业,各部门职能,认识企业。

2. 了解部门及岗位设置——职业定位(附图1-2)

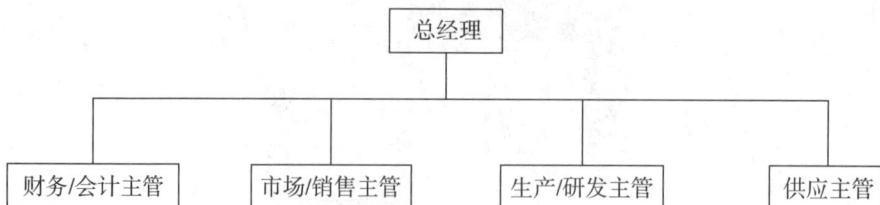

附图1-2 岗位设置

介绍各部门及岗位,增加职业岗位归属感,进行角色定位。

3. 初始状态设定——企业经营要素(会计要素)(附图1-3)

三、初始状态设定—生产中心

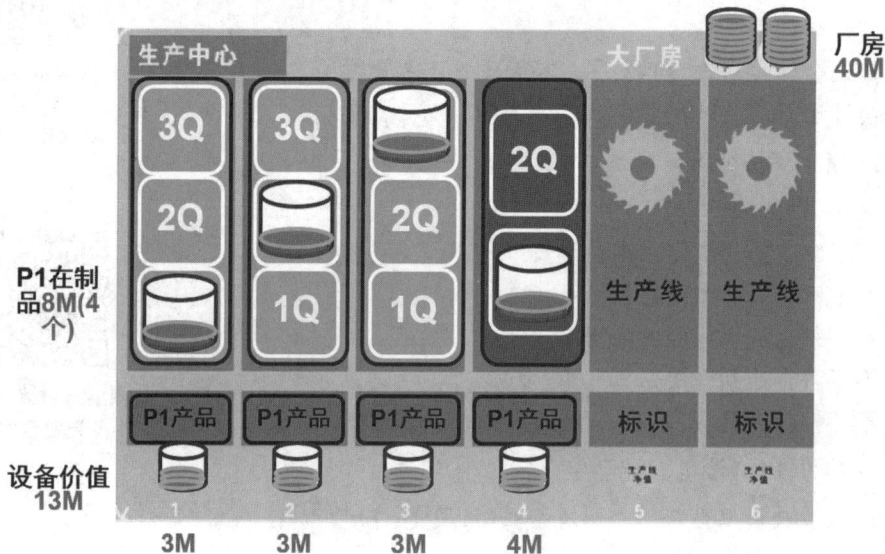

附图1-3 初始状态设定

在盘面上直观看到并给学生讲解企业的资产、负债等要素。

4. 盘点并编制报表——初次接触财务数据(附表1-1、附表1-2)

附表1-1 利润表

单位:W

项　　目		教学年
销售收入	÷	35
直接成本	−	12
毛利	=	23

续　表

项　　目		教学年
营业费用	－	11
折旧前利润	＝	12
折旧	－	4
支付利息前利润	＝	8
财务收入/支出	＋/－	4
额外收入/支出	＋/－	
税前利润	＝	4
所得税费用	－	1
净利润	＝	3

附表 1－2　资产负债表

单位：W

资产		0 年初	负债＋权益		0 年初
流动资产：			负债：		
现金	＋	20	长期负债	＋	40
应收款	＋	15	短期负债	＋	
在制品	＋	8	应付款	＋	
成品	＋	6	应交税费	＋	1
原料	＋	3			
流动资产合计	＋	52	负债合计	＝	41
固定资产：			所有者权益：		
土地和建筑	＋	40	股东资本	＋	50
机器与设备	＋	13	利润留存	＋	11
在建工程	＋		年度净利	＋	3
固定资产合计	＝	53	所有者权益合计	＝	64
总资产	＝	105	负债＋权益	＝	105

边解释边教学生如何编制报表，让学生参与实践，并有所获。

6

5. 企业运营——运营流程——了解业务、分析业务(附表 1-3)

附表 1-3 企业运营表

任务清单 请按顺序执行下列各项操作。		第 1 季度			
		P1/R1	P2/R2	P3/R3	P4/R4
新年度规划会议					
参加订货会/支付广告费					
登记销售订单					
制定新年度计划					
支付应付税费					
季初盘点	现金余额(财务总监填写)				
	原材料库存(采购总监填写)				
	在产品(生产总监填写)				
	产成品库存(营销总监填写)				
更新短期贷款/还本付息/申请短期贷款(高利贷)	更新账期				
	支付本息				
	借入贷款				
更新应付款/归还应付款					
原材料入库/更新原料订单	材料				
	付材料款				
下原料订单					
更新生产/完工入库					
投资新生产线/变卖生产线/生产线转产					
向其他企业购买原材料/出售原材料					
开始下一批生产	投入材料				
	产品投产				
	付加工费				

6

（1）了解企业运营流程。

（2）了解各岗位工作职责。

（3）了解企业经营业务。

（4）分析业务发生带来的经营要素的增减变化。

（5）切身感知资金的重要性。

二、供应链认知与技能培养

(一) 用友 ERP-U8 供应链管理教学中的问题

（1）教育部高职会计技能大赛中会计信息化环节的重要考核知识点,同时也是会计信息化教学中的难点。

（2）无论是本科还是高职学生一般都没有真实的企业工作经历,无法直观感受供应链中各企业的工作流、物流、资金流和信息流。

（3）教师采用传统的"理论教学＋上机辅导",难以和学生形成互动,学生缺乏主动学习的兴趣。

(二) 用新道供应链沙盘设置了相应的训练项目

1. 直观感受供应链中各企业的工作流、物流、资金流和信息流

通过新道供应链管理沙盘体验供应链管理全流程多角色的管理应用,深刻理解供应链管理思想。

2. 全方位感受企业供应链管理(附图 1-4)

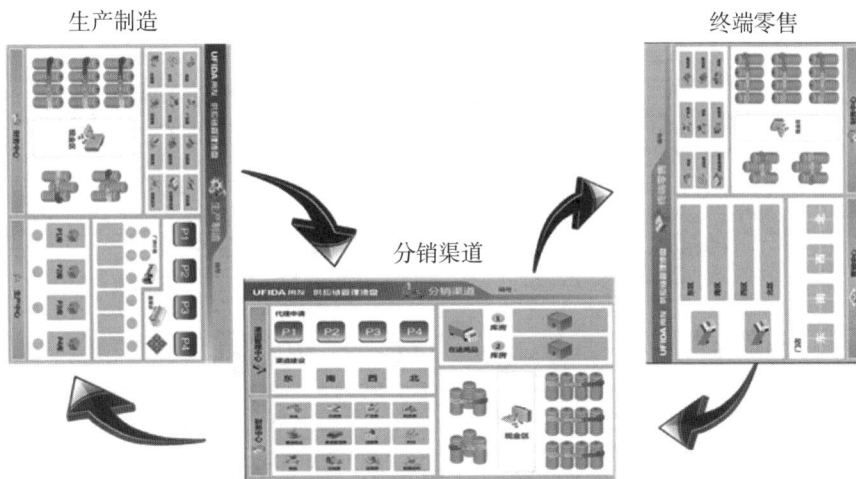

附图 1-4 企业供应链管理

学生被分成三个团队,连续从事 2～4 个年度的企业经营活动,充分体验不同类型企业中不同岗位的工作历程。

6

3. 制造商提供高质量产品和服务（附图 1-5）

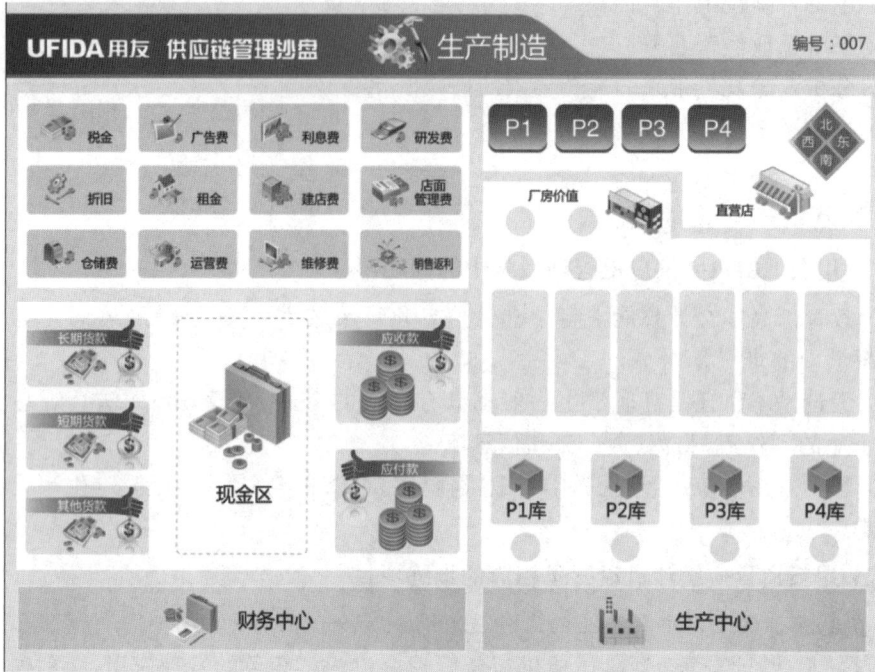

附图 1-5　制造商提供高质量产品和服务

考虑生产成本等因素及下游的需求匹配问题，充分理解供应链协同的重要性。

4. 在真实平台的决策中把握分销管理要点（附图 1-6）

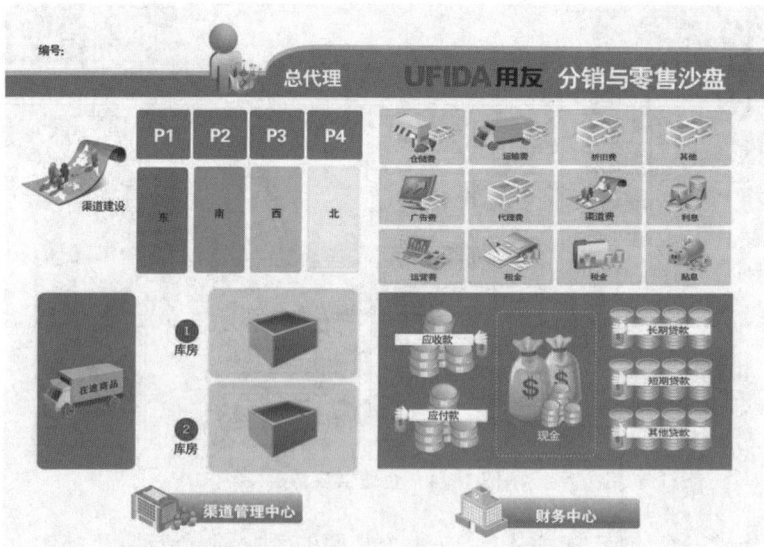

附图 1-6　分销与零售沙盘——总代理

感受企业间协作与制约的关系，认识渠道上、下游对于企业的重要作用。

5. 供应链中终端商的作业流程(附图 1 - 7)

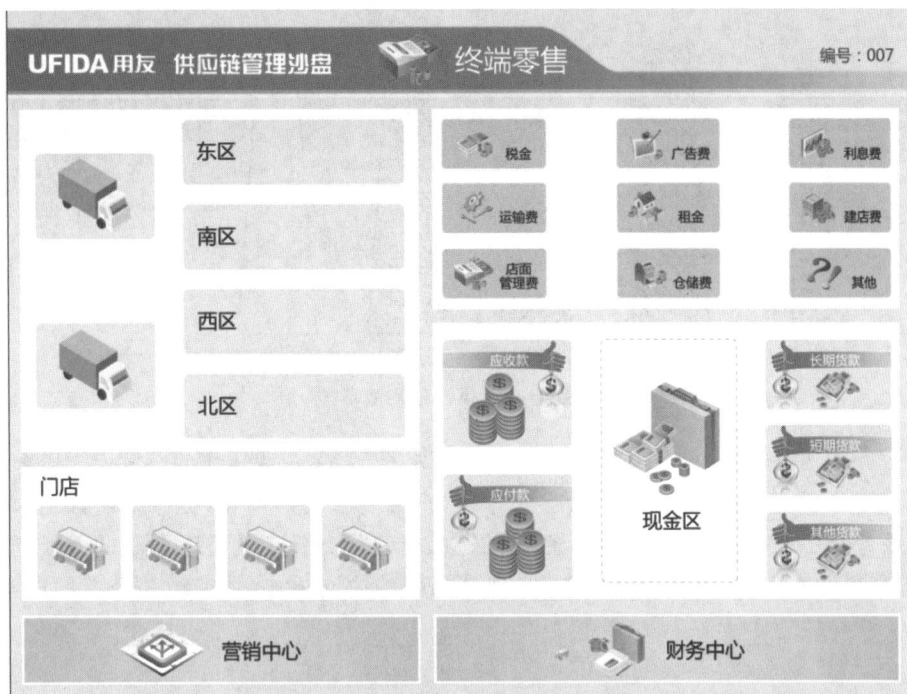

附图 1 - 7 分销与零售沙盘——终端商

企业整体"流程品质"最优化(错误成本去除,异常事件消弭)。

(三)在用友 ERP-U8 供应链学习中建立一个真实的企业供应链思维(附图 1 - 8)

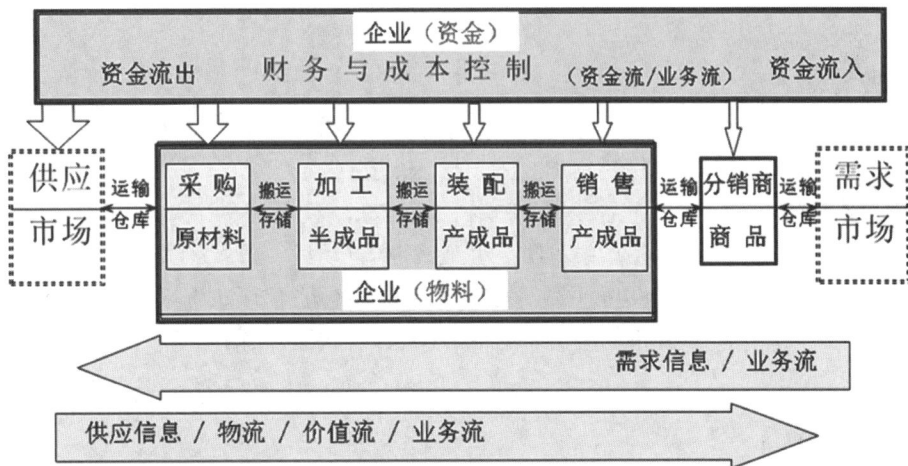

附图 1 - 8 企业供应链

通过对供应链沙盘中不同企业的各种经济业务的讲解,让学生真正理解用友 ERP-U8 供应链管理是对最初原材料到最终产品及其消费的整个业务流程的计划、组织和控制,这些流程链接了从供应商到顾客的所有企业。

（四）提高学生用友 ERP-U8 供应链实战能力（附图 1 - 9）

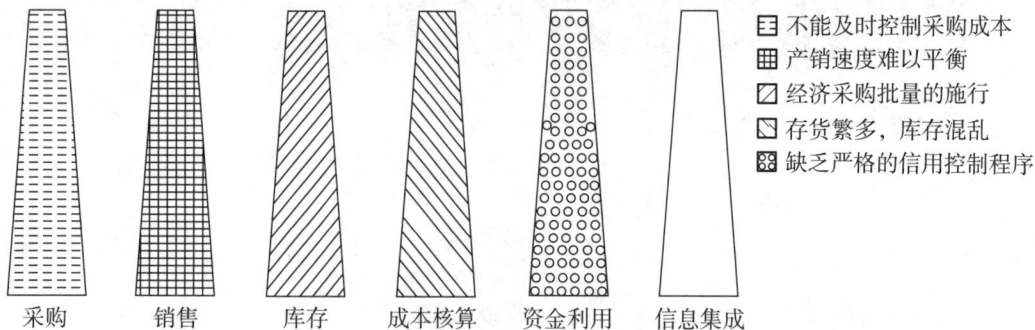

附图 1 - 9　供应链实战环节

用友 ERP-U8 管理软件是从提高企业管理水平、优化企业运作的角度出发，实现企业的采购、库存、销售业务管理和全面会计核算、财务管理的一体化，提供事前计划、事中控制、事后分析手段，控制经营风险。企业的产品优势受到一定的空间限制的时候，必须要实时地获得动态信息，压缩物流成本，实现部门间的协同运作，才能增强企业的成本竞争优势。

附录二　规则快查表

新道新创业者沙盘教学规则

一、企业背景

文档：新创业者电子
沙盘系统规则简表

(1) 市场环境：供过于求。

(2) 材料种类：R1、R2、R3、R4。

(3) 产品种类：P1、P2、P3、P4。

(4) 生产线种类：手工线、半自动线、自动线、柔性线。

(5) 厂房种类：大厂房、小厂房（购/租厂房上限 4 个）。

(6) 市场种类：本地、区域、国内、亚洲、国际。

二、教学分组

每组 5 名组员，分工如下：

(1) 总经理。

(2) 财务总监。

(3) 营销总监。

(4) 采购总监。

(5)生产总监。

三、运行方式与监督

模拟经营采用新创业者电子沙盘系统与实物沙盘相结合的方式,基于"新创业者"模拟平台进行,以实物沙盘作为辅助运作工具。

每年运行完成后,必须按照当年年末经营状态,将运营结果摆在实物沙盘上,以便现场各组收集情报用。

四、企业运营流程

企业运营流程须按照实训手册经营记录表中列示的流程严格执行。CEO 按照经营记录表中指示的顺序发布执行指令,每项任务完成后,CEO 须在对应的方格中打勾。

每年经营结束后,每组须提交综合费用表、利润表和资产负债表。

五、教学规则

1. 生产线(附表 2-1)

附表 2-1 生产线

生产线	购置费/ W	安装周期/ Q	生产周期/ Q	维修费/ (W/年)	残值/ W	转产周期/ Q	转产费/ W	分值
手工线	5	无	3	0	1	无	无	5
半自动线	10	1	2	1	2	1	2	7
自动线	15	3	1	2	3	1	2	9
柔性线	20	4	1	2	4	无	无	10

(1)不论何时出售生产线,从生产线净值中取出相当于残值的部分计入现金,净值与残值之差计入损失。

(2)只有空闲的生产线方可转产。

(3)已建成的生产线都要交维修费。

2. 折旧(平均年限法)(附表 2-2)

附表 2-2 生产线折旧　　　　　　　　　　　　　　　　单位:W

生产线	购置费	残值	建成第 1 年	建成第 2 年	建成第 3 年	建成第 4 年	建成第 5 年
手工线	5	1	0	1	1	1	1
半自动线	10	2	0	2	2	2	2

生产线	购置费	残值	建成 第1年	建成 第2年	建成 第3年	建成 第4年	建成 第5年
自动线	15	3	0	3	3	3	3
柔性线	20	4	0	4	4	4	4

当生产线净值等于残值时,生产线不再计提折旧,但可以继续使用。

生产线建成第1年(当年)不计提折旧。

3. 厂房(附表 2-3)

附表 2-3　厂房情况

厂房	购买价格/W	租金/(W/年)	出售价格/W	容量/条	购买上限/个	分值
大厂房	30	4	30	4	3	10
小厂房	20	3	20	3	3	7

(1) 租用或购买厂房可以在任何季度进行。如果决定租用厂房或者厂房买转租,租金在开始租用时交付。

(2) 厂房租入后,租期结束后才可作租转买、退租等处理,如果没有重新选择,系统自动做续租处理,租金在"当季结束"时和行政管理费一并扣除。

(3) 如需新建生产线,则厂房须有空闲空间。

(4) 当厂房中没有生产线,才可以选择退租。

(5) 厂房合计购/租上限为4。

(6) 已购厂房随时可以按原值出售(如有租金须付清后才可出售,否则无法出售),获得账期为 4 Q 的应收款。

4. 融资(附表 2-4)

附表 2-4　融资方式

贷款类型	贷款时间	贷款额度	年息	还款方式
长期贷款	每年度初	所有贷款不超过上一年所有者权益的3倍,不低于 10 W	10%	年初付息,到期还本
短期贷款	每季度初	所有贷款不超过上一年所有者权益的3倍,不低于 10 W	5%	到期一次还本付息
资金贴现	任何时间	视应收款额	10%(1季、2季) 12.5%(3季、4季)	贴现各账期分开核算,分开计息
库存拍卖		原材料八折(向下取整),成品按成本价		

6

（1）长期贷款期限为 1～5 年,短期贷款期限为四个季度(1 年)。

（2）长期贷款借入当年不付息,第二年年初开始,每年按年利率支付利息,到期还本时,支付最后一年利息。

（3）短期贷款到期时,一次性还本付息。

（4）长期贷款和短期贷款均不可提前还款。

（5）如与参数有冲突,以参数为准。

5. 市场准入(附表 2-5)

附表 2-5　市场准入情况

市场	开发费用/W	时间/年	分值
本地	1 W/年×1 年＝1	1	5
区域	1 W/年×1 年＝1	1	5
国内	1 W/年×2 年＝2	2	8
亚洲	1 W/年×3 年＝3	3	9
国际	1 W/年×4 年＝4	4	10

市场开拓,只能在每年第 4 季度操作。

6. ISO 认证(附表 2-6)

附表 2-6　ISO 认证

市场	开发费用/W	时间/年	分值
ISO9000	1 W/年×2 年＝2	2	8
ISO14000	2 W/年×2 年＝4	2	10

ISO 认证,只能在每年第 4 季度时操作。

7. 产品研发(附表 2-7)

附表 2-7　产品研发

产品	开发费用/W	开发周期/季	加工费/(W/个)	直接成本/(W/个)	产品组成	分值
P1	1 W/季×2 季＝2	2	1	2	R1	7
P2	1 W/季×3 季＝3	3	1	3	R2+R3	8
P3	1 W/季×4 季＝4	4	1	4	R1+R3+R4	9
P4	1 W/季×5 季＝5	5	1	5	R2+R3+2R4	10

6

8. 原材料(附表 2 - 8)

附表 2 - 8 原材料

名称	购买价格/(W/个)	提前期/季
R1	1	1
R2	1	1
R3	1	2
R4	1	2

9. 紧急采购

(1) 付款即到货,可马上投入生产或销售,原材料紧急采购价格为直接成本的 2 倍,成品紧急采购价格为直接成本的 3 倍。即:紧急采购 R1 或 R2,每个原材料单价为 2 W/个,紧急采购 P1 单价为 6 W/个,紧急采购 P2 单价为 9 W/个。

(2) 紧急采购原材料和产品时,直接扣除现金。上报报表时,成本仍然按照标准成本记录,紧急采购多付出的成本计入费用表中的"损失"项目。

(3) 如与参数冲突,以参数为准。

10. 选单规则

以当年本市场本产品广告额投放大小顺序依次选单;如果两组本市场本产品广告额相同,则看当年本市场广告投放总额;如果当年本市场广告总额也相同,则看上年该市场销售排名;如仍相同,先投放广告者先选单。

如参数中选择有"市场老大","市场老大"有该市场所有产品的优先选单权。

【提请注意】

(1) 必须在倒计时大于 5 秒时选单,出现确认框要在 3 秒内按下"确认"按钮,否则可能造成选单无效。

(2) 每组每轮选单只能先选择 1 张订单,待所有投放广告组完成第一轮选单后若还有订单,该市场该产品广告额大于等于 3 W 的组将获得第二轮选单机会,选单顺序和第一轮相同;第二轮选单完成后,该市场该产品广告额大于等于 5 W 的组将获得第三轮选单机会,选单顺序和第一轮相同;以此类推。

(3) 在某细分市场(如本地、P1)有多次选单机会,只要放弃一次,则视同放弃该细分市场所有选单机会。

(4) 选单中有意外,请立即告知老师,老师会暂停倒计时。

(5) "市场老大"指上一年某市场内所有产品销售总额最多,且该市场没有违约的企业,如果出现多组销售总额相等的情况,则该市场无"市场老大"。

11. 取整规则

(1) 违约金扣除——四舍五入取整。

(2) 库存出售所得现金——向下取整。

(3) 贴现费用——向上取整。

(4) 扣税——四舍五入取整。

（5）贷款利息——四舍五入取整。

12. 重要参数（附表 2-9）

附表 2-9 重要参数

重要参数	参数数值	重要参数	参数数值
违约金比例/%	20.00	贷款额倍数	3
产品折价率/%	100.00	原材料折价率/%	80.00
长贷利率/%	10.00	短贷利率/%	5.00
1、2 期贴现率/%	10.00	3、4 期贴现率/%	12.50
初始现金/W	80	管理费/W	1
信息费/W	1	所得税率/%	25.00
最大长贷年限/年	5	最小得单广告额/W	1
原材料紧急采购倍数	2	产品紧急采购倍数	3
选单时间/秒	60	首位选单补时/秒	15
市场同开数量	1	市场老大	无
竞单时间/秒	1	竞单同竞数	1
最大厂房数量/个	4		

【提请注意】

每个市场的产品选单时，第一组选单时间为 75 秒，第二组起，选单时间为 60 秒。

13. 破产处理

当某组权益为负（指当年结束系统生成资产负债表时所有者权益为负数）或现金断流时（权益和现金可以为零），企业破产。

14. 教学排名

教学结果以参加教学各组的第 6 年结束后的最终所有者权益减去扣分进行评判，分数高者为优胜。

如果出现最终权益相等的情况，则参照各组第 6 年结束后的最终盘面计算盘面加分值，加分值高的组排名在前（排行榜只限于排名用，不计入最终权益值）。如果加分值仍相等，则比较第 6 年的净利润，高者排名靠前；如果还相等，则先完成第 6 年经营的组排名在前。

$$总成绩＝所有者权益×(1＋企业综合发展潜力/100)$$

$$企业综合发展潜力＝市场资格分值＋ISO 资格分值＋生产资格分值＋$$
$$厂房分值＋各条生产线分值$$

生产线建成（包括转产）即加分，无须生产出产品，也无须有在制品；厂房必须为买的。

15. 关于摆盘和巡盘

教学过程中使用实物沙盘摆盘，只需要摆出当年结束状态，不要求中间过程。本次摆盘要求摆出生产线(含在制品)、生产线净值、在建工程、现金、应收款(包括金额与账期)、原材料库存、产成品库存、各种资格、厂房、原材料订单、各类费用。年末由老师统一发令,可观看其他组的盘面,不得向其他组询问摆盘信息之外的其他信息。巡盘期间至少留一人在本组。

附录三　学员手册

第一年　规划会议

一、经营目标与计划制定(附表 3-1)

附表 3-1　经营目标与计划制定表

目标	描述	执行计划
企业总体		
市场占有		
产品销售		
产品生产		
原料采购		
固定投资		
财务指标		

二、岗位分工与个人绩效

　　1. 本岗位工作重点:＿＿＿＿＿＿＿＿＿＿＿＿＿＿＿＿＿

＿＿＿＿＿＿＿＿＿＿＿＿＿＿＿＿＿＿＿＿＿＿＿＿＿＿＿＿＿

　　2. 与团队成员配合:＿＿＿＿＿＿＿＿＿＿＿＿＿＿＿＿＿＿

＿＿＿＿＿＿＿＿＿＿＿＿＿＿＿＿＿＿＿＿＿＿＿＿＿＿＿＿＿

　　3. 计划完成的业绩:＿＿＿＿＿＿＿＿＿＿＿＿＿＿＿＿＿＿

＿＿＿＿＿＿＿＿＿＿＿＿＿＿＿＿＿＿＿＿＿＿＿＿＿＿＿＿＿

三、准备学习与掌握的重点

　　1. ＿＿＿＿＿＿＿＿＿＿＿＿＿＿＿＿＿＿＿＿＿＿＿＿＿＿

　　2. ＿＿＿＿＿＿＿＿＿＿＿＿＿＿＿＿＿＿＿＿＿＿＿＿＿＿

用户第＿＿年经营如附表 3 - 2 所示。

附表 3 - 2　用户＿＿＿＿＿　　　第　1　年经营

操作顺序	企业经营流程	每执行完一项操作,CEO 请在相应的方格内打勾		
	操作名称	系统操作	手工记录	
年初	新年度规划会议			
	广告投放	输入广告费确认		
	支付应付税	系统自动		
	支付长贷利息	系统自动		
	信息费	选择并确认,自动扣现金		
	更新长期贷款/长期贷款还款	系统自动		
	申请长期贷款	输入贷款数额并确认		
1	季初盘点(请填余额)	产品下线,生产线完工(自动)		
2	更新短期贷款/短期贷款还本付息	系统自动		
3	申请短期贷款	输入贷款数额并确认		
4	原材料入库/更新原料订单	需要确认金额		
5	下原料订单	输入并确认		
6	购买/租用——厂房	选择并确认,自动扣现金		
7	更新生产/完工入库	系统自动		
8	新建/在建/转产/变卖——生产线	选择并确认		
9	紧急采购(随时进行)	随时进行输入并确认		
10	开始下一批生产	选择并确认		
11	更新应收款/应收款收现	系统自动		
12	按订单交货	选择交货订单确认		
13	产品研发投资	选择并确认		
14	厂房——出售(买转租)/退租/租转买	选择确认,自动转应收款		
15	新市场开拓/ISO 资格投资	仅第四季允许操作		
16	支付管理费/更新厂房租金	系统自动		
17	出售库存	输入并确认(随时进行)		
18	厂房处理	随时进行		
19	应收款贴现	输入并确认(随时进行)		
20	季末收入合计			
21	季末支出合计			
22	季末数额对账[(1)+(20)-(21)]			
年末	缴纳违约订单罚款	系统自动		
	支付设备维护费	系统自动		
	计提折旧	系统自动	(　)	
	新市场/ISO 资格换证	系统自动		
	其他			
	结账			

第 一 年 经 营

第一年经营,销售订单登记表、产品核算统计表、三项费用投入额、综合费用明细表、利润表、资产负债表,分别如附表 3－3 至附表 3－8 所示。

附表 3－3　销售订单登记表

订单号						
市场						
产品						
数量						
金额						
交货期						
账期						
交货时间						
收款时间						

附表 3－4　产品核算统计表

项目	P1	P2	P3	P4	合计
数量					
销售额					
成本					
毛利					

附表 3－5　三项费用投入额

产品研发				市场开拓					ISO 认证	
P1	P2	P3	P4	本地	区域	国内	亚洲	国际	9000	14000

附表 3－6　综合费用明细表

项目	管理	广告	维护	转产	租金	研发	市场	认证	其他	信息费	合计
金额											

附表 3－7　利　润　表

销售收入	＋	
直接成本	－	
毛利	＝	
综合费用	－	
折旧前利润	＝	
折旧	－	
支付利息前利润	＝	
财务费用	－	
额外收支		
税前利润	＝	
所得税	－	
净利润	＝	

附表 3－8　资产负债表

项目		金额	项目		金额
(库存)现金	＋		长期负债	＋	
应收款	＋		短期负债	＋	
在制品	＋		特别贷款	＋	
产成品	＋		应交税费/金	＋	
原材料	＋		－		
流动资产合计	＝		负债合计	＝	
			－		
厂房	＋		股东资本	＋	
生产线	＋		利润留存	＋	
在建工程	＋		年度净利	＋	
－			－		
固定资产	＝		所有者权益	＝	
资产合计	＝		负债＋权益	＝	

6

第 一 年　经 营 总 结

一、企业目标实现情况分析(附表 3–9)

附表 3–9　企业目标实现情况分析表

目标	实现情况	原因及分析
企业总体		
市场占有		
产品销售		
产品生产		
原料采购		
固定投资		
财务指标		

二、公司管理与运营效率分析

1. 个人能力发挥：＿＿＿＿＿＿＿＿＿＿＿＿＿＿＿＿＿＿＿＿＿＿＿＿＿＿

＿＿＿＿＿＿＿＿＿＿＿＿＿＿＿＿＿＿＿＿＿＿＿＿＿＿＿＿＿＿＿＿

2. 团队协作情况：＿＿＿＿＿＿＿＿＿＿＿＿＿＿＿＿＿＿＿＿＿＿＿＿＿＿

＿＿＿＿＿＿＿＿＿＿＿＿＿＿＿＿＿＿＿＿＿＿＿＿＿＿＿＿＿＿＿＿

3. 制度流程执行：＿＿＿＿＿＿＿＿＿＿＿＿＿＿＿＿＿＿＿＿＿＿＿＿＿＿

＿＿＿＿＿＿＿＿＿＿＿＿＿＿＿＿＿＿＿＿＿＿＿＿＿＿＿＿＿＿＿＿

三、学习体会与知识要点掌握

1.＿＿＿＿＿＿＿＿＿＿＿＿＿＿＿＿＿＿＿＿＿＿＿＿＿＿＿＿＿＿＿＿＿＿

2.＿＿＿＿＿＿＿＿＿＿＿＿＿＿＿＿＿＿＿＿＿＿＿＿＿＿＿＿＿＿＿＿＿＿

6

第 二 年 规 划 会 议

一、经营目标与计划制定（附表 3－10）

附表 3－10 经营目标与计划制定表

目标	描述	执行计划
企业总体		
市场占有		
产品销售		
产品生产		
原料采购		
固定投资		
财务指标		

二、岗位分工与个人绩效

    1. 本岗位工作重点：＿＿＿＿＿＿＿＿＿＿＿＿＿＿＿＿＿＿＿＿

    ＿＿＿＿＿＿＿＿＿＿＿＿＿＿＿＿＿＿＿＿＿＿＿＿＿＿＿＿＿＿

    2. 与团队成员配合：＿＿＿＿＿＿＿＿＿＿＿＿＿＿＿＿＿＿＿＿＿

    ＿＿＿＿＿＿＿＿＿＿＿＿＿＿＿＿＿＿＿＿＿＿＿＿＿＿＿＿＿＿

    3. 计划完成的业绩：＿＿＿＿＿＿＿＿＿＿＿＿＿＿＿＿＿＿＿＿＿

    ＿＿＿＿＿＿＿＿＿＿＿＿＿＿＿＿＿＿＿＿＿＿＿＿＿＿＿＿＿＿

三、准备学习与掌握的重点

    1. ＿＿＿＿＿＿＿＿＿＿＿＿＿＿＿＿＿＿＿＿＿＿＿＿＿＿＿＿＿

    2. ＿＿＿＿＿＿＿＿＿＿＿＿＿＿＿＿＿＿＿＿＿＿＿＿＿＿＿＿＿

6

用户第＿＿＿年经营如附表 3 - 11 所示。

附表 3 - 11　用户＿＿＿＿＿＿　　　第　2　年经营

操作顺序	企业经营流程	每执行完一项操作,CEO 请在相应的方格内打勾		
	操作名称	系统操作	手工记录	
年初	新年度规划会议			
	广告投放	输入广告费确认		
	支付应付税	系统自动		
	支付长贷利息	系统自动		
	信息费	选择并确认,自动扣现金		
	更新长期贷款/长期贷款还款	系统自动		
	申请长期贷款	输入贷款数额并确认		
1	季初盘点(请填余额)	产品下线,生产线完工(自动)		
2	更新短期贷款/短期贷款还本付息	系统自动		
3	申请短期贷款	输入贷款数额并确认		
4	原材料入库/更新原料订单	需要确认金额		
5	下原料订单	输入并确认		
6	购买/租用——厂房	选择并确认,自动扣现金		
7	更新生产/完工入库	系统自动		
8	新建/在建/转产/变卖——生产线	选择并确认		
9	紧急采购(随时进行)	随时进行输入并确认		
10	开始下一批生产	选择并确认		
11	更新应收款/应收款收现	系统自动		
12	按订单交货	选择交货订单确认		
13	产品研发投资	选择并确认		
14	厂房——出售(买转租)/退租/租转买	选择确认,自动转应收款		
15	新市场开拓/ISO 资格投资	仅第四季允许操作		
16	支付管理费/更新厂房租金	系统自动		
17	出售库存	输入并确认(随时进行)		
18	厂房贴现	随时进行		
19	应收款贴现	输入并确认(随时进行)		
20	季末收入合计			
21	季末支出合计			
22	季末数额对账[(1)+(20)-(21)]			
年末	缴纳违约订单罚款	系统自动		
	支付设备维护费	系统自动		
	计提折旧	系统自动		(　　)
	新市场/ISO 资格换证	系统自动		
	其他			
	结账			

6

第 二 年 经 营

第二年经营,销售订单登记表、产品核算统计表、三项费用投入额、综合费用明细表、利润表、资产负债表,分别如附表 3-12 至附表 3-17 所示。

附表 3-12 销售订单登记表

订单号							
市场							
产品							
数量							
金额							
交货期							
账期							
交货时间							
收款时间							

附表 3-13 产品核算统计表

项目	P1	P2	P3	P4	合计
数量					
销售额					
成本					
毛利					

附表 3-14 三项费用投入额

产品研发				市场开拓					ISO 认证	
P1	P2	P3	P4	本地	区域	国内	亚洲	国际	9000	14000

附表 3-15 综合费用明细表

项目	管理	广告	维护	转产	租金	研发	市场	认证	其他	信息费	合计
金额											

6

附表 3-16　利润表

销售收入	+	
直接成本	—	
毛利	=	
综合费用	—	
折旧前利润	=	
折旧	—	
支付利息前利润	=	
财务费用	—	
额外收支		
税前利润	=	
所得税	—	
净利润	=	

附表 3-17　资产负债表

项目		金额	项目		金额
(库存)现金	+		长期负债	+	
应收款	+		短期负债	+	
在制品	+		特别贷款	+	
产成品	+		应交税费/金	+	
原材料	+		—		
流动资产合计	=		负债合计	=	
			—		
厂房	+		股东资本	+	
生产线	+		利润留存	+	
在建工程	+		年度净利	+	
—					
固定资产	=		所有者权益	=	
资产合计	=		负债+权益	=	

6

第二年 经营总结

一、企业目标实现情况分析(附表 3 – 18)

附表 3 – 18 企业目标实现情况分析表

目标	实现情况	原因及分析
企业总体		
市场占有		
产品销售		
产品生产		
原料采购		
固定投资		
财务指标		

二、公司管理与运营效率分析

　　1. 个人能力发挥：＿＿＿＿＿＿＿＿＿＿＿＿＿＿＿＿＿

　　＿＿＿＿＿＿＿＿＿＿＿＿＿＿＿＿＿＿＿＿＿＿＿＿＿＿

　　2. 团队协作情况：＿＿＿＿＿＿＿＿＿＿＿＿＿＿＿＿＿

　　＿＿＿＿＿＿＿＿＿＿＿＿＿＿＿＿＿＿＿＿＿＿＿＿＿＿

　　3. 制度流程执行：＿＿＿＿＿＿＿＿＿＿＿＿＿＿＿＿＿

　　＿＿＿＿＿＿＿＿＿＿＿＿＿＿＿＿＿＿＿＿＿＿＿＿＿＿

三、学习体会与知识要点掌握

　　1. ＿＿＿＿＿＿＿＿＿＿＿＿＿＿＿＿＿＿＿＿＿＿＿＿

　　2. ＿＿＿＿＿＿＿＿＿＿＿＿＿＿＿＿＿＿＿＿＿＿＿＿

6

第 三 年　规 划 会 议

一、经营目标与计划制定(附表 3 - 19)

附表 3 - 19　经营目标与计划制定表

目标	描述	执行计划
企业总体		
市场占有		
产品销售		
产品生产		
原料采购		
固定投资		
财务指标		

二、岗位分工与个人绩效

1. 本岗位工作重点：_____

_____

2. 与团队成员配合：_____

_____

3. 计划完成的业绩：_____

_____

三、准备学习与掌握的重点

1. _____

2. _____

6

用户第＿＿＿年经营如附表 3 - 20 所示。

附表 3 - 20　用户＿＿＿＿＿＿＿　　　　第　3　年经营

操作顺序	企业经营流程	每执行完一项操作,CEO 请在相应的方格内打勾		
	操作名称	系统操作	手工记录	
年初	新年度规划会议			
	广告投放	输入广告费确认		
	支付应付税	系统自动		
	支付长贷利息	系统自动		
	信息费	选择并确认,自动扣现金		
	更新长期贷款/长期贷款还款	系统自动		
	申请长期贷款	输入贷款数额并确认		
1	季初盘点(请填余额)	产品下线,生产线完工(自动)		
2	更新短期贷款/短期贷款还本付息	系统自动		
3	申请短期贷款	输入贷款数额并确认		
4	原材料入库/更新原料订单	需要确认金额		
5	下原料订单	输入并确认		
6	购买/租用——厂房	选择并确认,自动扣现金		
7	更新生产/完工入库	系统自动		
8	新建/在建/转产/变卖——生产线	选择并确认		
9	紧急采购(随时进行)	随时进行输入并确认		
10	开始下一批生产	选择并确认		
11	更新应收款/应收款收现	系统自动		
12	按订单交货	选择交货订单确认		
13	产品研发投资	选择并确认		
14	厂房——出售(买转租)/退租/租转买	选择确认,自动转应收款		
15	新市场开拓/ISO 资格投资	仅第四季允许操作		
16	支付管理费/更新厂房租金	系统自动		
17	出售库存	输入并确认(随时进行)		
18	厂房贴现	随时进行		
19	应收款贴现	输入并确认(随时进行)		
20	季末收入合计			
21	季末支出合计			
22	季末数额对账[(1)+(20)-(21)]			
年末	缴纳违约订单罚款	系统自动		
	支付设备维护费	系统自动		
	计提折旧	系统自动	(　　)	
	新市场/ISO 资格换证	系统自动		
	其他			
	结账			

第三年　经　营

第三年经营,销售订单登记表、产品核算统计表、三项费用投入额、综合费用明细表、利润表、资产负债表,如附表 3－21 至附表 3－26 所示。

附表 3－21　销售订单登记表

订单号									
市场									
产品									
数量									
金额									
交货期									
账期									
交货时间									
收款时间									

附表 3－22　产品核算统计表

项目	P1	P2	P3	P4	合计
数量					
销售额					
成本					
毛利					

附表 3－23　三项费用投入额

产品研发				市场开拓					ISO 认证	
P1	P2	P3	P4	本地	区域	国内	亚洲	国际	9000	14000

附表 3－24　综合费用明细表

项目	管理	广告	维护	转产	租金	研发	市场	认证	其他	信息费	合计
金额											

6

附表 3 - 25 利润表

销售收入	+	
直接成本	−	
毛利	=	
综合费用	−	
折旧前利润	=	
折旧	−	
支付利息前利润	=	
财务费用	−	
额外收支		
税前利润	=	
所得税	−	
净利润	=	

附表 3 - 26 资产负债表

项目		金额	项目		金额
(库存)现金	+		长期负债	+	
应收款	+		短期负债	+	
在制品	+		特别贷款	+	
产成品	+		应交税费/金	+	
原材料	+		−		
流动资产合计	=		负债合计	=	
			−		
厂房	+		股东资本	+	
生产线	+		利润留存	+	
在建工程	+		年度净利	+	
−			−		
固定资产	=		所有者权益	=	
资产合计	=		负债+权益	=	

6

第 三 年 经 营 总 结

一、企业目标实现情况分析(附表 3 - 27)

附表 3 - 27 企业目标实现情况分析表

目标	实现情况	原因及分析
企业总体		
市场占有		
产品销售		
产品生产		
原料采购		
固定投资		
财务指标		

二、公司管理与运营效率分析

1. 个人能力发挥: _____

_____

2. 团队协作情况: _____

_____

3. 制度流程执行: _____

_____

三、学习体会与知识要点掌握

1. _____

2. _____

6

第 四 年　 规 划 会 议

一、经营目标与计划制定(附表 3 - 28)

附表 3 - 28　经营目标与计划制定表

目标	描述	执行计划
企业总体		
市场占有		
产品销售		
产品生产		
原料采购		
固定投资		
财务指标		

二、岗位分工与个人绩效

　　1. 本岗位工作重点：_____

　　_____

　　2. 与团队成员配合：_____

　　_____

　　3. 计划完成的业绩：_____

　　_____

三、准备学习与掌握的重点

　　1. _____

　　2. _____

6

用户第____年经营如表 3－29 所示。

附表 3－29　用户_____　第　4　年经营

操作顺序	企业经营流程	每执行完一项操作,CEO 请在相应的方格内打勾			
	操作名称	系统操作		手工记录	
年初	新年度规划会议				
	广告投放	输入广告费确认			
	支付应付税	系统自动			
	支付长贷利息	系统自动			
	信息费	选择并确认,自动扣现金			
	更新长期贷款/长期贷款还款	系统自动			
	申请长期贷款	输入贷款数额并确认			
1	季初盘点(请填余额)	产品下线,生产线完工(自动)			
2	更新短期贷款/短期贷款还本付息	系统自动			
3	申请短期贷款	输入贷款数额并确认			
4	原材料入库/更新原料订单	需要确认金额			
5	下原料订单	输入并确认			
6	购买/租用——厂房	选择并确认,自动扣现金			
7	更新生产/完工入库	系统自动			
8	新建/在建/转产/变卖——生产线	选择并确认			
9	紧急采购(随时进行)	随时进行输入并确认			
10	开始下一批生产	选择并确认			
11	更新应收款/应收款收现	系统自动			
12	按订单交货	选择交货订单确认			
13	产品研发投资	选择并确认			
14	厂房——出售(买转租)/退租/租转买	选择确认,自动转应收款			
15	新市场开拓/ISO 资格投资	仅第四季允许操作			
16	支付管理费/更新厂房租金	系统自动			
17	出售库存	输入并确认(随时进行)			
18	厂房处理	随时进行			
19	应收款贴现	输入并确认(随时进行)			
20	季末收入合计				
21	季末支出合计				
22	季末数额对账[(1)＋(20)－(21)]				
年末	缴纳违约订单罚款	系统自动			
	支付设备维护费	系统自动			
	计提折旧	系统自动			(　　)
	新市场/ISO 资格换证	系统自动			
	其他				
	结账				

6

第四年 经 营

第四年经营,销售订单登记表、产品核算统计表、三项费用投入额、综合费用明细表、利润表、资产负债表,如附表 3-30 至附表 3-35 所示。

附表 3-30 销售订单登记表

订单号							
市 场							
产 品							
数 量							
金 额							
交货期							
账 期							
交货时间							
收款时间							

附表 3-31 产品核算统计表

项目	P1	P2	P3	P4	合计
数量					
销售额					
成本					
毛利					

附表 3-32 三项费用投入额

产品研发				市场开拓					ISO 认证	
P1	P2	P3	P4	本地	区域	国内	亚洲	国际	9000	14000

附表 3-33 综合费用明细表

项目	管理	广告	维护	转产	租金	研发	市场	认证	其他	信息费	合计
金额											

6

附表 3－34　利润表

销售收入	＋	
直接成本	－	
毛利	＝	
综合费用	－	
折旧前利润	＝	
折旧	－	
支付利息前利润	＝	
财务费用	－	
额外收支		
税前利润	＝	
所得税	－	
净利润	＝	

附表 3－35　资产负债表

项目		金额	项目		金额
(库存)现金	＋		长期负债	＋	
应收款	＋		短期负债	＋	
在制品	＋		特别贷款	＋	
产成品	＋		应交税费/金	＋	
原材料	＋			－	
流动资产合计	＝		负债合计	＝	
厂房	＋		股东资本	＋	
生产线	＋		利润留存	＋	
在建工程	＋		年度净利	＋	
…					
固定资产	＝		所有者权益	＝	
资产合计	＝		负债＋权益	＝	

第四年　经营总结

一、企业目标实现情况分析(附表 3 - 36)

附表 3 - 36　企业目标实现情况分析表

目标	实现情况	原因及分析
企业总体		
市场占有		
产品销售		
产品生产		
原料采购		
固定投资		
财务指标		

二、公司管理与运营效率分析

1. 个人能力发挥：_____

_____

2. 团队协作情况：_____

_____

3. 制度流程执行：_____

_____

三、学习体会与知识要点掌握

1. _____

2. _____

6

第 五 年　规 划 会 议

一、经营目标与计划制定(附表 3 - 37)

附表 3 - 37　经营目标与计划制定表

目标	描述	执行计划
企业总体		
市场占有		
产品销售		
产品生产		
原料采购		
固定投资		
财务指标		

二、岗位分工与个人绩效

　　1. 本岗位工作重点：_____

　　　_____

　　2. 与团队成员配合：_____

　　　_____

　　3. 计划完成的业绩：_____

　　　_____

三、准备学习与掌握的重点

　　1. _____

　　2. _____

6

用户第___年经营如附表 3-38 所示。

附表 3-38 用户_____   第 5 年经营

操作顺序	企业经营流程	每执行完一项操作,CEO 请在相应的方格内打勾			
	操作名称	系统操作	手工记录		
年初	新年度规划会议				
	广告投放	输入广告费确认			
	支付应付税	系统自动			
	支付长贷利息	系统自动			
	信息费	选择并确认,自动扣现金			
	更新长期贷款/长期贷款还款	系统自动			
	申请长期贷款	输入贷款数额并确认			
1	季初盘点(请填余额)	产品下线,生产线完工(自动)			
2	更新短期贷款/短期贷款还本付息	系统自动			
3	申请短期贷款	输入贷款数额并确认			
4	原材料入库/更新原料订单	需要确认金额			
5	下原料订单	输入并确认			
6	购买/租用——厂房	选择并确认,自动扣现金			
7	更新生产/完工入库	系统自动			
8	新建/在建/转产/变卖——生产线	选择并确认			
9	紧急采购(随时进行)	随时进行输入并确认			
10	开始下一批生产	选择并确认			
11	更新应收款/应收款收现	系统自动			
12	按订单交货	选择交货订单确认			
13	产品研发投资	选择并确认			
14	厂房——出售(买转租)/退租/租转买	选择确认,自动转应收款			
15	新市场开拓/ISO 资格投资	仅第四季允许操作			
16	支付管理费/更新厂房租金	系统自动			
17	出售库存	输入并确认(随时进行)			
18	厂房处理	随时进行			
19	应收款贴现	输入并确认(随时进行)			
20	季末收入合计				
21	季末支出合计				
22	季末数额对账[(1)+(20)-(21)]				
年末	缴纳违约订单罚款	系统自动			
	支付设备维护费	系统自动			
	计提折旧	系统自动		( )	
	新市场/ISO 资格换证	系统自动			
	其他				
	结账				

6

第五年 经 营

第五年经营,销售订单登记表、产品核算统计表、三项费用投入额、综合费用明细表、利润表、资产负债,分别如附表 3-39 至附表 3-44 所示。

附表 3-39 销售订单登记表

订单号								
市场								
产品								
数量								
金额								
交货期								
账期								
交货时间								
收款时间								

附表 3-40 产品核算统计表

项目	P1	P2	P3	P4	合计
数量					
销售额					
成本					
毛利					

附表 3-41 三项费用投入额

产品研发				市场开拓					ISO 认证	
P1	P2	P3	P4	本地	区域	国内	亚洲	国际	9000	14000

附表 3-42 综合费用明细表

项目	管理	广告	维护	转产	租金	研发	市场	认证	其他	信息费	合计
金额											

6

附表 3-43 利润表

销售收入	+	
直接成本	—	
毛利	=	
综合费用	—	
折旧前利润	=	
折旧	—	
支付利息前利润	=	
财务费用	—	
额外收支		
税前利润	=	
所得税	—	
净利润	=	

附表 3-44 资产负债表

项目		金额	项目		金额
(库存)现金	+		长期负债	+	
应收款	+		短期负债	+	
在制品	+		特别贷款	+	
产成品	+		应交税费/金	+	
原材料	+		—		
流动资产合计	=		负债合计	=	
			—		
厂房	+		股东资本	+	
生产线	+		利润留存	+	
在建工程	+		年度净利	+	
—			—		
固定资产	=		所有者权益	=	
资产合计	=		负债+权益	=	

6

第五年 经营总结

一、企业目标实现情况分析(附表 3 - 45)

附表 3 - 45 企业目标实现情况分析表

目标	实现情况	原因及分析
企业总体		
市场占有		
产品销售		
产品生产		
原料采购		
固定投资		
财务指标		

二、公司管理与运营效率分析

    1. 个人能力发挥：_____

_____

    2. 团队协作情况：_____

_____

    3. 制度流程执行：_____

_____

三、学习体会与知识要点掌握

    1. _____

    2. _____

第 六 年 规 划 会 议

一、经营目标与计划制定(附表 3 - 46)

附表 3 - 46 经营目标与计划制定表

目标	描述	执行计划
企业总体		
市场占有		
产品销售		
产品生产		
原料采购		
固定投资		
财务指标		

二、岗位分工与个人绩效

    1. 本岗位工作重点: _____

    _____

    2. 与团队成员配合: _____

    _____

    3. 计划完成的业绩: _____

    _____

三、准备学习与掌握的重点

    1. _____

    2. _____

6

用户第____年经营如附表 3-47 所示。

附表 3-47 用户_____ 第 6 年经营

操作顺序	企业经营流程		每执行完一项操作,CEO 请在相应的方格内打勾		
	操作名称	系统操作	手工记录		
年初	新年度规划会议				
	广告投放	输入广告费确认			
	支付应付税	系统自动			
	支付长贷利息	系统自动			
	信息费	选择并确认,自动扣现金			
	更新长期贷款/长期贷款还款	系统自动			
	申请长期贷款	输入贷款数额并确认			
1	季初盘点(请填余额)	产品下线,生产线完工(自动)			
2	更新短期贷款/短期贷款还本付息	系统自动			
3	申请短期贷款	输入贷款数额并确认			
4	原材料入库/更新原料订单	需要确认金额			
5	下原料订单	输入并确认			
6	购买/租用——厂房	选择并确认,自动扣现金			
7	更新生产/完工入库	系统自动			
8	新建/在建/转产/变卖——生产线	选择并确认			
9	紧急采购(随时进行)	随时进行输入并确认			
10	开始下一批生产	选择并确认			
11	更新应收款/应收款收现	系统自动			
12	按订单交货	选择交货订单确认			
13	产品研发投资	选择并确认			
14	厂房——出售(买转租)/退租/租转买	选择确认,自动转应收款			
15	新市场开拓/ISO 资格投资	仅第四季允许操作			
16	支付管理费/更新厂房租金	系统自动			
17	出售库存	输入并确认(随时进行)			
18	厂房贴现	随时进行			
19	应收款贴现	输入并确认(随时进行)			
20	季末收入合计				
21	季末支出合计				
22	季末数额对账[(1)+(20)-(21)]				
年末	缴纳违约订单罚款	系统自动			
	支付设备维护费	系统自动			
	计提折旧	系统自动		( )	
	新市场/ISO 资格换证	系统自动			
	其他				
	结账				

6

<h1 style="text-align:center">第六年　经　营</h1>

第六年经营,销售订单登记表、产品核算统计表、三项费用投入额、综合费用明细表、利润表、资产负债,分别如附表 3-48 至附表 3-53 所示。

附表 3-48　销售订单登记表

订单号						
市场						
产品						
数量						
金额						
交货期						
账期						
交货时间						
收款时间						

附表 3-49　产品核算统计表

项目	P1	P2	P3	P4	合计
数量					
销售额					
成本					
毛利					

附表 3-50　三项费用投入额

产品研发				市场开拓					ISO 认证	
P1	P2	P3	P4	本地	区域	国内	亚洲	国际	9000	14000

附表 3-51　综合费用明细表

项目	管理	广告	维护	转产	租金	研发	市场	认证	其他	信息费	合计
金额											

6

附表 3－52　利润表

销售收入	＋	
直接成本	－	
毛利	＝	
综合费用	－	
折旧前利润	＝	
折旧	－	
支付利息前利润	＝	
财务费用	－	
额外收支		
税前利润	＝	
所得税	－	
净利润	＝	

附表 3－53　资产负债表

项目		金额	项目		金额
(库存)现金	＋		长期负债	＋	
应收款	＋		短期负债	＋	
在制品	＋		特别贷款	＋	
产成品	＋		应交税费/金	＋	
原材料	＋		—		
流动资产合计	＝		负债合计	＝	
			—		
厂房	＋		股东资本	＋	
生产线	＋		利润留存	＋	
在建工程	＋		年度净利	＋	
—			—		
固定资产	＝		所有者权益	＝	
资产合计	＝		负债＋权益	＝	

第六年 经营总结

一、企业目标实现情况分析(附表 3 – 54)

附表 3 – 54 企业目标实现情况分析表

目标	实现情况	原因及分析
企业总体		
市场占有		
产品销售		
产品生产		
原料采购		
固定投资		
财务指标		

二、公司管理与运营效率分析

1. 个人能力发挥：_____

_____

2. 团队协作情况：_____

_____

3. 制度流程执行：_____

_____

三、学习体会与知识要点掌握

1. _____

2. _____

6

实 训 总 结

1. 在本次实训过程中,你印象最深的内容是什么?

———————————————————————————————

———————————————————————————————

———————————————————————————————

2. 通过本次实训,你学到了哪些知识?

———————————————————————————————

———————————————————————————————

———————————————————————————————

3. 如果有机会继续经营或重来,你会如何做?

———————————————————————————————

———————————————————————————————

———————————————————————————————

4. 你有什么感受和想法准备带到明天的学习中?

———————————————————————————————

———————————————————————————————

———————————————————————————————

5. 你认为做好企业经营管理的核心是什么?

———————————————————————————————

———————————————————————————————

———————————————————————————————

6

附表(可选择使用,附表 3－55 至附表 3－58)。

附表 3－55　原材料采购订单与采购入库表(采购总监)

第 1 年	1 季				2 季				3 季				4 季			
原材料	R1	R2	R3	R4	R1	R2	R3	R4	R1	R2	R3	R4	R1	R2	R3	R4
订购数量																
采购入库																

第 2 年	1 季				2 季				3 季				4 季			
原材料	R1	R2	R3	R4	R1	R2	R3	R4	R1	R2	R3	R4	R1	R2	R3	R4
订购数量																
采购入库																

第 3 年	1 季				2 季				3 季				4 季			
原材料	R1	R2	R3	R4	R1	R2	R3	R4	R1	R2	R3	R4	R1	R2	R3	R4
订购数量																
采购入库																

第 4 年	1 季				2 季				3 季				4 季			
原材料	R1	R2	R3	R4	R1	R2	R3	R4	R1	R2	R3	R4	R1	R2	R3	R4
订购数量																
采购入库																

第 5 年	1 季				2 季				3 季				4 季			
原材料	R1	R2	R3	R4	R1	R2	R3	R4	R1	R2	R3	R4	R1	R2	R3	R4
订购数量																
采购入库																

第 6 年	1 季				2 季				3 季				4 季			
原材料	R1	R2	R3	R4	R1	R2	R3	R4	R1	R2	R3	R4	R1	R2	R3	R4
订购数量																
采购入库																

附表 3 - 56 贷款申请记录表(财务总监)

贷款类		第1年				第2年				第3年				第4年				第5年				第6年			
		1	2	3	4	1	2	3	4	1	2	3	4	1	2	3	4	1	2	3	4	1	2	3	4
长贷	借																								
	还																								
短贷	借																								
	还																								
高利贷	借																								
	还																								
借款余额																									
上年权益																									
签字																									

附表 3 - 57 企业生产计划和产能计算表(生产总监)

生产线类型及产品			第1年				第2年				第3年				第4年				第5年				第6年			
			1Q	2Q	3Q	4Q	1Q	2Q	3Q	4Q	1Q	2Q	3Q	4Q	1Q	2Q	3Q	4Q	1Q	2Q	3Q	4Q	1Q	2Q	3Q	4Q
生产计划	手工线	P1																								
		P2																								
		P3																								
		P4																								
	半自动线	P1																								
		P2																								
		P3																								
		P4																								
	自动线	P1																								
		P2																								
		P3																								
		P4																								
	柔性线	P1																								
		P2																								
		P3																								
		P4																								

6

续　表

生产线类型及产品		第1年				第2年				第3年				第4年				第5年				第6年			
		1Q	2Q	3Q	4Q	1Q	2Q	3Q	4Q	1Q	2Q	3Q	4Q	1Q	2Q	3Q	4Q	1Q	2Q	3Q	4Q	1Q	2Q	3Q	4Q
生产计划合计	P1																								
	P2																								
	P3																								
	P4																								
确定产能	手工线																								
	半自动																								
	自动线																								
	柔性线																								
产能合计	P1																								
	P2																								
	P3																								
	P4																								

附表 3-58　企业生产计划和原材料订购表(采购总监)

时间		原材料订购				生产计划			
		R1	R2	R3	R4	P1	P2	P3	P4
第一年	1Q								
	2Q								
	3Q								
	4Q								
第二年	1Q								
	2Q								
	3Q								
	4Q								
第三年	1Q								
	2Q								
	3Q								
	4Q								

6

时间		原材料订购				生产计划			
		R1	R2	R3	R4	P1	P2	P3	P4
第四年	1 Q								
	2 Q								
	3 Q								
	4 Q								
第五年	1 Q								
	2 Q								
	3 Q								
	4 Q								
第六年	1 Q								
	2 Q								
	3 Q								
	4 Q								

6

主要参考文献

[1] 何晓岚,金晖.商战实践平台指导教程[M].北京:清华大学出版社,2018.

[2] 张前.ERP 沙盘模拟原理与实训[M].2 版.北京:清华大学出版社,2017.

高等教育出版社

教学资源索取单

仅限教师
索取

尊敬的老师：

您好！

感谢您使用**喻竹**等编写的《**电子沙盘应用教程**》（**新道新创业者**）（第二版）。为便于教学，本书另配有课程相关教学资源，如贵校已选用了本书，您只要加入会计教师论坛 QQ 群，或者关注微信公众号"高职财经教学研究"即可免费获得。

另外，我们研发有 **8** 门财会类课程试题库："**基础会计**""**财务会计**""**成本计算与管理**""**财务管理**""**管理会计**""**税务会计**""**税法**""**审计基础与实务**"。题库共 25000 多道试题，知识点全覆盖，题型丰富，可自动组卷与批改。如贵校选用了高教社沪版相关课程教材，我们将免费提供给老师 **8** 门课程题库生成的**各 6 套试卷及答案**（Word 格式难中易三档），老师也可与我们联系获取更多免费题库资源。

我们的联系方式：

（以下 3 个"**会计教师论坛**"QQ 群，加任何一个即可享受服务，请勿重复加入）
QQ3 群：473802328　　　　QQ2 群：370279388　　　　QQ1 群：554729666
微信公众号：高职财经教学研究
联系电话：（021）56961310/56718921　　　地址：上海市虹口区宝山路 848 号　　邮编：200081

姓　　名		性别		出生年月		专　　业	
学　　校			学院、系			教研室	
学校地址						邮　　编	
职　　务			职　　称			办公电话	
E-mail						手　　机	
通信地址						邮　　编	
本书使用情况	用于_____学时教学，每学年使用_____册。						

您还希望从我社获得哪些服务？

☐ 教师培训　　　　　☐ 教学研讨活动
☐ 寄送样书　　　　　☐ 相关图书出版信息
☐ 其他_____